军事装备学丛书

装备指挥决策论

宋华文 著

国防工业出版社

·北京·

内 容 简 介

　　装备指挥是军队指挥的重要组成部分。装备指挥活动的顺利实施,有赖于科学的预测、正确的决策、周密的组织计划和高效的协调控制。本书以信息化条件下联合作战为背景,综合运用决策科学理论、系统工程理论、组织行为理论、信息控制理论等理论方法,对装备指挥决策的基本理论、基本原理和基本方法进行了研究。主要内容包括三部分。第一部分:基本理论篇(第一至二章),主要阐述了装备指挥决策的基本概念、基本特点、基本原则、基本要求、地位作用、发展历程。第二部分:基本原理篇(第三至六章),主要阐述了装备指挥决策的运行机理、决策机制构建、决策信息控制和决策行为调控。第三部分:基本方法篇(第七至十章),主要阐述了装备指挥决策的组织程序、基本方法、决策信息系统和决策艺术。本书是我军系统研究信息化条件下装备指挥科学决策问题的理论著作。

　　本书可用于装备指挥管理干部培训和军事装备学、军队指挥学、军事后勤学等专业的研究生或本科生的教材或教学参考书,也可供军事院校、科研院所从事装备采购、装备试验、装备保障、装备管理工作的人员学习借鉴和参考。

图书在版编目(CIP)数据

装备指挥决策论/宋华文著. —北京:国防工业
出版社,2014.2
　(军事装备学丛书)
　ISBN 978-7-118-09369-8

　Ⅰ. ①装… Ⅱ. ①宋… Ⅲ. ①武器装备 – 军队指挥
Ⅳ. ①E141.1

中国版本图书馆 CIP 数据核字(2014)第 030103 号

※

国防工业出版社出版发行
(北京市海淀区紫竹院南路 23 号　邮政编码 100048)
北京嘉恒彩色印刷有限公司
新华书店经售
*
开本 710×960　1/16　印张 16　字数 242 千字
2014 年 2 月第 1 版第 1 次印刷　印数 1—2500 册　定价 63.00 元

(本书如有印装错误,我社负责调换)

国防书店:(010)88540777　　　发行邮购:(010)88540776
发行传真:(010)88540755　　　发行业务:(010)88540717

前　言

　　决策,作为人类智慧的结晶和思维活动,是立身、治国、安邦的根本发展大计。"审时,料敌,造势,用谋之根本,始计之大法"。在我国,有过不少才智过人的决策人物和精彩传世的决策范例。孙膑为田忌献策,以劣马胜齐王之良马;张良佐刘邦运筹帷幄,奠定楚汉争霸胜利之基业;诸葛孔明作《隆中对》,辅刘备取三分之天下;朱升论"高筑墙,广积粮,缓称王",助朱元璋建立明朝;毛泽东"工农武装割据,农村包围城市"的战略决策,指导中国革命走向胜利。决策,可谓攸关成败、决胜未来。

　　装备指挥决策,是军队指挥决策的重要组成部分,是决策科学在军事领域的重要分支,对战争的胜负起着举足轻重的作用。自战争诞生之日起,装备指挥决策便随之产生而发展。从冷兵器、热兵器时代,以"统帅 + 谋士"重谋略的装备指挥决策,到机械化、信息化装备时代,以"指挥员 + 指挥机关"重信息、重集成、重协同的装备指挥决策,装备指挥决策方式的变迁均牢刻着武器装备发展的烙印。20 世纪以前,由于兵器性能的相对简单,"眉头一皱、计上心来"的"经验型"决策方式一直占据主导地位。20 世纪以来,随着以信息技术为核心的高新技术迅猛发展及其在军事领域的广泛应用,武器装备结构日趋复杂,侦察技术手段日益先进,战场空间透明度显著提高,仅靠"善谋者,谋势;不善谋者,谋子"、"智者之虑,必杂于利害"的决策策略,已不足以立于信息化战场的不败之地。如何给装备指挥决策插上科学的翅膀,实现信息化条件下装备指挥决策的精确化,已成为新时期军队指挥亟待研究解决的重要课题。

　　本书的构思和编撰正是在上述背景下酝酿而成的。在国家社会科学基金的资助下,作者从 2010 年开始,经过近 3 年的潜心研究和不懈努力,终成此书。本书以信息化条件下联合作战为背景,综合运用决策科学理论、系统工程理论、组织行为理论、信息控制理论等理论方法,对信息化条件下联合作战装备指挥决策机理、决策组织、决策机制、决策手段、决策艺术等问题进行了深入研究,旨在揭示信息化条件下装备指挥决策的特点规律,探索信息化条件下装备指挥科学决策方法,提高信息化条件下装备指挥决策能力。

在课题研究和书稿形成过程中,得到了石世印、胡光正、崔济温、何学仁、马卫防、姜明远、郑怀洲、陈庆华、郭世贞、赵新国、于小红、曹延华、耿艳栋等很多领导、专家学者和同行的大力支持和指导帮助,吸纳了他们很多宝贵的意见建议;马玉林博士、孟冲博士在书稿框架结构调整、内容充实完善和后期统稿过程中做了大量工作;书中还吸取了学术界的诸多研究成果,借鉴参考了国内外许多文献资料。借此书出版之际,向给予本书研究撰写工作以支持和帮助的各位领导和专家学者,向本书中所借鉴、引用的参考文献作者,一并致以诚挚的敬意和衷心的感谢。

由于装备指挥决策理论还处于探索和发展阶段,加之作者水平和文献资料等方面的限制,书中内容难免会有不足之处。但是,如果能够抛砖引玉,引起大家对于装备指挥决策理论研究的关注,并为这方面的讨论提供一个起点,也就完成了本书的使命。对于书中存在的错误和不足,敬祈读者不吝赐教,以便今后进一步修正、发展和完善。

宋华文

2013 年 6 月于北京怀柔雁栖湖畔

目　录

第一章 装备指挥决策概述

　　装备指挥是军队指挥不可或缺的重要组成部分,不仅对军事斗争装备准备任务的完成起着至关重要的作用,而且对军队现代化建设同样起着十分重要的作用。装备指挥活动的顺利实施,有赖于装备指挥员及其指挥机关科学的预测、正确的决策、周密的组织计划和高效的协调控制。从一定意义上说,装备指挥的过程就是决策的过程,装备指挥活动的目的就是为了正确地实施决策。所以说,装备指挥的核心问题实质上就是决策问题,决策贯穿于装备指挥活动的始终。决策是形成决心的基础,决心是进行决策的目的,只有正确的决策,才能形成正确的决心。研究揭示信息化条件下联合作战装备指挥决策的特点规律,提出信息化条件下联合作战装备指挥决策的方式方法,对提高信息化条件下联合作战装备指挥科学决策水平具有重要意义。本章着重就装备指挥决策的概念、特点、要求以及地位作用等基本问题进行分析阐释。

第一节 装备指挥决策的基本概念

　　克劳塞维茨指出:"任何理论首先必须澄清杂乱的、可以说是混淆不清的概念和观念。只有对名称和概念有了共同的理解,才有可能清楚而顺利地研究问题,才能同读者常常站在一个立足点上。……如果不精确地确定它们的概念,就不可能透彻地理解它们的内在规律和相互关系。"[①]因此,本章首要分析界定装备指挥决策的相关概念。

一、决策

　　"决策"一词在英语中是 decision,它在《牛津词典》中有如下解释:the act

---

① [德]克劳塞维茨,军事科学院译,战争论[M]. 修订版(第一卷). 解放军出版社,2004:97.

of deciding(作决定的行动), a conclusive judgment(最终判决,结论性的判断), the conclusion arrived at(得出的结论)。在《大英百科全书》中,"决策"是社会科学中用来描述人类进行选择的过程。在《中国大百科全书·自动控制与系统工程卷》中,"决策"是为最优地达到目标,对若干个备选的行动方案进行的选择。《苏联大百科全书》指出:"决策是自由意志行动的必要元素……和实现自由意志行动的手段。""在体力动作之前要完成智力动作,要考虑完成或反对这项行动的理由。"《现代汉语词典》的解释是:"决定策略或办法;决定的策略或办法。"①1999 年版《辞海》认为:决策是指"人们在改造世界过程中,寻求并决定某种最优化目标和行动方案"。②

　　决策作为一门学科,是研究科学决策的理论、原则、程序和方法的新兴综合性学科,它产生于 20 世纪 50 年代的美国,其创始人是美国的 1978 年诺贝尔经济学奖获得者赫伯特·西蒙。进入二十世纪三四十年代以后,社会经济和科学技术迅猛发展,社会活动日益复杂、多变,影响面也越来越大,决策科学化的问题逐渐突出起来。随着自然科学、社会科学研究的不断发展,尤其是 50 年代以后电子计算机和现代通信技术的迅速普及,决策科学所需要的知识和手段日趋成熟,以至终于从潜科学群中脱颖而出。最早对决策问题进行开创性研究的是美国学者赫伯特·西蒙和 J. G. 马奇(J. G. March)。赫伯特·西蒙于 1947 年发表了《管理的行为—管理组织中决策过程的研究》;1958 年他与马奇合作出版了《组织》一书。1959 年和1960 年赫伯特·西蒙又出版了《经济学和行为科学中的决策理论》《管理决策新科学》两本专著。这些著作为决策的诞生奠定了理论基础。

　　关于决策的定义,不同的学者理解也不尽一致。赫伯特·西蒙对决策的解释较为宽泛,他的名言是"管理就是决策"。当代系统管理学家弗里蒙特·卡斯特(Fremont E. Kast)认为,决策就是进行判断和作出决定,即对两个以上的方案进行的考虑、权衡与选择;行为是实现决策目标的过程,人们逼近目标靠的是不断进行决策和实现它们。理查德·施奈德将决策界定为:"决策是一个过程,它是指决策者为达到想象中未来事务的状态,从社会所限制的各种途径中,选择一个行动计划的过程。"当代另一位美国学者亨

---

① 现代汉语词典,北京,商务印书馆,1996 年版,决策.
② 辞海,上海,上海辞书出版社,1999 年版,决策.

利艾伯斯则认为,决策有狭义和广义两种理解:从狭义方面说,决策就是在几种行为方案中作出抉择;从广义方面说,决策还包括在作出最后抉择前后所必须作出的一切活动。现在多数人比较一致的目标,是借助一定的科学手段和方法,从两个以上的可行方案中,选择最优方案并付诸实施的过程。从本质上讲,决策是人们在改造世界的过程中,寻求并实现某种最优化预定目标的活动。归纳概括起来:

一是认为决策就是"拍板",即从几个方案中选择最佳方案,并做出决定。

二是把决策看作一个包括提出问题、确立目标、情报搜集、设计和选择方案、方案审查等活动的过程。其主要代表是决策科学的奠基人赫伯特·西蒙。1960 年,西蒙发表了决策科学奠基性的著作《管理决策新科学》,提出了著名的决策模型。在这个模型中,西蒙把决策过程划分为情报搜集、方案设计、抉择等三个阶段,并将上述三类决策活动分别称为情报活动、参谋活动和决断活动。这一决策模型的提出,使决策这一概念得到了比较科学的阐述。根据这一理论,人们才比较全面地认识到:决策活动不仅包括就人们的行动目标和行动方案作出决断,也包括研究和界定决策问题、搜集和分析相关信息、确定行动的目标以及拟制行动方案等一系列活动。

三是认为从形式上看,决策表现为一个制定决策的活动过程,即决策主体为制定行动目标和行动方法,在一定时间和一定空间中所进行的一系列思维活动和行为活动;但从实质上看,决策是一项复杂的认识活动,是一种见之于客观和行动的人的主观意志及主观能力,体现了人的主观和理论对客观世界的认识,以及对未来实践的驾驭能力。① 因而必须遵循一定的思维逻辑,这是决策科学化的基本保证。但正因为其是一项复杂的认识活动,因而其除了逻辑思维外,也还包含非逻辑思维(如直觉)、情感或心理因素。②

四是认为决策是追求有限最优的活动。一方面,决策者追求最优,但最多只能有限接近最优。任何决策都是在一定的决策环境下,有限的资源(包括外部资源和内部资源)和有限理性(认知和心智)约束下的最优化,并不存

---

① 史越东. 指挥决策学[M]. 解放军出版社,2005:22.

② 张智光,王仁法. 管理决策逻辑[M]. 中共中央党校出版社,1990:3,(张尚仁为该书所作的序).

在严格意义上的凌驾于现实的理性最优。[①] 寻求最优一直是人们所追求和努力的目标,但即使有先进的机器作为辅助与支持工具,人仍无法完全克服主客观因素的约束和限制,决策选择不可能产生最优。另一方面,有限最优的实质,是各种条件约束下的满意。人在做决策时要考虑在各种约束条件下如何高效、高质量地确定目标,并能够在各种"满意"方案中寻求最好的方案以实现这一目标,因此,决策追求的目标应是在有限约束条件下多指标和谐的最优化。[②]

综上所述,所谓决策,从广义上讲,就是作出决定,即人们为实现一定的目标所作的行为设计及其抉择。从这个角度来看,决策存在于社会生活的各个领域、各个层面,大到国家的社会管理,小到个人生活中的行为选择。从狭义上讲,决策是指社会组织在管理活动中所作的决定,是社会组织为实现一定的目标或解决面临的问题制定行动方案并加以优化选择的过程。决策是一个动态的过程。特别是现代一些关系到组织生存与发展的重大决策活动往往表现为一个非常复杂的互动过程。当然,由于决策目标的大小不一,决策内容难易不同,所以决策过程并不完全相同。

决策一般具有下列特点或属性:

(1)决策的前提:要有明确的目的。

决策是为实现组织的某一目标而开展的管理活动,没有目标就无从决策,没有问题则无需决策。决策的目标可以是一个,也可以是相互关联的几个形成的一组。在决策前,要解决的问题必须十分明确,要达到的目标必须具体可衡量可检验。

(2)决策的条件:有若干个可行方案可供选择。

决策最显著的特点之一就是它是在多个可行方案中选择最优方案,"多方案抉择"是科学决策的重要原则;决策要以可行方案为依据,决策时不仅要有若干个方案来相互比较,而且各方案必须是可行的。

(3)决策的重点:方案的比较分析。

决策过程实际上是一个选择的过程,选择性是决策的重要特征之一。每个可行方案都具有独特的优点,也隐含着缺陷,因此,必须对每个备选方

---

① 李广海. 基于有限理性的投资决策行为研究[D]. 天津大学,2007:62.

② 赫伯特·西蒙. 管理行为——管理组织决策过程的研究(中译本)[M]. 北京经济学院出版社,1988.

案进行综合分析与评价,确定每一个方案对目标的贡献程度和可能带来的潜在问题,以明确每一个方案的利弊。而通过对各个方案之间的相互比较,可明晰各方案之间的优劣,为方案选择奠定基础。

(4)决策的结果:选择一个满意方案。

在目标确定之后,就要为实现目标寻求有效的途径,即提出各种备选的行动方案。方案拟定并非多多益善,因为人们不得不考虑各种资源条件的限制,但只提出一种方案肯定也是不可取的做法。生活中,人们习惯上把只有一个方案可供选择、没有其他选择余地的选择称为"霍布森选择"。在情况非常严峻,无其他路可走时,霍布森选择也有可能带来好的结果,如韩信的"背水之战"。但原则上讲,在绝大多数的情况下它都不会有好的结果。每种方案各有所长,也各有所短,在选择的过程中,只有通过综合比较和评估,才能判断备选方案中哪个最优、哪个较优和哪个不优。

科学决策理论认为,追求最优方案既不经济又不现实。因此,科学决策要遵循"满意原则",即追求的是诸多方案中,在现实条件下,能够使主要目标得以实现,其他次要目标也足够好的可行方案。

(5)决策的实质:主观判断过程。

决策是人作出的,所以必然受到人的主观意志的影响。决策有一定的程序和规则,但它又受诸多价值观念和决策者经验的影响。在分析判断时,参与决策人员的价值判断、经验会影响决策目标的确定、备选方案的提出、方案优劣的判断及满意方案的抉择。因此,决策从本质上而言,是决策者者基于客观事实的主观判断过程。

正因为决策是一个主观判断的过程,因此对于同一个问题,不同的人有不同的决策选择结果是正常现象。尽管如此,在实践中,还是要求决策者能够在听取各方面不同意见的基础上,根据自己的判断作出正确的选择。

决策是管理者从事管理工作的基础,在管理活动中具有重要的地位和作用。

(1)决策贯穿于管理过程始终。

西蒙认为,管理就是决策。决策是管理者经常要进行的工作,管理者的主要意图需要通过决策来实现,决策贯穿于组织的各项管理活动中。从目标的确定、资源的分配、组织机构的建立、人员的招聘及对下属的奖惩、纠偏措施的实施等,都需要管理者做出决策。

（2）决策正确与否直接关系到组织的生存与发展。

组织的兴衰存亡常常取决于管理者特别是高层管理者的决策正确与否。长期以来，决策是以个人的知识、智慧和经验判断为基础的，这对于一些情况简单、容易掌握和判断的问题尚可应付，即使失误了影响也不大，易于扭转。但在现代，管理者所面临的许多复杂问题，已经远远不是经验决策所能解决。很多问题都涉及巨额的投资、各方面利益的平衡及众多关系的处理，需要运用多学科的知识审慎判断；而竞争的加剧又需要反应灵敏、及时决策。这就要求决策必须科学化，并努力提高决策的正确率。

（3）决策能力是衡量管理者水平高低的重要标志。

决策是一项创造性的思维活动，体现了高度的科学性和艺术性。有效的决策取决于三个方面：一是具有有关决策原理、概念和方法等知识；二是具有收集、分析、评价信息和选择方案的娴熟技能；三是具备经受风险和承担决策中某些不确定因素的心理素质。由于管理者所面临的问题常常涉及到众多的因素，错综复杂，因此需要管理者具有多方面的才能方可作出正确的决策，加上决策在管理中的重要作用，决策能力便成为衡量管理者水平高低的重要标志。

二、指挥决策

指挥决策，是一个比较新的概念，简言之，即军队指挥中的决策活动，是一种特殊的决策活动。指挥决策是军队指挥学的核心。在作战指挥领域，决策一词有多种涵义，既包含定下决心，同时又有做出决定、制定策略的意思。[①] 1997 年版《中国人民解放军军语》对"决心"和"定下决心"分别进行了界定："决心是指挥员对作战目的和行动的基本决定。内容通常包括作战企图、主要作战方向、兵力部署、各部队或分队的任务等"；"定下决心是指挥员对作战目的及行动作出基本决定的思维活动和工作过程。通常包括：了解任务，判断情况，听取决心建议，形成决心。"[②]

在古今中外的军事实践以及理论著述中，指挥决策术语的使用比较鲜见。20 世纪 80 年代后期开始，随着指挥理论从作战理论中分化出来，指挥

---

① 程启月. 作战指挥决策运筹分析[M]. 军事科学出版社，2004:1.
② 军事科学院. 中国人民解放军军语. 军事科学出版社，1997 年版，决心，定下决心.

决策这一术语才开始越来越多地被使用。《合成军队指挥学》①一书大概是我军对指挥决策这一概念进行定义并将其单列一章进行研究的首部指挥理论专著。其后,《军队指挥学》②、《作战指挥概论》③和《军事运筹学》④都提出了作战决策的概念,并设单章对其进行了研究。直到2005年,史越东教授在其专著《指挥决策学》中第一次对指挥决策理论进行了系统的论述。

张最良等认为,⑤按照现代决策科学的一般说法,指挥决策是为实现一定军事目的而制定各种可供选择的军事行动方案,并决定采用某种方案的思维活动。它不仅是做出抉择的一种行动,而且也是一个过程,包括做出抉择以前的准备工作和做出抉择以后的计划活动。要实现及时正确的指挥决策,应充分运用现代决策科学理论方法,力求做到遵循科学决策的程序和步骤;自觉运用各种有效的思维方式;借助各种辅助决策技术。

史越东认为,⑥指挥决策(的内涵),是军队指挥员及其指挥机关在指挥所属部队遂行作战行动以及其他军事行动的过程中,在一定的客观条件下为达到一定的目的,为确定部队的行动目标和行动方法而进行的一系列筹划、优选和决断活动。指挥决策(的外延),从狭义上说只涉及确定行动方针和定下行动决心这些活动,但从广义上说还可以包括制定行动计划和进行情况处置等内容。

程启月认为,⑦从作战指挥的角度,可以说,指挥的过程就是决策的过程,指挥活动的一切内容都是为了正确地实施决策,作战指挥的核心问题就是决策。按照现代决策科学的说法,可将指挥决策定义为:为达成一定的作战目的而制订、优化和决定各种各样可供选择的作战行动方案的指挥活动,是指挥员与指挥机关的一种意识活动。指挥决策是一种非规范化活动。一方面,战场上影响指挥决策的因素太多、太复杂;另一方面,这种决策过程是以前从未经历过的一次性活动。这就使得决策的风险更大,几乎没有现成的经验可以借鉴。特别在信息化条件下作战,面对复杂多变的战场环境,指

---

① 陆军指挥学院编写,解放军出版社,1988年2月第1版.

② 于海涛主编,国防大学出版社,1989年5月第1版.

③ 杨金华,黄彬主编,国防大学出版社,1995年6月第1版.

④ 张最良,李长生主编,军事科学出版社,1993年5月第1版.

⑤ 张最良,李长生. 军事运筹学[M]. 军事科学出版社,1993;340-341.

⑥ 史越东. 指挥决策学[M]. 解放军出版社,2005;23-24.

⑦ 程启月. 作战指挥决策运筹分析[M]. 军事科学出版社,2004;2.

挥员与指挥机构进行决策是一件十分困难的事情。

综上所述,指挥决策是指军队指挥员及其指挥机关在指挥所属部队遂行作战行动以及其他军事行动的过程中,为了圆满完成各项任务,以相关信息的获取、传输和处理为前提和保障,认真判断、充分考虑和高效协调各种主客观条件,为合理配置和正确运用军事力量、有效控制和协调军事行动,而进行的由一系列筹划、优选、决断和审查活动组成的,追求有限最优的思维和行为过程。指挥决策活动是军队指挥活动的核心;其主体是指挥员及其指挥机关;其任务是在一定主客观条件的制约下,根据达到一定目的的需要,制定适当的行动方案;其成果是正确合理的行动方针、方案和计划;其后续活动是以行动方案计划为依据的组织、控制和协调活动。

三、装备指挥决策

(一)装备指挥内涵

装备指挥,是指为完成作战及其他军事行动的装备保障所进行的组织领导活动。通常由装备指挥员及其指挥机关组织实施。[①] 从本质上讲,装备指挥是通过装备指挥行为,将装备指挥员的主观意志贯穿于装备保障活动的全过程,从而达到统一意志,统一行动,最大限度地发挥装备保障力量的作用,保障作战及其他军事行动需要。也就是说,装备指挥是装备指挥员及其指挥机关一种主动的对指挥对象施加的统御、率领的行为,是装备指挥员及其指挥机关一种有目的的对人流、物流、信息流的计划、组织、协调、控制活动。[②] 装备指挥活动主要由情报信息获取、传输和处理活动,确定决策目标、制定决策方案、方案选优等决策活动以及决策执行、组织、协调、反馈组编等装备保障、控制活动等三个既相互衔接又相互融合的环节构成,如图1-1所示。

装备指挥的基本任务是筹划和运用装备保障资源,从经费、装备物资器材、技术等方面,保障军队作战和其他军事行动的需要,以巩固、恢复和提高部队战斗力。主要包括四个方面:一是筹划和运用装备保障力量。根据作战需要筹划装备保障力量,使装备保障力量编成与作战力量编成及装备保障任务相适应。对编成内的装备保障力量,进行合理区分、科学编组、正确

① 马改河. 中国军事百科全书(二版)军事装备指挥分册[M]. 中国大百科全书出版社,2007:1.
② 李友贵. 装备指挥学[M]. 解放军出版社,2005:14.

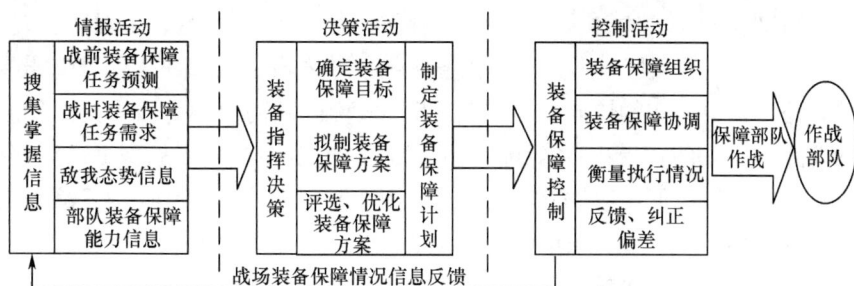

图 1 - 1　装备指挥活动环节划分

配置,使建制、加强和地方支前的装备保障力量形成整体合力。二是组织筹划装备保障行动。根据装备保障任务、现状及上级指示和战场环境条件等,确定装备保障体系、指挥体系;组织计划装备调配及装备维修等各项保障,使装备保障与保障任务和复杂多变的情况相适应。三是组织实施装备保障。根据上级指示及装备保障计划,及时、正确地组织装备保障力量的集结、转移、行军、疏散隐蔽、替戒、防卫及保障等行动。四是协调装备保障系统内、外部关系。按照装备保障计划,及时与本级作战指挥系统、后勤指挥系统和地方支前机构及友邻装备指挥系统进行协同,并周密组织装备保障系统内部的协同,以确保装备保障行动的协调一致。[①]

　　装备指挥的主要内容有:一是组织拟制装备保障计划、命令和指示。包括组织拟制装备指挥机构编组方案、装备保障力量编成与部署方案、弹药及维修器材补充计划、装备调配及使用管理计划、装备抢救修理计划、装备保障通信和防卫需求计划等。二是组织建立装备指挥机构。组织装备指挥机构的编成、编组、防卫、管理、转移、接替和恢复等。三是组织建立装备指挥信息系统。提出建立装备指挥信息系统的需求,会同有关部门组织建立装备指挥信息系统,主要明确装备指挥信息系统的构成和任务,各分系统的配置、连接、开设时间和运行方式,既设设施的区分、任务转换时间,与本级作战指挥、后勤指挥信息系统和上级、友邻装备指挥信息系统连接的要求,安全保密、防护和技术保障措施等。四是部署装备保障力量。主要明确装备保障力量的部署形式、配置地域及展开的时间、地点及保障任务,转移的时间和地区等。五是组织协调装备保障行动。组织展开装备保障力量,搜集

---

① 郑怀洲,宋华文. 装备指挥学[M]. 解放军出版社,2003:14.

掌握装备保障情况,适时采取应变保障措施,及时组织调控装备保障行动。六是组织装备保障协同。主要有装备指挥机构与作战指挥机构、后勤指挥机构、地方动员机构的协同,以及装备指挥机构内部的协同等。七是组织装备保障防卫。协助拟制装备保障防卫计划,准备多种防卫作战预案;合理使用防卫力量,实行军民联防;组织构筑防卫工事和伪装;指挥装备保障力量积极开展对敌斗争,最大限度地降低敌人袭击破坏造成的损失。①

(二) 装备指挥决策内涵

装备指挥决策活动是装备指挥活动的核心环节,发挥着关键作用,其正确与否将直接影响到装备保障的成败。结合决策、指挥决策以及装备指挥的概念,本书将装备指挥决策的概念界定为:装备指挥员及其指挥机关为了圆满完成装备保障任务,保障作战部队打赢信息化战争,以装备指挥相关信息的获取、传输和处理为前提和保障,充分考虑敌我态势信息、保障任务需求信息、保障任务战前预测信息和部队保障能力信息,为合理配置和正确运用装备保障力量、有效控制和协调装备保障活动、科学组织装备保障协同与防卫,所进行的由一系列筹划、优选、决断和审查活动组成的,追求有限最优的思维和行为过程,如图 1-2 所示。装备指挥决策活动的成果是正确合理的装备保障行动方案和计划,其后续活动是以装备保障行动方案计划为依据的装备保障组织、控制和协调活动。

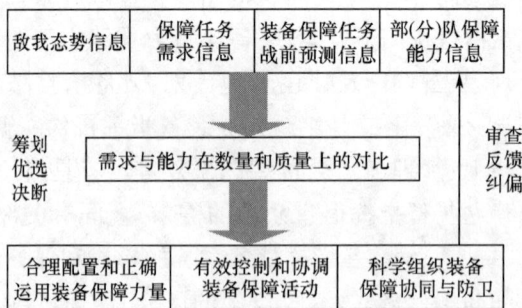

图 1-2 装备指挥决策基本过程

装备指挥决策的科学化,就是指为全面满足装备保障要求、圆满完成装备保障任务,综合运用科学思想、科学理论、科学方法、科学手段,并充分发

① 马改河. 中国军事百科全书(二版)军事装备指挥分册[M]. 中国大百科全书出版社,2007:1.

挥指挥人员的主观能动性,使指挥人员的智慧在创造性地运用科学原理中升华,最终做出符合客观实际、体现谋略水平和指挥艺术的正确的决策。[①]实现装备指挥决策的科学化,必须同时满足四个条件:一是有准确可靠的信息作为决策基础;二是有合理的体系结构和完善的法规制度作为保证;三是有专业的智囊团和高素质的参谋群体作为决策辅助;四是有先进的决策手段和科学的决策方法作为决策支持。[②③]

第二节 装备指挥决策的基本特点

从装备指挥决策的内涵来看,其主要具有如下基本特点。

一、适应性

这是由装备保障活动在整个作战行动中的地位所决定的。为使装备保障部署与作战部署形式相一致,以及保障力量在质量和数量规模上与所保障部队的作战类型、样式、任务、战法和行动相适应,装备指挥决策必须服从并服务于作战决策。但是,装备指挥决策又影响和制约着作战决策,这是由作战行动对装备保障的依赖性决定的。因此,两者间必须做好协同,以形成整体合力。

二、对抗性

这是装备指挥决策区别于其他决策最本质的特征。战争的暴力性决定了装备指挥决策的对抗性。[④] 但是,这种对抗性更多地表现为决策者谋略、思维、心理等方面的对抗,而且往往隐藏于作战行动之后。这种内在的无形对抗往往比外显的有形对抗表现得更为激烈。尤其是随着作战双方对后方打击力度的增大,装备指挥决策的对抗性必将表现得更加强烈和直接。

任何对抗的根源在于对抗各方利益的冲突,利益的冲突决定了对抗各方行动目标的冲突,行动目标的冲突决定了对抗各方之间在指挥决策上的

① 孙宝龙,韩丕忠. 信息化条件下联合作战通用装备保障[M]. 军事科学出版社,2008:67.
② 张玉廷,黄斌. 工程保障的科学决策[M]. 白山出版社,1991:14 – 16.
③ 侯立峰. 后勤指挥辅助决策[M]. 徐州空军学院,2004:12.
④ 韩志明. 作战决策行为研究[M]. 国防大学出版社,2005:6.

冲突。因此,军事斗争虽然最终表现为战场上双方部队之间的力量对抗和行为对抗,但这种对抗的核心却是双方决策者之间的思维对抗和智力对抗,即指挥决策对抗这一点在现代信息化战争中是表现得越来越明显了,如果说在过去,指挥决策对抗还只能或主要通过力量对抗来间接表现的话,现在则不同了,在当前战争形态正在向信息化战争转变的背景下,指挥决策对抗已经可以通过信息战和指挥控制战等形式更直接地表现出来。信息战的直接目的虽然是夺取信息优势,但其最终目的却是夺取决策优势。指挥控制战则直接将指挥决策对抗推上了战场的第一线。

指挥决策的强对抗性,决定了其决策制定时所依据的主要逻辑:在指挥决策中,己方采取什么行动方案比较有利,必须以敌方的行动为前提。一个所谓"好的行动方案",主要是相对于敌方的行动而言的。在指挥决策中,几乎不存在"绝对好的行动方案"(即不论敌人如何行动,该方案都是最佳方案)。因此,在指挥决策中,决策的制定具有下述特征:其一,决策方案的制定必须建立在对敌方行动的准确预测上;其二,对敌方最不利的行动方案往往就是己方的"最佳方案";其三,为了最大限度地实现己方的军事目的,必须想尽一切办法以限制或调动敌人,从而诱使或迫使敌人尽可能采取对己方相对有利的行动;其四,在制定己方行动方案时,必须谨慎地防止落入敌方所设置的"圈套"之中。总之,在指挥决策中,对抗性充满了指挥决策制定的方方面面。

三、风险性

军事决策是一种高风险性的决策活动。装备指挥决策的高风险性,源自于战争的复杂性、军事活动的对抗性、战场情况的不确定性,以及军事行动后果的严重性。

决策风险,是指决策者无法保证决策的实际结果能够达到既定要求的这样一种情况。产生决策风险的必要条件是决策条件不确定。由于决策条件不确定,决策方案的实施效果就不确定,于是导致了决策风险。导致装备指挥决策条件不确定的原因:一是由于军事活动的影响因素众多,致使许多军事情况的发生和发展具有随机性和偶然性;二是由于敌我双方的激烈对抗,由于保密、欺骗等谋略手段的大量运用,以至决策者对于军事情况及其发展的了解处于一种若明若暗的不确定状态。一般来说,敌情和我情的不确定性来自军事活动的复杂性;而敌情的不确定性则主要源自于军事活动的对抗性。

在信息化作战条件下,由于军队机动能力、远程打击能力的提高以及新的作战方式方法的出现,使得战场情况变化更加急剧,用于指挥反应的时间更加短暂。在这种情况下,为了抓住稍纵即逝的战机,在作出决策前决策者往往难以有充裕的时间把情况弄得很清楚,这就使得指挥决策往往是在情况不是十分明了的情形下作出的,需要冒很大的风险。相比之下,在其他领域的决策活动中,决策者在作出决策前,不仅有较充裕的时间进行调查研究,获得决策所需的各种情况,而且可以在经过较缜密的论证之后再作出决策,但在装备指挥决策活动中通常没有这样的条件。

值得注意的是,装备指挥决策风险非比一般的决策风险。孙子说:"兵者,国之大事也"(《孙子兵法·计篇》)。指挥决策较之其他领域的决策问题,其决策后果的关系更加重大,相应地也具有更大的决策风险。由于控制和驾驭风险既需要讲究科学,也需要发挥主动性和创造性,因此,指挥决策的方法,不仅是一门科学,也是一种艺术。

四、复杂性

装备指挥决策所要处理的决策问题是极为复杂的,其复杂性具体表现在:其一,决策目标的综合性;其二,决策条件的不确定性;其三,决策因素的多样性及其关系的复杂性。

决策目标,是决策目的的具体体现,也是衡量决策方案优劣的标准。原则上说,能够最有效地实现决策目标的决策方案就是最好的方案。然而,在装备指挥决策中,决策者所追求的决策目标往往并非单独一个,而是有多个,即具有综合性。例如,衡量一个装备保障方案的优劣,必须从其预计战果、预计损失、使用兵力的多寡、实施难度(如组织协同的复杂性、对各种保障的要求、对部队训练水平的要求)等多个方面进行考虑。决策目标的这种综合性,就为装备指挥决策方案的拟制、评价和选择带来了很大的困难。因为一般规律是:战果较大的方案,往往其损失和保障实施的难度也会较大;反之,损失和实施难度较小的方案,其战果也会较小。

决策条件,即影响装备保障行动的各种客观环境和客观条件。其中包括战场的自然条件、社会条件、敌我双方力量对比、敌方的部署和行动、时间限制等。在所有这些决策条件中,很大一部分具有不确定性。首先,敌方的情况和行动具有很大的不确定性。由于敌方一般会通过采取各种保密和欺骗措施以隐蔽其能力、部署和行动,因此关于敌情的情报"很大一部分是互相矛盾的,更多的是假的,绝大部分是相当不确实的"。① 其次,战场的气象、水文、道路、地形等条件,以及己方的作战准备和作战能力也具有一定的不确定性。与敌情的不确定性不同,造成上述不确定性的并非人为的原因,而是复杂事物的一种必然表现。

决策因素,即组成决策条件的各种成分。影响军事活动的因素不仅数量众多,而且性质和相互关系都很复杂。其中,既有自然因素,也有社会因素;既有军事因素,也有政治、经济因素;既有物质技术因素,也有精神心理因素。一般来说,当影响事物的因素众多时,这些因素对该事物的综合影响将是极其复杂的,在这种情况下,事物的运动规律也会是极其复杂的,并且其中相当一部分事物的运动规律会表现出随机性和偶然性的特点。正因为如此,军事活动具有很大的不确定性,它比其他任何人类活动都更多地涉及到随机性和偶然性。由此可见,决策因素的众多及其相互关系的复杂,是导致决策条件不确定性的重要原因之一。而事物运动规律的不确定性,则是其复杂性的一种表现。总之,复杂性与不确定性有密切关系,两者互为表里。

装备指挥决策的复杂性,规定了指挥决策方式方法的特点:其一,由于决策目标的综合性和决策条件的不确定性,一般无法找到绝对意义上的最优决策方案,只能作出相对合理的"满意"方案;其二,由于决策因素的多样性及其关系的复杂性,不可能在有限的时间里对决策问题进行彻底的理性分析,因此,必须结合经验和直觉作出决策;其三,由于对军事活动具有极大影响的政治、精神、自然等因素难以量化,因此,定量分析的结果只能作为决策的依据之一加以考虑;其四,由于对决策问题以及解决问题的方法只能部分地加以形式化的描述,因此必须综合运用定性定量结合的方法,以人机结合的方式作出决策。

五、时效性

与一般决策活动相比,时效性对于装备指挥决策具有更大的意义。装

---

① [德]克劳塞维茨. 战争论. 北京:商务印书馆,1978年版第1卷第93页。

备指挥决策的主要任务是指导部队作战装备保障行动,而作战行动的流动性和易变性,规定了装备指挥决策必须具有高时效性。

战争的胜负,不仅取决于交战双方作战潜力的对比,更重要的还取决于双方实际战斗力的发挥和恢复。而谁的决策节奏、作战节奏更快,谁就能够在对抗态势上占据主动地位,从而更加充分地发挥其战斗力。显然,决策节奏和作战节奏的竞赛对装备指挥决策的时效性提出了极高的要求。随着现代战争日益高技术化的发展趋势,参战兵力兵器的机动能力、突击威力大大增强,从而极大地增加了人为因素对战场态势的影响力,使战场态势更易发生变化,变化的程度和速率也大大加快。因此,现代战争对装备指挥决策时效性的要求更高。

当前,指挥手段正不断向数字化、网络化方向发展,作战双方的指挥自动化程度以及获取、传递、处理和利用战场信息的速度都在不断提高。指挥手段的发展是一柄双刃剑,它同时提高了交战双方的决策速度,从而进一步加剧了在指挥决策时效性上的竞赛。

装备指挥决策的高时效性,从一个侧面决定了现代指挥决策方式的特点:其一,指挥信息系统对于决策者快速获取情况信息和发布指令信息具有重要意义;其二,人机结合的决策方式,对于减轻决策者信息处理的负担,提高决策效率具有重要意义;其三,由于时间的紧迫,很多本来能够进行系统分析和定量分析的问题,将不得不依靠经验、定性分析或直觉来处理,因为一个不完善的决策将远比一个过时的决策好得多。

六、非重复性

军事活动往往是一种一次性的活动,因此,装备指挥决策还具有非重复性的特点,"战胜不复,而应形于无穷"(《孙子兵法·虚实篇》)指的就是这个特点。

与其他人类社会活动不同,战争活动是一种偶发的、非常规性的社会活动,战争只有在人类各部分之间的利益矛盾激化到一定的程度之后才会爆发。并且进行每一次战争活动的条件包括战场环境、国际国内形势、地理气象条件、双方所拥有的军队数量和士气、对抗所使用的物质手段及其技术水平等都有很大的变化。除此之外,由于战争的强烈对抗性,对抗双方必然要想尽一切方法(包括运用各种谋略欺诈手段)以达到出敌不意、争取主动和克敌制胜的目的,这就使战争活动更加千变万化,以至"兵无成势,无恒形"(《孙子兵法·虚实篇》)。历史上,既没有两次完全相同的战争,也没有两次完全相同的装备指挥决策。

装备指挥决策的这种非重复性,反过来会进一步加剧其对抗性和风险性。因为,在多次重复进行的决策中,一次决策的失误有可能在以后的决策中加以弥补。而在非重复性决策中,由于决策失误所招致后果的无法弥补性,既凸显了决策的风险性,同时也对决策的正确性和把握性提出了更高的要求。在这种情况下,唯一有效的对策只能是:充分发挥决策者的主观能动性,用在决策方案上的创新,去应对非重复性的决策环境和决策条件。显然,双方主动性和创造性的发挥,将使指挥决策中的斗智斗谋更加紧张激烈,将进一步激化决策的对抗性、复杂性、风险性和非重复性。但无论如何,能够更好地发挥自己的主观能动性,从而更具创造性的一方必将会在作战对抗中占据有利地位。由此看出,以决策为核心的战争指导活动是人类活动中一类最具个性和创造性的社会活动。正因为如此,装备指挥决策的灵魂只能是人的能动性,指挥决策永远不可能实现完全的自动化。在人机结合的决策方式中,不论今后计算机将发挥多大作用,"人主机辅"的关系将永远不可能改变。

综上所述,装备指挥决策具有对抗性、时效性、复杂性、风险性和非重复性等基本特点。上述基本特点之间具有密切的相关性,它们互为因果、相互作用,从而形成了装备指挥决策的整体面貌和整体性质。

第三节   装备指挥决策的基本原则

装备指挥决策原则,是关于装备指挥决策活动的主观指导规律,是人们根据对装备指挥决策活动客观运动规律的理论认识,结合决策实践,所总结和提炼出的具有普遍指导意义的一般行为准则。装备指挥决策原则不是教条,而是在决策活动中供装备指挥员及其指挥机关参考的行为指针,如果能够明智地吸取这些原则中所包含的教益,就会有助于提高装备指挥决策活动的效能,但如果不能将原则与活生生的决策实践联系起来,只知生吞活剥地生搬硬套,那么原则就无异于行动的枷锁。可以说,原则是对客观规律的理论反映,因此它是科学,但原则的正确运用却是一种艺术。

一、知彼知己,科学预测

"知彼知己"是一条古老的军事原则,是进行军事决策的第一要则,早在2500多年前我国兵圣孙子就提出"知彼知己,百战不殆"的著名论断。情报是装备指挥决策的基础,没有准确、全面、及时、针对性强的情报,装备指挥决策便没有依据。因此,对于装备指挥决策来说,"知彼知己"就是要根据装备指挥决策需要,运用先进的信息技术手段,包括武装侦察、技术侦察和军事调查等,多种渠道广泛搜集,及时、全面、不间断地收集、整理、处理和掌握作战情况、装备需求情况、装备保障情况、战场环境情况和战时军工生产保障能力等各种信息。

"科学预测"是正确决策的前提和基础。指挥员的决策活动离不开预测,预测贯穿于决策的始终。根据掌握的信息,装备指挥员运用科学的理论和方法,科学分析保障能力,系统比较作战需要与装备保障可能,对作战过程中装备保障可能出现的问题及发展变化进行合理推断。情报活动为装备指挥决策提供的是过去和现实的情况,预测则是为决策提供未来可能出现的情况。装备指挥员及其指挥机关在决策过程中要重视预测工作,预测未来可能发生的变化,预测指挥目标可能实现的程度。预测时,要重视科学性,预测的资料要准确、客观,方法要科学,要掌握事物内部的相互关系。预测的主要方法有定性预测、定量预测、定性与定量相结合的预测等。

"知彼知己"与"科学预测"是装备指挥决策中不可分割的两个重要方面。实现此项原则最根本的是要加强相关情报信息的搜集、分析、处理和使用工作。装备指挥员和各级指挥机关,平时要加强战略、战役、战术侦察资料的分析研究,切实掌握敌人企图和动态,加强装备保障力量的训练与管理,熟悉战场环境与条件。

二、统筹全局,把握关键

毛泽东认为"只要有战争,就有战争的全局。""任何一级首长,应当把自己注意的重心,放在那些对于他所指挥的全局说来最重要最有决定意义的问题或动作上,而不应当放在其他的问题或动作上。"[1]指挥员应"抓住战略

---

[1] 《毛泽东选集》第 1 卷,人民出版社,1991:176.

枢纽去部署战役,抓住战役枢纽去部署战斗。"①可见,在毛泽东看来,"统筹全局、把握关键"是任何一级指挥员在指挥决策中都必须遵循的一条重要原则。信息化条件下作战装备保障对象多、范围广、任务重,装备保障能力有限与作战需求大的矛盾突出,装备指挥决策既要统筹全局、全面兼顾,又要注意把握和确保重点。装备指挥决策在领会上级意图、服从作战和装备保障全局的基础上,既要关照好本级装备保障的全局,又要根据作战样式、作战任务、作战地区和敌情的变化,从实际出发,分清主次缓急,抓住主要矛盾,合理确定本级装备保障的重心,统一筹划保障力量和保障资源,用在影响装备保障全局的关节点上。

贯彻这一原则,一方面,要全面兼顾各种保障对象、空间、时间和内容,以满足信息化条件下联合作战力量多元、作战样式多样及战场空间广阔的需要。在保障对象上,要全面兼顾诸军兵种部队、地方兵团及参战民兵;在保障空间上,要全面兼顾前后方和陆、海、空等各个战场的各种作战行动;在保障时间上,要全面兼顾各阶段和作战全过程的需要;在保障内容上,要全面兼顾装备物资器材供应、装备维修、装备管理、装备信息等各项保障活动。另一方面,要把握关键环节,确保重点。首先要准确把握保障重点,在诸多保障任务中分清主次缓急,选准保障重点。保障重点,从空间上讲,通常是主要战场、主要作战方向和作战地区;从时间上讲,通常是主要作战阶段和战役关键时节;从保障对象讲,通常是各方向、各阶段担负主要作战任务的部队;从保障内容讲,通常是主要装备物资的供应和重要作战装备的维修。其次要形成保障重点,集中使用主要装备保障力量,优先保障重点,集中主要指挥精力密切关注重点。再次,要适时转移保障重点,根据战场情况的变化和战役重心的转换,及时、准确地把握重点的变化,适时调整装备保障力量和保障计划,迅速形成新的保障重点。

三、群体谋划,集中决断

集体谋划,是指充分发挥装备指挥机关群体的思维积极性、创造性,充分表达其意愿、主张和思想,依靠装备指挥机关群体的智慧和力量来对装备保障活动进行谋划;集中决断是指在对装备指挥机关群体意愿、主张、思想

①　《毛泽东军事文集》第1卷,军事科学出版社、中央文献出版社,1993:399.

进行综合和统一的基础上,由装备指挥员进行最终决断,即"拍板"。"群体谋划,集中决断"原则是关于个体思维和群体思维相互作用、相互转化的原则。

装备指挥员在形成决策的过程中只有充分发挥装备指挥机关的辅助决策职能,才能做出更加合理的决策。而一项决策只有集中,经过装备指挥员最后的"拍板",才能最终形成。可见,这一原则既是装备指挥员及其指挥机关关系的客观体现,也是正确高效决策的需要。装备指挥员必须依靠指挥机关,没有指挥机关辅助决策,不靠指挥机关群体的智慧和力量,将很难保证决策的高质高效;指挥机关也必须围绕装备指挥员做决策工作,否则,指挥机关及其所属部队就会成为乌合之众,意见不能统一,装备保障行动不能一致,难以保障作战行动的顺利进行。

四、实时反馈,全程追踪

装备指挥决策是面对未来的,战争的盖然性和不确实性决定了装备指挥决策实施过程中,难免出现意想不到的情况或者原来估计可能性不大的情况。所谓"实时反馈,全程追踪"原则,就是要求装备指挥员不断地监督决策执行情况,获取战场反馈信息,对装备指挥决策实施过程出现的新情况进行分析判断,并据以做出相应调整。

实施装备保障过程中,战场情况随时可能发生出乎意料的变化,并程度不同地影响着决策的贯彻执行。是坚定贯彻既定决策,还是纠偏或改变决策,对于能否顺利完成装备保障任务至关重要。从战史上看,我军老一辈军事家在指挥作战时,既富有坚定性,又富有灵活性,并把坚定性与灵活性很好地统一起来。实践证明,在敌我相持不下的情况下,指挥员的坚定决策和顽强毅力,常常是最后战胜敌人的决定性因素。毛泽东曾指出:"往往有这种情形,有利情况和主动的恢复,产生于'再坚持一下'的努力中。"

当出现以下情况时,需要对原决策进行改变。一是原决策在制定时由于对战场客观条件估计有误而存在明显缺陷,如发现它的执行后果完全脱离原先的预料或根本无法执行,或者发现它虽于局部有利而于全局不利等,此时就非得改变原决策不可。二是决策在制定时是正确的,但由于客观条件发生了巨大变化,致使原决策变成不适用、不正确或无法执行,则有必要对其进行调整。这里客观条件的变化不仅是指不利方面的变化,也包括原先没有预见到的有利因素的出现。决策执行过程中如果对新的不利因素视而不见,将会使后果不堪设想;但如果发现了新的有利因素却不加以利用,则会坐失良机。

五、机变灵活,适时高效

"机变灵活,适时高效"原则是装备指挥决策坚定性、果断性与灵活性、科学性的辩证统一。它要求各级装备指挥人员依据战争形势的时空关系的变化,神机妙算,多谋善断,适时灵活地采用新的策略,确保主动权始终在握,实现决策的高效高质。所谓"机变灵活",是指装备指挥员一要随机应变,即巧妙乘机,力争主动,着眼全局,审时度势,灵活机动地依据发展了的形势,迅速作出反应,制定出新的对策;二要择利而行,即在客观形势允许的范围之内强调一个"活"字,要依据发展变化了的形势趋利避害,灵活用谋。所谓"适时高效",是指装备指挥员在做出决策时应充分认识时机在装备保障中的作用,要积极寻找、创造和抓住作战中"时间流"上有利于己的关节点,并将装备保障力量协调一致地作用于这一时机,以高效高质量地完成装备保障任务。

贯彻这一原则,一要建立高度权威的、便于集中指挥的装备指挥机构,统一决策事关装备保障全局的重大问题,统一筹划、部署使用各军种、兵种及地方动员的装备保障力量,统一计划装备保障行动,统一组织装备保障防卫,整体协调各军种、兵种之间的相互关系。当战场情况发生剧烈变化,或与上级失去联系时,装备指挥员应根据总的意图和当时的情况,充分发挥主动性、灵活性和创造性,审时度势,因时、因地、因情灵活应变,及时采取各种有效措施,确保装备保障任务的顺利完成。二要通过建立完善的装备指挥信息系统、不断改进装备指挥手段、加强相关训练、简化决策程序、改进工作方法等措施,不断提高装备指挥人员的业务水平和能力,缩短情况收集、分析、处理的时间,使装备指挥员能够抓住稍纵即逝的有利时机,果断调整部署,迅速做出正确处置。

第四节　装备指挥决策的基本要求

未来信息化条件下联合作战将呈现出战场广阔、多维立体,力量多元、联动聚能,信息主导、整体释能,体系破击、精打巧击等特点,要求装备保障信息实时感知,保障指挥控制适时高效,保障行动快捷精准,保障体系内聚外联,保障方式综合一体。这些新情况新变化对装备指挥决策提出了新的更高的要求。

一、精细准确,适时决策

信息化条件下联合作战,作战区域广阔,各种作战力量在多维广阔的作战空间内广泛机动、分散部署,作战任务将根据作战企图和战场态势的变化频繁转换。要求必须适时、精细而准确地筹划和运用保障资源,提供适时、适地、适量的精确保障。

第一,必须实时精确感知战场态势。装备指挥机构必须具有完善的指挥信息系统,并广泛应用计算机、定位设备、数字通信系统和信息采集与处理系统等信息装置,实时感知战场态势、接收和发送各种战场信息,准确掌握装备保障需求,以及现有物资储备情况和保障力量的部署情况,实现对"人员流"、"装备流"和"物资流"的全程跟踪、适时指挥和控制。

第二,必须准确确定决策目标。准确确定决策目标,是科学决策最根本的一条标准。[1] 必须做到以下几点:首先,目标应当是单义的,目标的表达,在选词构句方面应力求严谨,尽量避免多义性;其次,目标必须具体,应根据不同的执行者提出不同的、与其相适应的具体目标;再次,必须明确目标是否达到客观标准的衡量方法,如,目标应尽可能量化,具有可以计算其成果、规定其时间、确定其责任者的特点,以便于度量、评价和考核;最后,必须限定目标的约束条件。

第三,必须准确拟定决策方案,适时做出决断。在决策过程中,装备指挥机构要采用科学的方法,依托装备指挥计算机决策支持系统,为装备指挥员提供装备调配、弹药补充、维修保障和人力调度等方面的方案建议;要准确把握决策时机,适时做出决断。力求做到装备保障数量精准、专业对口、技术匹配、准确到位、装备保障行动与作战行动无缝链接。

二、高效运转,快速决策

信息化条件下联合作战,作战双方对抗激烈,有限的装备保障力量被分

① 黄孟藩.决策概论[M].浙江教育出版社,1989:12.

散在广阔的战场上,既要保障好主要战场、主要方向的作战行动,又要保证其他战场和其他方向也能得到有效的保障,还要根据不同的作战样式,不断变更保障方式,致使装备保障任务繁重多变、时间紧迫,要求装备指挥机构必须高效运转,实施快速决策。

第一,必须加强信息控制,谋求信息优势。信息优势表现为信息数量与质量优于对方,是谋求决策优势的前提。为获得"质"高"量"足的信息,必须加强对装备指挥信息的控制,运用信息技术和手段,通过指令、追踪反馈、态势分析、纠偏调控等一系列活动,对装备指挥相关信息的获取、传递、处理和利用进行有效组织和协调,及时纠正因主观、客观因素造成的行动偏差或失控现象,使其适应战场变化。

第二,必须提高人员素质,增强决策能力。提高装备指挥人员的素质,一要提高装备指挥员的谋略水平、组织能力、战略思维能力和战场控制能力;二要提高参谋群体的素质,就是要在其群体构成上实现知识、能力、个性、年龄等方面的科学组合,形成群体素质的互补效应,提高作战决策行为的整体效能。

第三,必须优化决策机制,提高决策效率。优化装备指挥决策机制,就是要优化各装备指挥要素(包括各硬件系统和软件系统)之间的关系和作用方式,提高装备指挥员及其参谋机构的主动性、创造性和艺术性。重点优化装备指挥信息控制机制、机构运行机制、人员行为和心理调控机制、方案评估优选机制等。

三、动态调整,连续决策

信息化条件下联合作战将调集精兵利器和数倍于平时的兵力,实施多军兵种联合作战。为达成作战目的,将采取多波次、大强度、连续作战的方式。作战力量运用的高强度、高密度、高消耗、高战损,要求装备保障活动要超常聚集、超常编成、整体保障,力求在短时间内形成超强度的持续装备保障能力,从而对装备指挥决策的动态性、连续性提出了更高的要求。

第一,必须科学预测,实现决策方案的平战结合。必须把战前预测和战时决策有机结合起来,从最困难、最复杂的情况出发,正确预测、主动了解作战的发展变化和战时可能出现的各种情况,提前做好作战阶段转换的装备保障准备,预有多种应变措施,确保装备指挥决策的"平战连续化",以满足信息化条件下装备保障的需求。

第二,必须灵活编组,实施分布式联合指挥决策。即各级装备指挥员及其指挥机关,依托网络互联的指挥信息系统,与作战指挥机关相互协同,围绕统一的作战目的,为可靠完成装备保障任务,科学编组装备指挥机构,异地、同步、交互进行指挥决策。实施装备指挥分布式联合决策,有利于增强上下级装备指挥机构之间、装备指挥机构与作战指挥机构之间的互通互联能力,确保装备指挥决策的连续性。

四、自主协同,联合决策

信息化条件下装备保障将呈现出对象多元、专业繁杂、方式多样、组织协调复杂等特点,装备指挥控制范围、跨度和难度增大,协同关系和内容越来越复杂,要求必须实现自主协同、联合决策。

第一,必须立足全局,一体统筹。首先,要立足信息化条件下联合作战全局,从战略上和上级的全局去谋划、决断本级的装备保障活动,切实保证上级全局利益和目的的实现;其次,要立足本级的全局,紧紧围绕装备保障任务和目标,通过精确计算、评估和预测,科学编组各装备保障力量,正确处理各装备保障力量、保障力量与作战力量之间的关系,各作战方向、各作战样式、各作战行动装备保障的关系,各作战阶段、作战时节装备保障活动的关系,使装备保障行动与作战行动高度融合、一体联动。

第二,必须协作沟通,联合决策。信息化条件下联合作战装备指挥决策,不仅涉及到诸军兵种装备保障力量的运用,还涉及到国家政治、经济、外交、科技以及天文、地理等,需要决断的装备保障活动不仅涉及陆战、空战、海战的装备保障,还涉及电子对抗、导弹战、信息战、网络战等作战样式的装备保障。此时,仅靠装备指挥员一人的智慧和知识是难以应对的,必须依靠装备指挥班子群体,充分调动各级装备指挥机构的积极性,依靠上下级军兵种装备指挥员的及时沟通与协作。

五、系统评估,科学决策

准确的效果评估是优化装备保障方案,提高决策科学性的重要保证。信息化条件下联合作战,参战力量规模庞大,各军兵种专业和通用武器装备大量使用,装备保障任务量巨大、异常艰巨复杂。这就要求装备指挥决策必须建立在科学论证、准确评估的基础上,实施科学决策。

第一,必须科学论证决策方案。要借助装备指挥决策辅助评估系统,对各种装备保障方案需要投入的装备保障资源、发挥的保障效能以及可能产生的风险和损失等,进行精细的评估和优化,使装备保障按"适时、适地、适量"的原则达到尽可能精确的程度。

第二,必须准确评估方案实施效果。要在方案的执行过程中,及时掌握战场变化和装备保障活动的全面情况,根据新的情况改变、修证、补充原定方案,实施追踪决策。

第五节　装备指挥决策的地位作用

装备指挥是在作战统一指挥下进行的军事行动,装备指挥决策的目的就是为指挥装备保障力量对部队军事行动实施不间断的、及时有效的装备保障而做出决定。可见,装备指挥决策在装备保障与指挥活动中,乃至整个作战体系中都具有十分重要的地位和作用。

第一,在装备保障与指挥中的核心地位与决定作用。装备指挥活动主要包括:装备指挥相关信息获取、传输和处理活动,装备指挥决策活动以及装备保障组织、控制和协调活动等3个相互既衔接又相互融合的基本指挥活动,如图1－1所示。装备指挥决策活动是装备指挥活动的核心,是装备指挥活动的关键环节。它的前提和依据是装备指挥情报活动,即根据已知的情报信息,对装备保障力量的配置和利用、装备保障活动的协调与控制、装备保障的协同与防卫进行科学筹划,定下决心,并制定、组织实施方案;同时,又为后续的装备保障控制活动提供指导和依据,即以制定的装备保障方案为指导和依据,展开装备保障活动,圆满完成装备保障任务,同时根据战场反馈信息对保障方案进行纠偏。由于装备指挥决策的产物——装备保障方案,是后续装备保障控制活动的指导和依据,因此,装备指挥决策正确与否,其时效性和质量的高低都将直接决定装备保障的成败。

第二,在整个作战体系中的从属地位与制约作用。装备指挥决策在作战体系中的从属地位是由装备保障工作的地位所决定的。装备保障部署作为作战部署的一部分,其根本目的是服务和保障作战,因而决定了装备保障部署必须与作战部署形式相一致。而在区分保障力量时,在质量和数量规模上,必须与所保障部队的作战类型、样式、任务、战法和行动相适应。只有这样才能体现和提高装备保障的针对性,有效地对保障对象提供及时、可靠的装备保障。因此,进行装备指挥决策时,应根据作战统一部署和安排,研究制定装备保障方案,统筹安排装备保障行动,使之与后勤保障行动相协调、与作战部署相一致、与作战行动相适应。同时,武器装备在部队战斗力生成与保持中的基础地位,以及装备保障的经济性、技术性、全局性等特点,决定了作战行动对装备保障的依赖性,以及装备保障能力对作战行动的制约性。因此,进行装备指挥决策要充分考虑到经济因素和技术因素的制约作用,并注重从作战全局的高度运筹谋划,使装备保障力量的调用及保障的重点、时机等,满足作战需要。但由于装备指挥机构往往不能掌握全局,这就需要作战指挥员从整个作战全局出发,结合后勤保障与指挥的具体情况,认真听取装备指挥机构的报告和建议,积极采纳装备指挥机构的保障计划和保障方案,力争作战指挥与装备指挥、后勤指挥关系顺畅、综合协调,充分发挥作战体系的整体效能。

第二章　装备指挥决策发展历程

　　军事行动中的决策活动,有着悠久的历史,可以说自从有了军队和战争,就有了军事决策活动。无论是在对军队行动进行组织指挥的过程中,还是在对军队建设进行领导管理的过程中,决策活动的存在都是一个客观的事实。然而,传统上,军队无论在军事理论和军事实践中,都基本上不使用"决策"这个词。在我国古代,孙子把对战争的筹划称为"庙算";刘邦把对战争的指导称为"运筹";指挥军队的方法与作战用兵的方法融于一体,统称为兵法。① 直到 20 世纪 80 年代,决策这个词才开始越来越多地进入指挥理论文献中,并逐渐形成了指挥决策这一术语。装备指挥决策是军队指挥决策的重要组成部分,它是对装备保障活动的筹划与确定,反映着装备保障活动中决策者的思维机制与规律。可见,装备指挥决策与装备保障实践密不可分,有什么样的装备保障实践就相应地有什么样的决策活动,而装备保障实践本身是一个历史范畴,在社会发展的一定历史条件下产生,随着社会的进步、科学技术、军事装备和军队组织的发展而不断发展。从本质上讲,自从武器装备诞生之日起,装备指挥决策就相伴相生。随着社会生产力的进步,科学技术水平的提高,武器装备的飞速发展,装备指挥决策的行为机理正发生着重要转变。因此,研究装备指挥决策的发展历程,必须以武器装备的产生、发展和演进过程为依据,本章按照冷兵器时代、热兵器时代、机械化时代和信息化时代的顺序展开。

第一节　冷兵器时代装备指挥决策

　　冷兵器时期,军事装备大致经历了石兵器、青铜兵器和铁兵器三个发展阶段。主要有远射兵器、格斗兵器、卫体兵器、防护装具、战车、战船和攻城

---

① 史越东. 指挥决策学[M]. 解放军出版社,2005:2.

守城器械等装备。这一时期,由于将士们是手持兵器进行近距离的角力格斗,要求兵器锋利而坚固。因此,以制造和保持兵器锋利为主要目的的制作、维护、修理和保管,成为这一时期装备保障的主要内容。中国夏朝已有了青铜兵器和防身甲,兵器平时集中储存于王室仓库,战时发给士兵使用。春秋时期由官方手工作坊制造兵器,平时存于兵库,战时发放,战后收回。战国时期由各级官员监造,国都或地方的"工师"主造,验收合格后,登记入库。秦朝由管理宫廷事务的少府所辖的考工令主管兵器制造,各县有"库音夫"负责生产和供应兵器。后来,随着战船、战车等一些结构相对较为复杂的装备相继问世,在舟兵、车兵编制中编配了专门掌管和修理舟、车的人员,大军远征时还派出工匠随行,对重要兵器及时进行修理和补充,出现了专业人员修理和随队保障方式的萌芽。

由于这一时期武器装备简单,作战方式单一,作战规模较小,推进速度缓慢,所以对装备指挥决策的要求不高。正如恩格斯所说,"装备、编成、编制、战术和战略,首先依赖于当时的生产水平和交通状况。这里起变革作用,不是天才统帅的'悟性的自由创造',而是更好的武器的发明和士兵成分的改变;天才统帅的影响最多只限于使战斗的方式适合于新的武器和新的战士。"[①]然而在人和武器两方面,冷兵器时代水平都还处于很低的阶段。因此,装备指挥决策最早和很长一个时期,寓于作战指挥决策和后勤指挥决策之中。其主要呈现以下几个特点:

一是由统帅个人决策到统帅 + 谋士决策改变。15 世纪以前,装备保障活动通常由将帅进行直接的指挥决策。主要运用口头命令、文书、运动通信和简易信号等指挥手段,组织器械、车马和衣甲等装备物资的供应。随着作战规模的扩大和武器装备技术含量的提高,统帅进行装备指挥决策必须通过各种侦察手段察明与装备保障活动相关的敌情、我情和自然地理情况,同时花很大的精力确定自己的用谋方略。再加上装备指挥决策的高风险,直接关系到战争的成败,甚至国家的盛衰兴亡,单靠统帅一个人的头脑做出决策已难以适应要求,因而就出现了谋士辅助统帅决策的新的决策方式,并一直延续到 19 世纪前半叶。据《说苑》记载,最早的专职谋士是公元前 16 世纪夏末辅佐商汤灭夏的伊尹;《六韬》记载,周朝初年太公望吕尚向武王建

① 《马克思恩格斯选集》第 3 卷,人民出版社,1974:206.

议:为辅佐军队统帅指挥作战,应设"股肱七十二人",包括"腹心一人"、"谋士五人"、"天文三人"、"地利三人"、"兵法九人"、"通粮四人"、"奋威四人"、"伏旗鼓三人"、"股肱四人"、"通材三人"、"权士三人"、"耳目七人"、"爪牙五人"、"羽翼四人"、"游士八人"、"术士二人"、"方士二人"、"法算二人",分别掌管作战筹划、情报、通信、气象、人事、后勤和宣传等指挥业务;公《汉书·高帝纪》记载,汉朝开国皇帝刘邦在总结战胜项羽的主要经验时说:"运筹帷幄之中,决胜千里之外,吾不如子房;镇国家,抚百姓,给饷馈,不绝粮道,吾不如萧何;连百万之众,战必胜,攻必克,吾不如韩信。三人皆人杰,吾能用之,此吾所以取天下者也。"由此可见,这种新的决策方式大大地提高了装备指挥决策的有效性。在决策过程中,优秀的谋士往往与统帅掌握的情况一样多,统帅与谋士一起研究,能对问题获得更全面的认识,所设想出的备选方案在数量和质量上会大大超出统帅个人,对方案的评价也会更加全面客观。但总体上讲,那时的装备指挥决策在整个作战决策中只占很小的部分,且多以直观性和形象性为主。

二是重谋略,崇尚"诡诈"。有战争就有谋略。夏代以后,特别是到春秋战国时期,群雄纷争,诸侯割据,战事频繁。激烈动荡的社会环境,促使以出谋划策为职业的游士日益增多,并为他们施展才智创造了有利的社会条件。在总结前人经验的基础上,军队统帅们越来越深刻地认识到:"正四海者,不可以兵独攻而取也,必先定谋虑,便地形,利权算","夫强之国,必先争谋"。①2500 年前,"东方兵圣"孙武系统阐述了"诡诈"谋略的基本思想和方法。直到 170 余年前,"西方兵圣"克劳塞维茨依然认为:"当兵力很弱,任何谨慎和智慧都无济于事,一切办法似乎都无能为力的时候,诡诈就成了最后的手段了","任何一次出敌不意都是以诡诈(即使是很小程度的诡诈)为基础的"。一批著名谋士的涌现,更使得谋略在装备指挥决策中的运用达到了一个新境界。官渡之战中曹操奇袭乌巢、赤壁之战中周瑜火烧战船等都是在装备指挥决策中重谋略的典型案例。

三是决策程序注重"用间"、"相敌"、"料敌"与"庙算"等环节的运行。随着军事决策与谋略思想和方法的发展,准确掌握和分析判断情况、周密谋划军事行动在指挥决策中的地位作用日趋突出。《孙子兵法》认为:"故名君

---

① 转自《谋略论》,蓝天出版社,1991:43.

贤将,所以动而胜人,成功出于众者,先知也","夫未战而庙算者胜,得算多也;未战而庙算不胜者,得算少也。多算胜,少算不胜,而况于无算乎"。孙子还提出,战前要综合运用"因间"、"内间"、"反间"、"死间"、"生间"五种间谍去获取敌情;在战场上观察和判断敌情的"相敌三十二法";以及要从"道"、"天"、"地"、"将"、"法"和"主孰有道"、"将孰有能"、"天地孰得"、"法令孰行"、"兵众孰强"、"士卒孰练"、"赏罚孰明"多个方面周密分析敌情、我情,以判断双方的优劣长短;等等。战争史上,《孙子兵法》应是较早深刻论及指挥决策方法的著述。随着战争的发展,人们越来越认识到指挥决策方法对决策效能的重要影响,孙子的许多重要思想也成为许多有成就指挥员在指挥中所坚持的重要原则。

第二节 热兵器时代装备指挥决策

随着火药的发明和原始火器的产生,热兵器初期的装备保障,在内容上,除制作和提供大量兵器外,还增加了火药、弹药供应和兵器维修等新的保障内容;在兵器制作方面,由小型作坊和工场手工转变为较大规模的作坊和工场手工,后者由此成为近代具有较大规模的机械工业生产的雏形;在兵器维修方面,由于兵器技术含量的提高,出现了具有一定规模和技术的专业维修人员。中国的元朝就重视兵器的技术保障,朝廷设有工匠组织,称为"匠军",由工部之诸色人匠总管府、诸司局人匠总管府及大都人匠总管府负责管理,各地方政府也有匠人或匠军,专门负责制作火药和打造、修理兵器。除设匠军外,还有分门别类的生产部门,使得元朝器械之精,举世闻名。同一时期欧洲军队的兵器修理也都由工匠和操作手负责。普鲁士和法国等国家军队也出现了雇佣的军械工匠,直接担负兵器的维护、修理。英国等一些国家建立了手工作坊式的兵器修理工场。

进入19世纪,后装击发枪、线膛炮及带反后坐装置的火炮等新式武器的出现,使武器的维修变得较为复杂,具有一般知识和技术的工匠已难以胜任。只有掌握一定的科技知识和受过专业训练的维修人员,运用专门的维修机械设备才能完成武器的维修,进而形成了专业技术人员维修的保障模式。在保障的组织和方式上,随着军队的编制体制和作战方式改变,远距离、大规模的战役行动逐渐增多,远离战略基地实施后方维修和后方供应的保障方式已难以适应作战的需要。为此,中国和一些欧洲国家军队相继建立了能跟随军队一起行动的装备保障组织,战时在作战地区临时开设装备维修机构,实施装备维护、修理和弹药补充,因而专业人员维修和随军保障方式应运而生。

第一次世界大战中,英国、法国、俄罗斯、意大利、德国、奥地利等国海军发展壮大,海军舰艇成为装备保障的重要对象,各国陆续建立了海军装备保障组织,采取岸基保障机构维修与舰员维修相结合的方式对舰船实施维修,以岸基保障机构补给和舰艇携带相结合的方式实施弹药、器材的供应。随着英国、加拿大、意大利、法国、德国、西班牙等国空军的相继成立,航空装备的技术保障、航弹航材供应开始成为装备保障的重要内容。为此,这些国家军队又建立了空军装备保障组织,主要由后方基地组织实施保障。随着作战规模的不断扩大及跨国远距离作战的出现,一些参战国普遍采取向作战地区前伸保障力量,开设修理和弹药、器材供应机构,依托战略后方保障机构对作战部队实施中继性的支援保障,从而在战略后方保障基地与伴随保障之间开始出现装备保障的中间环节。英军总司令部增编了专门领导坦克技术勤务的第四参谋支队,在法国帕米考特建立了战役级修理保障中心,按作战需要向前方派出多个临时修理所,负责部队无力修复的损坏坦克和机件的修理。该中心还设有器材仓库,储存和分配坦克配件,战中在前线开设补给站,对旅以下部队、分队实施器材补给。在坦克旅组建了新型的移动式野战修理连,配备有小型移动修理工程车和抢救牵引车;坦克连设维修军官和军士,配有修理保养车,协助和指导坦克乘员进行保养和简易换件修理。由于英军初步形成了战役、战术两级合理衔接的装备保障组织,采取了固定与移动相结合的保障方式,因此在康布雷和亚眠等战役中,投入作战的 2000 辆次坦克,有 40% 以上是经技术勤务机构抢救修复后重返前线作战的,确保了战役作战的主动性。法军也相继建立了类似的修理机构,战时编成两个梯队,前梯队跟随部队行动,随时在战场浅近纵深展开修理、器材供应和后送损坏坦克;后梯队一般留在战役后方基地,负责修复后送的损坏坦克。

第二次世界大战前夕,英国、美国、法国、德国、意大利、日本等国海军主要战舰的性能有了很大提高,随着大量小型舰艇的编配部队和大型航空母舰的诞生,海军舰队、海军基地、海上作战编队及航空母舰编队等海军战役军团及其相应的装备保障机构相继建立。为适应远距离海上作战的需要，除采取岸基保障和舰员级保障外，还产生了在海上开设前进基地保障和伴随船队保障等方式，为海军装备保障理论的形成奠定了基础。第二次世界大战中，为适应航空兵大范围配置及远距离作战的需要，产生了区域性的战役级保障基地，按区域由基地对航空兵部队实施就近的维护、修理和航弹、航材的供应，从而形成了由空军战略保障机构、区域保障基地、航空兵部队装备保障机构构成的三级装备保障体系。同时，在机械化战争理论特别是"闪击战"理论的影响下，作战双方采取了在航空兵协同下，规模巨大的装甲坦克集群实施快速突破、大纵深快速进攻的主要作战方式，战场上大量损坏的坦克和自行火炮使装备保障面临严峻挑战。1943 年库尔斯克会战中，德军在第一天就有 1500 多辆坦克失去战斗力。在这种情况下，要想保持战场优势，除需依靠强大的国防工业外，还必须依靠被称为"战场军火工业"的战场快速抢救和抢修。德军为保障坦克集群作战，在其作战地域后方建立了较大的修理基地，负责后送损坏装备的修理，并在前线开设修理场所修复战斗车辆。基地和师还向一线坦克部队派出补给队，前送维修器材，以保障换件修理。苏军在苏德战争的前三个月就损坏坦克 1800 多辆，由于当时汽车、坦克修理厂大部分配置在远离前线的后方，一线坦克部队修理机构数量少、能力差，致使大量损坏坦克无法及时修复补给部队。战争后期，随着苏军机械化军及坦克师、团数量的激增，装备保障任务更加复杂繁重，装备保障面临的问题更为突出。为此，苏联国防委员会于 1943 年初作出重要决定：将原总汽车装甲坦克部一分为二，成立红军汽车管理部，负责汽车、拖拉机的修理和器材供应，后又与总军械部一同划归红军后勤部；成立总装甲坦克兵部，将原总汽车装甲坦克部所属的坦克修理部和车务部都划归总装甲坦克兵部管辖，负责装甲车辆的修理、器材供应和使用管理。至此，苏军形成了独立于后勤系统之外的装甲技术保障系统。

在此基础上，装备指挥决策有了新的发展。16 ~ 17 世纪，欧洲一些国家军队设有军械勤务部门和军务总监司令部，建立了由辅佐军事首领的幕僚机构逐步发展起来的司令部，由司令部参谋长统一组织筹划装备保障工作，其内容不仅包括弹药物资的筹措、供应，还包括装备维修等技术保障；第一次世界大战中，英、法、德等国海军、空军的发展壮大，使组织筹划海军舰艇和空军飞行装备的技术保障成为装备指挥决策的重要内容；第二次世界大战前,随着大量小型舰艇编队和航空母舰的诞生,各种海军战役军团及其相应的装备指挥机构相继建立,除组织筹划岸基保障和舰员级保障外,还组织筹划前进基地保障和伴随船队保障;第二次世界大战中,为适应航空兵大范围、远距离作战装备保障的需要,建立了区域性的战役级装备指挥机构,组织筹划装备保障基地按区域对航空兵部队实施就近维护、修理和航弹、航材的供应保障。其中,美军的装备指挥决策寓于作战指挥决策之中,主要是在各级司令部中设置主管装备的副参谋长和精干的参谋机构。1941年8月,苏联将装备指挥机构从司令部中分离出来,建立了与司令部平行的总军械部。1943年初,苏联国防委员会将原总汽车装甲坦克部一分为二,成立红军汽车管理部和总装甲坦克兵部,红军汽车管理部负责汽车、拖拉机的修理和器材供应的组织领导,后又与总军械部一同划归红军后勤部;总装甲坦克兵部,负责坦克装甲车辆的修理、器材供应、使用管理的组织领导。并在各级战役军团设立技术副指挥员及独立的装甲装备保障的指挥机构,组织装备的维护保养、修理及储备、供应,初步形成了独立于后勤指挥体系之外的装备指挥体系。

这一阶段,装备指挥决策发展主要呈现如下特点:

一是装备指挥决策手段与思维发生巨大变化。18世纪至19世纪,两次工业革命的成果给指挥决策手段所带来的革命性变化,是这一时期装备指挥决策发展的"福音"。19世纪50年代至90年代,电报、电话和无线电通信陆续发明,并先后应用于军事领域。19世纪末,棱镜式双筒望远镜开始广泛应用。1935年,英国人R. A. 沃森－瓦特首先研制出频率为12MHz、探测距离为64km的脉冲雷达。次年,英国在本土东南沿海地区部署了称为"本土链"的对空雷达警戒网。同时,由于中世纪的消逝,西方自然科学和哲学的进步也为装备指挥决策的发展创造了有利条件。近代西方资产阶级在指挥决策思维活动中突出了公理思维的作用。当时的自然科学已经不满足于古代直观式的思维而要借助于逻辑推理,其最大的特点就是以公理、定理、公式等形式揭示自然界某些领域的规律,当时的哲学著作也加强了论证性,这对指挥决策思维产生了巨大的影响。如克劳塞维茨在讲集中兵力的原则时说:"战争是方向相反的两个力量的碰撞,从这里自然会得出结论:较强的一方不但可以抵消对方的力量,而且还可以迫使对方作反方向运动。因此,在战争中根本不允许逐次发挥力量的作用,同时使用于二次碰撞的全部力量必须看作是基本法则。"①集中兵力本来是一个古老的原则,可是当克劳塞维茨用当时力学知识的思维方法对这一原则进行重新思考时,便对这个原则的认识更加明确和深化。若米尼在《战争艺术》中的论述一个突出的习惯就是"假设法",仅《退却和追击》②一节,从时间和空间各个不同的角度就假设了 19 种情况。思维中的假设法,除了与当时的自然科学的某些方法相联系外,主要是由装备保障活动的特点决定的。战时装备保障活动是充满了未知数的领域,具有很大的不确实性,会出现多种可能性,而假设法是解开众多未知数的重要科学方法。这实际上就是设计多种备选方案,从中择优定案的过程。

二是实现了由"统帅 + 谋士"决策向"首长 + 指挥机关"决策的转变。随着各种新式武器装备部队,军队的编制体制和作战方法发生了重大变革,军队的作战能力大大提高;火车、轮船和飞机的出现,不仅为大部队实施陆上、海上和空中快速远距离机动创造了条件,而且为支持庞大的装备保障提供了高效工具;电报、电话等通信器材被应用于作战指挥,极大地提高了作战指挥的效能。这些都为实施诸军兵种协同作战提供了客观物质条件。面对如此广阔而复杂的战场,装备指挥员必须对陆海空战场各军兵种的装备保障活动进行整体筹划,原有的统帅 + 谋士的指挥决策方式已难以适应新形势下作战的需要。于是,出现了辅助首长定下决策的专门机构——指挥机关。1857 年 H·毛奇(即"老毛奇")担任普鲁士总参谋长以后,对总参谋部和司令部系统进行了重大改革。经过改革后的司令部在尔后筹划和指挥普奥战争、普法战争中发挥了重要作用,有效保障了普鲁士统一德意志政治目标的圆满实现,成为当时各主要国家军队效仿的榜样。因此,人们通常认为老毛奇的司令部是历史上第一个具有现代意义的司令部,也是指挥主体由谋士辅佐指挥员发展为指挥机关辅佐指挥员的标志性事件。此后,随着战争的发展,指挥机关的组织体系进一步完善,职责范围也不断扩大。与"统帅 + 谋士"决策时期相比,指挥机关内部的分工细致明确、责任健全,参谋业务逐渐完善,不但具有为决策提供选择方案的"智囊功能",而且还具备实施将帅决策的执行功能,及时传递信息的流通功能、监督检查反馈功能和协调功

① 《战争论》上卷,解放军出版社,1994:177.
② 《战争艺术》,广西大学出版社,2003:157.

能。这些都对提高提高装备保障效能具有重大作用。

第三节　机械化时代装备指挥决策

第二次世界大战后,武器装备进一步发展,许多国家军队实行了摩托化、机械化,军种、兵种进一步增多,装备型号和种类不断增加,装备保障对象和保障机构随之增多。随着一些有核国家建立独立的战略核力量军种、兵种战役军团后,装备保障增添了新的对象和内容,装备保障力量也增加了新的成分,并逐渐形成了具有该军种、兵种特点的装备保障原则、体制、组织、部署和方式方法等理论。苏军正式确立了各级战役军团设技术副指挥员及独立的坦克装甲车辆装备保障机构,在后勤设军械、车辆等装备保障机构,按两个系统各自组织实施保障的双轨体制;统一规定了各级战役军团技术保障机构、人员的编设与职责,明确区分了维护、保养、修理的等级及任务分工,具体规范了装备维护、保养、抢救、修理及储备、供应的体制和方法;详细阐述了各种战役及各阶段技术保障力量部署、组织指挥、保障内容与方法等,形成了较为系统的装备保障理论体系。美军仍然采用部队的武器、弹药、器材由后勤补给系统,装备维修由后勤系统组织实施的体制,并根据战争的发展和海外作战实践的需要,进一步强调直接支援维修尽量靠前,全般支援维修由条件稳定的大型后方基地提供,独立遂行任务的作战部队、分队,由上级派出维修特遣队或巡回维修队实施随队保障,或搭乘直升机临时前出增援;在维修方式上,进一步突出了预防性维修;在修理方法上,强调换件修理为主,必要时允许采用拆拼修理;在维修观念上,提出了以可靠性为中心的维修思想,并将其运用于装备的总体设计之中,逐步推动装备技术保障由经验维修向科学维修的转变。

在这一阶段,由于飞机、坦克、工程机械等兵器的大量使用,以及空军、装甲兵、通信兵、工程兵等新型军兵种的产生,使指挥员必须全面考虑各军兵种的优长和不足,通过对诸军兵种进行合成编组实现彼此间的有机协调与整体作战效能的生成。作战空间也由地面海面对抗跃升至陆、海、空、电多维对抗。此时作战已不再是以释放化学能为主的火器对抗,而成了以火器与机械化平台为主的平台对抗。随着作战方式的变革,装备指挥决策也发生着新变化,主要体现在决策手段上的质的变革,开始进入依靠计算机信息系统决策时代。1946年,世界上第一台电子计算机的问世,给装备指挥决策的改进和发展开辟了广阔的前景。计算机由于计算速度快、存储容量大、具有逻辑推理能力,与人脑相比有许多优点,使得一部分信息能够被计算机处理,从而使得装备指挥决策这种高级的思维活动能够部分地被机器处理。从20世纪50年代开始,一些发达国家军队开始把以电子计算机为主体的综合电子系统运用于军队作战指挥领域,在人的操纵下,帮助指挥员完成指挥过程中的情报收集和处理,制定决策,传达命令等任务。这种把军队指挥系统由人的组合体变为人和机器的组合体的重大变革,极大地提高了装备指挥决策的效能。

第四节 信息化时代装备指挥决策

20世纪80年代末,以信息技术为主导的高技术装备系统显露雏形,标志着武器装备开始进入信息化的快速发展时期,各种装备的信息化程度不断提高从而引起装备保障发生翻天覆地的变化,以先进作战平台、精确制导武器为代表的信息化装备的技术保障成为装备保障的重要内容。在装备保障对象和内容上,随着信息化装备的增多和各种装备信息化程度的提高,信息化装备、设备、器材、精确制导弹药的调配保障和技术保障成为装备保障的重要内容,其保障的任务量及科技含量在各项装备保障中所占的比重日趋增大。在装备保障的组织体制上,苏军率先进行体制改革,建立了总装备部和军区、集团军及师以下各级部队装备部,将军械、汽车、装甲车辆等各种装备保障机构统一划归装备部系统,统一组织实施装备保障;各军种战役军团也建立了相应的组织,分别对各军种统一组织实施装备保障。美军仍沿用后装一体的保障体制,但在保障中强调统一计划、密切协同、供应与修理结合,要求增强保障的综合性和整体协调性,并对装备保障部队结构进行了改革,建立了集多种保障功能于一体的装备补给与维修部队、分队。装备保障方式也由多层次、多环节、低效率转变为少层次、少环节、高效率,强调运用机动保障、越级保障、远程支援保障。美军精简了海外战区后勤机构,只保留以武器、弹药、器材等为主的物资补给中心实施应急保障,通常由本土基地直接对各军,必要时可对师直接实施保障。

装备保障的快速发展对装备指挥决策提出了新的更高的要求。美军在装备指挥决策中强调统一计划、密切协同,力求增强装备保障的整体协调性。20世纪90年代初,苏军率先进行体制改革,建立了总装备部和军区、集团军及师以下各级部队装备部,将军械、汽车、装甲坦克等各种装备保障机构统一划归装备系统,统一组织实施装备保障;各军种战役军团也建立了相应的组织,分别组织筹划和指挥各军种的装备保障。1991年苏联解体后,俄军又对军队体制编制进行调整和改组,在国防部成立了总装备部,设置主管装备的副指挥员兼任总装备部部长,并在团以上部队编设装备指挥机关,进一步完善了与装备保障体系相一致的装备指挥体系。在装备指挥决策手段上,各国军队均高度重视开发运用装备指挥自动化系统,以提高装备指挥决策的时效和质量。20世纪末至21世纪初,美军先后出台了《2010年联合构想》、《2020年联合构想》,专门研究新世纪的作战和后勤、装备保障及指挥问题;研制开发先进的信息化装备指挥系统,并在海湾战争、科索沃战争、伊拉克战争中广泛运用,使装备指挥决策效能大大提高。

这一阶段,装备指挥决策的发展,主要体现在对机械化时代装备指挥决策手段的深化与拓展,呈现出智能化、信息化的特点。现代信息技术在军事领域的广泛应用,加快了武器装备更新换代的步伐,大大提高了装备的作战效能。信息技术兵器大量应用于实战,使战争的形态发生了根本的变化。战场范围由陆地、海洋、空中扩展到外层空间,精确制导武器的命中精度成百倍提高,各种常规兵器经信息技术改造如虎添翼,电磁频谱的争夺战开辟了第五维战场。军队力量已由"体能型"、"技能型"向着更为先进的"智能型"方向发展,而智能型的军队首先表现在决策的智能化。信息化条件下作战,一方面战场情况复杂多变,要求决策的水平不断提高;另一方面由于情报量急剧增大,决策本身的难度不断增大,这就迫切地要求提高决策行为的有效性。这种情况下,传统的单纯靠扩大装备指挥机构规模或优化装备指挥机构结构的做法,最终必将造成装备指挥机构的臃肿庞大,从而更多地分散装备指挥人员有限的生理、心理能力,致使决策效能降低。这时,就需要求助于装备指挥决策手段的改革创新,决策支持系统的发展与应用就是其中的一个非常重要的方面。

第三章 装备指挥决策机理

20世纪90年代以来的现代战争,海量的决策信息辨识,多维的战场指挥环境,决策的时效性要求,表明了信息化条件下联合作战装备指挥决策,是一项复杂的系统工程。如何确保装备指挥科学决策,本章将从理论上分析回答这一问题。主要内容涉及:第一,信息化条件下联合作战装备指挥决策的影响因素分析;第二,装备指挥决策的运行机理。

第一节 影响装备指挥决策的主要因素

从装备指挥决策的任务、内容和程序可见,装备指挥决策不仅是装备指挥人员在决策过程中运用方法和技术的结果,也是其在心理因素作用下对决策相关信息进行转化的产物。实现装备指挥决策的科学化,必须同时满足四个条件:一是有准确可靠的信息作为决策基础;二是有合理的体系结构和完善的法规制度作为保证;三是有专业的智囊团和高素质的参谋群体作为决策辅助;四是有先进的决策手段和科学的决策方法作为决策支持。因此,影响装备指挥决策的因素主要有决策环境、决策信息、决策手段和决策行为等,它们相互作用,共同决定决策的时效和质量。其相互关系如图3-1所示。

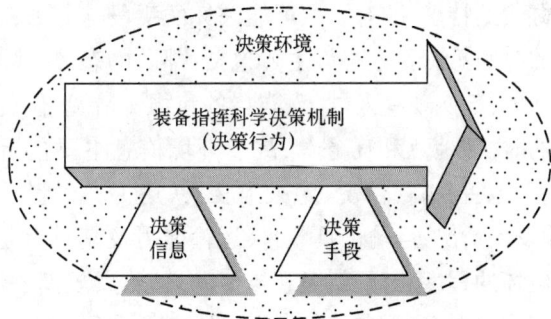

图3-1 影响装备指挥决策的主要因素及其相互关系

一、装备指挥决策信息

（一）装备指挥决策信息的内涵

决策信息是装备指挥决策活动所必需的、用以保证其正常运作的各种信息。装备指挥决策信息既包括装备指挥决策活动赖以展开的各种情报信息，又包括决策过程中产生的各种调控指令以及各种反馈信息。装备指挥决策信息活动就是将上级指示、命令、通报，装备保障任务、能力信息和敌我态势、战场情况等情报信息进行获取、传输、处理和共享，并经过决策者和决策辅助人员的大脑转变为行动(指令)信息的过程。

1. 装备指挥决策信息的内容

装备指挥决策正确与否，与能否准确地、及时地获得足够的信息有直接关系。如果没有足够可靠的信息，就无法确定装备指挥决策目标，也无法提出组织实施的方案。装备指挥决策中需要获取的信息主要包括如下几个方面的内容：

一是总体作战意图和装备保障任务。主要包括：战略级首长对当前情况判断的结论、决心和对装备保障的指示等。理解总体作战意图和所受领的装备保障任务，首先要跳出装备保障部门的局限，对整体作战行动的总意图和总任务有所了解，至少要充分了解上一级指挥员的意图及其所担负的任务，然后，在此基础上充分理解本级装备保障任务在整个作战行动中的地位和作用，及其与其他装备保障行动之间的关系。

二是敌我态势和战场环境信息。敌方态势主要包括：敌总的态势、企图和尔后可能的行动，当面之敌的态势、企图和可能的作战行动，敌兵力兵器的编成和作战方法的特点，敌对后方可能破坏的手段与能力，敌装备保障能力与可能持续的时间等。我方态势主要包括：部队的态势、战斗编成、部署、当前和尔后的任务，部队现有人员、武器装备和物资情况，伤员数量，预备队可能进入战斗的时机、地点和任务等；战场环境信息主要包括：地形道路情况，即战区内各种地貌、植被情况、隐蔽地物，铁路、公路、管线、内河与海运航道、航空运输发展情况，运输工具数量、运输能力及其对后勤保障的影响，可能遭敌袭击破坏的程度、需要新建和扩建的道路，大规模杀伤武器使用后对地形地貌改变的情况等；水文气象情况，即大气、季风风力、风向、降水量、江河湖泊、洪水、冰雪的状态及其对完成装备保障任务的影响。

三是所属装备保障力量情况。主要包括:所属和加强装备保障部(分)队的分布状况,现有装备保障力量的编组情况,人员伤亡和武器、器材、物资的损失情况、补充程度与可能,装备保障防卫的主要方式、兵力兵器部署、使用的原则与防卫作战预案,以及装备保障防卫力量的损失情况等。

四是友邻部队和地方支援情况。主要包括:友邻部队的装备保障任务与本部队的关系,其力量部署和可能支援的能力,地方支前机关编成和领导成员的变动情况,支前指挥机构和预备支前力量配置位置及变更,后续支前力量的动员状况及其可能使用情况,地方物资布局的调整情况,地方修理、运输等力量的现有状况,军工生产情况等。

五是决策方案的实施情况。主要包括:战场变化情况和装备保障行动方案实际实施后在实践中达成预期目标和完成任务的情况,对原定方案进行修证、补充的建议等。

2. 装备指挥决策信息的特性

信息既有量的方面,又有质的方面。科学制定装备指挥决策,必需的前提条件是要收集到"量"足"质"高的相关信息。尽管在现实中很难同时保证装备指挥决策信息的质和量,但作为科学要求来说,却应力求在信息"量"足、"质"高的条件下作决策。"量"足、"质"高的信息,必须具备全面性、精确性、可靠性与时效性等四个特性[1][2]。

一是全面性。信息全面性是装备指挥决策正确与否的一个首要问题。信息的全面性主要包括信息所涉及的范围和种类、每条信息所含有用成分的多少两个方面。从信息涉及的范围和种类来说,制定装备指挥决策,必须对必备的信息包括哪些方面有一个明确的认识,确保每一项决策方案的制订都有合适数量的信息作根据。从信息所含有用成分的多少来说(即信息消除不确定性的多少),装备指挥决策所需要的每条信息都需要具备一定的消除不确定性的作用,其理想状态是不确定性的完全消除,但实际中由于各种条件的限制而不可能达到,故应允许有一定的误差和变动的幅度。

二是精确性。按照信息论的奠基人——美国数学家香农的观点,信息是用以消除信息获取者对某种知识的不确定性的。因此,决策信息的精确

---

① 张智光. 管理决策逻辑[M]. 中共中央党校出版社,1990年8月,第150页.

② 张尚仁. 现代科学决策方法学[M]. 山东人民出版社,1989年5月,第77~81页.

性就是指每一条信息具备的能消除某些不确定性的能力,如时间、空间、数量、行为方式的不确定性等。消除哪方面的不确定性,又是以决策的需要为尺度的。考虑到现实中获取精确信息会受到种种条件的限制,在实际衡量信息的精确性时,一般应划定一定的范围,即允许存在一定的模糊和偏差。

三是可靠性。决策信息的全面性与精确性是以信息的可靠性为前提的,即装备指挥决策必须在充分而又真实可靠的信息基础上作出。但在战时,由于种种主客观原因,装备指挥员及其指挥机构所得到的信息却不一定是真实可靠的,有的信息可能是虚假的,有的信息可能是真假掺杂的。装备指挥决策信息的可靠性主要包括两个方面:其一,是信息内容的准确性,即所获取的装备指挥决策相关信息是否真实、准确;其二,是信息内容的重要程度,即对装备指挥决策作用的大小。一般来说,决策主要依据的应是较为准确的肯定性信息。但在准确性相同的情况下可凭信息对决策作用的大小区分其主次。

四是时效性。信息的时效性是指信息从产生、发出、接收到利用的时间间隔及其效率。对装备指挥决策信息的时间要求是指提供的决策相关信息要及时、迅速、灵敏地反映作战及装备保障活动的最新发展和态势。装备指挥决策信息的价值和作用体现在一定的时空范围内,它不仅取决于信息内容本身,还取决于该信息是否能够被装备指挥员及其指挥机构及时获取。装备指挥决策信息只有在得到及时利用的情况下才会有理想的使用价值。

(二)信息化条件下联合作战装备指挥决策信息的特点

第一,装备指挥决策信息量猛增。未来信息化条件下联合作战,装备指挥决策信息量明显增加,大量来源于不同空域、时域和频域的信息将涌向装备指挥中枢,这些信息为装备指挥员分析判断情况提供了可供选择的丰富的原始材料,但同时也为正确分析判断增加了困难。一是信息通道易发生堵塞。信息网络的传输量是有限的,而战时大量信息的涌入,将使网络发生信息堵塞,难以保持时时畅通,从而严重影响装备指挥决策信息的时效性。二是信息处理工作量大。日益增多的信息,增加了信息搜集、综合、整理的工作量,甚至指挥信息系统也难于完全有效处理战时涌来的大批量信息。三是信息传递易造成失真。为保证信息传输与处理的时效性,必须对信息进行适当的取舍,但由于其个人的认识水平不同,或者各种技术器材性能不同,对于同一事物可能有不同的反应,也可能对信息进行不同程度的取舍、歪曲,乃至颠倒,这就增加了分析判断情况的难度。

第二,装备指挥决策信息内容繁杂。装备指挥决策必须依据真实信息作出,而未来信息化条件下联合作战装备指挥决策信息的内容越来越繁杂。主要体现在以下几个方面:一是战场情况的复杂性,难于及时、准确和系统地了解装备保障各方面的情况;二是敌人为达到其战略战役目的,可能有意制造假象,散布假情报,隐真示假,以假乱真,使我方获取假情报造成错觉,从而造成我方指挥失误;三是战时由于战场的复杂情况或人员的心理因素,使装备保障信息的准确性减弱;四是随着信息传递层次的增多,每个层次都可能从不同角度进行与自己倾向看法相一致的取舍,导致信息存在衰减。因此,装备指挥机关所获得的信息往往内容繁杂,真伪混杂,从而增加了分析判断情况的复杂性。

第三,装备指挥决策信息变化频繁。信息化条件下作战,作战方式的多样性和作战形式的快速转换,使得战场情况迅速变化。如,战争初期防御一方的坚守防御作战,反空袭、反突破、反合围、反突击、反空降、抗登陆等各种样式可能交织在一起同时进行,并随着战役的发展而频繁地转换。这种情况下,由于在不同空间和地域作战的各军兵种作战样式的转换和自己所处的特殊地位而对装备保障提出的不同要求,使装备指挥决策信息也随着时间、空间、情况变化而迅速变化,这对装备指挥员及时掌握信息提出了更高的要求。

第四,饱受战场复杂电磁环境影响。信息化战场上,各种电子用频装备数量庞大、体制多样、种类繁杂、功率不一,使得战场空间中空域、时域、频域、能量域上分布的数量繁多、样式复杂、密集重叠、动态交迭的电磁信号形成了极为复杂的电磁环境。战时装备指挥决策信息的获取、传输和处理过程,不可避免地要受到极为复杂的战场电磁环境的影响。尤其是随着部队装备建设和装备指挥信息化程度的不断提高,复杂电磁环境对装备指挥决策信息活动的影响和制约呈逐步增大的趋势。

第五,装备指挥决策信息呈链式运动。决策信息的链式运动,是指信息在由互联网、传感器网和末端子网组成的信息网络中,在各传感器、信息平台和数据链路之间的完整运动过程,从整个信息网络来看,其实质是信息在网络节点间按照一定规则流动的过程。信息网络的构建是装备指挥决策信息链式运动的基础。信息技术的发展和应用以及装备指挥信息化建设的稳步推进,使装备指挥决策信息的链式运动成为可能,信息的链式运动使装备指挥决策各要素各系统之间的联系更加紧密,从而产生了基于信息关联的系统结构力,即信息结构力。根据一般系统论"整体大于部分和"的基本原理,在信息结构力的作用下,装备指挥决策效能将产生新的跃升①。

(三)决策信息对装备指挥决策活动的影响

信息是装备指挥决策的基础,是连接决策各要素的桥梁和纽带。准确、全面的信息又是装备指挥决策科学化的重要保证。制定装备指挥决策的依据是经过分析、判断和处理的信息,装备指挥决策目标确定之后,就要围绕目标通过备种渠道收集有关的资料、数据和信息,并采用科学的方法,综合分析影响决策的各种因素,找出各因素之间的相互联系、相互制约的关系及对实现目标的影响,为拟定方案提供有价值的素材。信息对装备指挥决策活动的影响主要表现在以下三个方面②。

第一,信息是制定决策的必备条件。科学的装备指挥决策必须以全面反映客观活动过程的信息为依据。装备指挥决策目标的确定、决策方案的拟订、决策方案的优选以及方案的修订都必须以充分可靠的信息作条件。为此,装备指挥员及其指挥机关必须充分掌握可靠的信息,并对其进行认真研究和分析,为实施科学、不间断的装备指挥决策奠定基础。

第二,信息是连接决策各要素的桥梁和纽带。从本质上来说,装备指挥决策活动其实就是一种信息活动过程,决策各要素之间相互影响、相互制约、相互作用的最一般的抽象就是信息③。信息化条件下,装备指挥决策信息依存于一定的环境而存在,信息在环境、决策者和决策对象之间,依托由互联网、传感器网和末端子网组成的信息网络进行链式运动,使装备指挥决策各要素各系统之间的联系更加紧密,从而产生了基于信息关联的"整体大于部分和"的系统结构力,即信息结构力。在信息结构力的作用下,装备指挥决策效能将产生新的跃升。

第三,信息是控制决策方案实施的手段。决策方案实施后,必须根据实施情况及战场变化情况,及时改变、修证、补充原定方案,进行实时控制与调节,以保证决策目标的实现。装备保障决策转变为计划、付诸实施和控制这

---

① 董子峰. 信息化战争形态论[M]. 解放军出版社,2004 年 10 月,第 20 ~ 69 页.

② 于长海. 军事系统决策研究[M]. 军事科学出版社,1994 年 9 月,第 50 页.

③ 史越东. 指挥决策学[M]. 解放军出版社,2005 年 8 月,第 34 页.

三个环节都离不开对相关信息的获取与处理。装备指挥员正是根据在决策方案实施过程中获取的反馈信息,不断地对"执行—反馈—修正"这一循环过程进行控制与调节,使装备保障行动与目标不致发生背离。

二、装备指挥决策行为

(一)装备指挥决策行为的内涵

辩证唯物主义认为,在决策学中行为指的是人的行为,即人"在决策认识支配下产生的自觉的行动"。这里的决策认识是指,决策者为消除初始状态和期望状态之间的差距,通过一系列信息提取和加工手段(包括各种思维操作和实验操作手段)和程序,按照思维逻辑和客观逻辑,把决策对象的可能性空间加以缩小,择其优者使之变成现实的创造性思维活动[1][2]。基于此,可将装备指挥决策行为界定为,装备指挥员对装备保障问题的认识活动,及在该认识支配下进行的外显的装备指挥决策行动反应。它既包括装备指挥员内隐的分析、判断、推理等认识和心理活动,又包括其确定决策目标、拟制初始方案、评估选优方案、作出最终抉择、对决策结果实施跟踪反馈等行动表现。

影响装备指挥决策的行为因素。影响决策的行为因素很多,很复杂。从影响确定决策问题、制定备选方案和抉择方案的角度,可将其归纳为个人因素和群体因素。

1. 个体因素

装备指挥决策行为的个人差异体现在:不同个人的确定决策理由的方式、完整的概念的形成、收集和分析信息资料的广度,设计备择行动方案的数量和质量等方面,它还体现在决策者的魄力和果断性上,并决定最后拍板即选择方案的质量。

一是知觉水平。知觉水平是装备指挥人员在经验的背景基础上对装备指挥决策环境的整体反映,是通过其感知战场信息系统的感知来完成的。由于装备指挥决策行为是以装备指挥人员对决策环境的知觉为基础的,而不是以决策环境本身为基础的。其对环境感知的差别,可使装备指挥人员

---

① 姜圣阶,张顺江等.决策学引论[M].中国科学技术大学出版社,1987年10月,第88页.
② 刘李胜.决策认识论引论[D].中共中央党校理论部,1993年5月,第1页.

之间从决策过程(不管是思维模式还是操作模式)一开始(决策问题的判断、描述)就可能形成明显的不同,从而严重影响决策的质量。

二是记忆力和注意力。记忆力在装备指挥决策行为中作用显著,记忆能力的强弱在一定程度上影响着装备指挥决策行为的有效性。注意力不是一个独立的心理过程,它伴随着知觉、记忆和情感等心理过程而发生。正是由于注意力的作用,装备指挥人员才能从众多的备选取方案中选出最优的决策方案。

三是个性特征。不同的个性特征形成不同的决策行为风格。装备指挥人员的个性特征包括性格、气质、兴趣等。性格是对装备指挥决策行为具有最重要影响的心理品质之一,决定了决策行为的风格。气质是一个人稳定的个性特征。气质的动力性特点影响着装备指挥决策行为心理活动发生的强度、速度、灵活性和指向性等。心理活动的强度,表现为情绪的强弱、意志努力的程度等;心理活动的速度和灵活性,表现为知觉的速度、思维的敏锐性、注意集中时间长短及转移等。

四是信息素质。人们处理任何事情都有个能力和态度的问题。处理决策所需要的信息资料也毫不例外。如果决策者态度积极、能力较强,那么他在研究问题上就有灵活性,乐于考虑范围广泛的信息资料和备选方案,也能够从获得的信息资料中得到最大限度的启发,从而对全面认识决策问题、设计备选方案以及选择方案产生很大帮助。此外,决策者个人对待信息的特有方法也会明显地影响着最后决策的质量。

五是个人的价值观。个人价值观指个人对客观事物的总的看法和理解,是其世界观、人生观、道德观、战争观的综合,对决策行为具有定向和驱动作用。在现实决策中,指挥人员都要依据一定的价值标准对周围的事物进行评价,所持的价值标准不同,对事物的价值判断也不同。美国乔治·英格兰教授的研究认为,个人价值观可分作三类:实施性价值观,期望性价值观和沿用性价值观。实施性价值观对决策的行为具有最大的影响,它对寻找解决问题的备选方案和决策拍板起着十分明显的作用。此外,它还对决策行为起诱导作用。期望性价值观和沿用性价值观,主要用作筛选输入信息的手段,对决策行为起间接作用。

六是知识经验。知识经验是指装备指挥人员的观念、经历和体验的总和,也泛指由实践得来的知识或技能。知识经验是装备指挥决策行为的前提条件。装备指挥人员不具备一定的知识经验,其决策行为就如同空中楼阁,失去存在的基础。很难想象一个知识经验贫乏的指挥人员,能在激烈对抗的战场上作出正确的决策。

2. 群体因素

对于装备指挥决策来说,装备指挥员及其参谋群体与上下级、各军兵种装备指挥机构之间,与作战指挥机构之间,共同构成了相互联系、相互影响和制约的决策群体,这个群体对装备指挥决策行为具有重要影响,主要体现在以下几点:

一是权威力量。权威对个人行为产生强有力的影响突出表现在:或是阻碍、扼制决策者个人的决策创造性和独立性,或是鼓励、提示和启发他人的决策。

二是说服的作用。由个人组成的群体有着大量的信息交流,有些成员或领导抱着某种目的进行规劝、游说甚至命令,其逻辑推理和对问题的看法都会影响个人的观点。

三是竞赛的作用。既有竞赛,就不可避免地产生胜过对方的欲望,从而产生某种动机,导致采取实际的竞争决策。许多时候竞赛给个人造成压力,在压力下导致的决策往往比决策者自觉进行的决策更带有冒险性。

四是从众效应。群体中的个人行为,通常具有跟从群体的倾向。当个人发现自己的行为与群体不一致,或与群体中许多人有分歧时,他会感到一种心理紧张和来自群体的压力,这样促使他趋向于一致。这样很可能使决策者牺牲自己的创见和标新立异。

五是荣誉。人是有受人尊敬和成就需要感的。在群体中,个人每当作出一个成功的决策,都会受到群体其他成员的赞许和羡慕,因而会激发他为了保持这个荣誉或得到更高的荣誉而采取进一步的决策,并且尽可能使决策获得成功。

(二)信息化条件下联合作战装备指挥决策行为的特点

第一,决策行为战略性强。未来信息化条件下联合作战目标的战略性,决定了装备指挥决策目标的战略性。而装备指挥决策目标的确定,是在装备指挥员的分析、判断、推理等认识和心理活动的指导下确定的,因此,信息化条件下联合作战装备指挥决策行为具有很强的战略性。在对决策问题进行分析、判断和推理时,装备指挥员必须围绕总体战略目标,找到装备保障初始状态和期望状态之间差距,并寻求解决问题的最优方案。

第二,决策行为协同性强。信息化条件下联合作战是基于信息系统的体系作战,为形成体系作战能力,装备保障活动必须与作战行动相一致,这就涉及到协同问题。为此,要求装备指挥决策行为必须与作战决策行为相一致,同时,各级装备指挥机构之间也要充分考虑协同问题。通过决策行为的协同,可使各装备保障力量从作战全局出发,提高相互之间的信任与沟通水平,消除相互之间可能的冲突,以整个作战体系内目标和行动的一致性。

第三,决策行为压力巨大。信息化条件下联合作战装备指挥决策是一种非结构性的、不确定的、多目标的、风险性的复杂活动,装备指挥员往往要在非常紧迫的时间内随时应对不断变化的战场情况、同时处理多项决策。同时,装备指挥员不仅要处理好与各级各类指挥机构间的关系,还要面对"爆炸式"的信息流。如此巨大的工作强度,装备指挥员势必产生巨大的心理压力。由于心理压力是引起决策者情感变化的重要因素,因此,巨大的压力会影响装备指挥员的情绪,从而影响其决策方式与决策导向,最终影响决策效果。

(三) 装备指挥决策行为对决策活动的影响

装备指挥人员,主要指决策者(装备指挥员)及决策辅助人员(指挥机关参谋群体)。决策者对装备指挥机关及整个装备指挥决策活动进行组织和领导,其行为是定下决心的关键,是决定决策质量和时效的首要因素。决策辅助人员既是决策的参与者(辅助决策者定下决心),又是决策的执行者(控制装备保障力量实现决策者的决心),也是决策手段的主要使用者。他们在决策活动中起着非常重要的承上启下的链接作用,是将各决策要素结为一体的黏结剂,其行为直接影响和制约着决策的质量和时效。可以说,决策行为是装备指挥决策活动最核心的本质,其在决策辅助手段、理论方法、支持技术和相关信息的辅助和支撑作用下,高效高质量地完成装备指挥决策使命,如图 3 - 2 所示。

三、装备指挥决策手段

装备指挥决策手段,是指装备指挥员及其指挥机关在决策过程中为做好分析问题、预计后果、处理不确定性因素、评价与选择方案等各项工作所

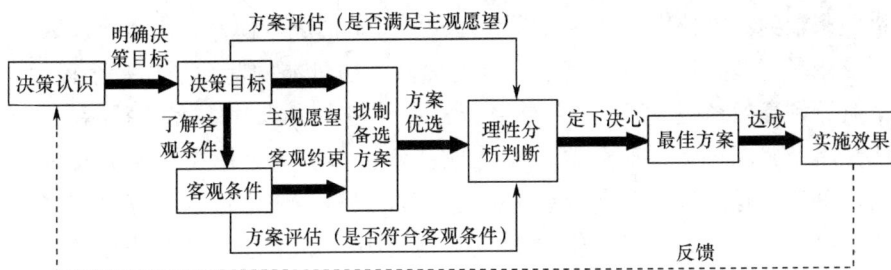

图 3-2 决策行为在装备指挥中的地位作用

需的各种方法、技术和工具的总称。① 包括决策活动运用的各种器材、工具（如指挥信息系统等）以及决策技术、模型和方法等。其中,各种器材、工具是对装备指挥决策活动进行辅助与支持的物质基础,而其效能的发挥又取决于决策辅助人员对其运用的方式、方法是否正确。

（一）信息化条件下联合作战装备指挥决策手段的特点

第一,决策辅助手段实现网络化。随着信息技术、网络技术的广泛应用以及装备指挥信息化建设的稳步推进,决策辅助手段逐步实现了网络化。它有利于实现装备指挥决策相关信息的采集、传递、处理、存储、使用一体化,装备指挥机构可在交互作用的矩阵式指挥体系中互相支持,互通信息,及时达成对装备保障任务及保障情况的共同理解。

第二,分布式决策技术快速发展。信息化条件下联合作战,是基于信息系统的体系作战,而各种作战力量在多维空间内广泛机动,分散部署,集中式指挥已难以适应要求。基于此,智能多 agent 分布式决策技术快速发展起来。分布式决策技术的实质是将分散在不同物理空间的信息资源、各级装备指挥机关连接起来,并依托网络互联的信息系统,实现装备指挥机关之间、装备指挥机关与作战指挥机关之间的相互协同,并围绕统一的作战目的,为高效可靠地完成装备保障任务,异地、同步、交互进行指挥决策。②③

（二）装备指挥决策手段对决策活动的影响

装备指挥决策活动中,决策者是装备指挥决策最核心的要素,具有最终决断的权力并承担一切决策责任,其他要素的存在是为了采取一切可能的

---

① 参见,军事科学院. 中国人民解放军军语. 军事科学出版社,1997 年版,指挥手段.
② 陈宏,孙儒凌. 信息化条件下分布式联合决策探析[J]. 指挥学报,2008(1):9-11.
③ 陈家光. 试析分布式快速决策的运行机理[J]. 华南军事教育,2008(1):44-45.

措施来辅助和支持决策者最有效地完成所担负的决策使命。决策手段的主要作用是为装备指挥员及其指挥机构提供一切可能的辅助与支持手段,保证其顺利高效地完成所担负的装备指挥决策使命。其中,技术支持,就是为决策者及其辅助人员高效高质量完成装备指挥决策工作提供相关技术支持。其实质是通过决策支持系统的运用,将决策工作中适合计算机完成的工作分离出来,以进一步减轻决策人员的负担。方法支持,就是为装备指挥决策人员提供正确、合理、可靠的模型和方法,与决策支持系统一起减轻决策人员负担,加快决策进程。信息支持,就是综合运用情报部门、指挥信息系统和网络,为装备指挥决策活动内外信息的及时获取、高效传输、正确处理、有效利用和实时共享提供可靠保障。可见,决策手段在装备指挥决策中处于重要地位,发挥着不可或缺的辅助与支持作用,如图 3 - 3 所示。先进、科学的决策手段对于提高装备指挥决策的科学性具有重要意义。

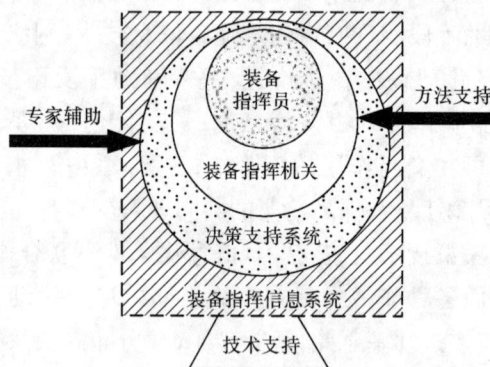

图 3 - 3 决策手段在装备指挥决策中的地位作用

第一,提供技术支持。即为装备指挥员及其指挥机关高效高质量完成装备指挥决策工作提供相关技术支持,为装备指挥决策相关信息的顺畅传输、实时共享,以及装备指挥决策人机结合系统的高效运转创造条件。

第二,提供方法支持。即为装备指挥人员提供正确、合理、可靠的模型和方法,优化的装备指挥决策程序,规范装备指挥人员的决策行为,与技术手段一起减轻装备指挥人员负担,进一步提高装备指挥决策的科学性。

第三,提供辅助手段。即借助具有严密的逻辑推理能力、科学的预测能力和强大的数据储存能力的计算机等先进的决策辅助手段,构建人机结合系统,以减轻装备指挥人员心理和脑力负担,从而极大地提高装备指挥决策的系统性、时效性和精确性。

四、装备指挥决策环境

（一）装备指挥决策环境的内涵

从系统科学角度来看,任何系统都不是孤立地存在的,系统的工作无一例外地要受到系统环境的制约,而系统的功能则正是在与系统环境的相互作用之中才能表现出来。对于装备指挥决策活动来说,决策环境是对装备指挥决策的运行产生影响的全部客观因素,包括装备指挥决策活动的内部组织条件和外部时空条件。构成决策环境的因素是多方面的。有军事的,也有非军事的;有有形的,也有无形的;有自然存在的,也有通过决策者的主观努力可以改造的。装备指挥决策环境的内涵往往涉及国际战略形势、作战规模样式、作战对象国家的军事战略、军事实力、经济和科技水平、指挥对象、作战对象、作战时间和空间,遂行任务地区的社会情况和自然条件等多个方面。[①]

第一,自然环境。自然环境是装备指挥决策活动赖以进行的重要依托,主要指战场空间的水文气象和地理地形,涉及陆、海、空和外层空间。其中,外层空间作为未来作战的重要领域,其具有与地球表面完全不同的自然环境,对装备指挥决策带来了新机遇和新挑战。在进行装备指挥决策时,要充分分析、评价地形、水文、地质、动物、植物、气候、经纬度,一定时间内大气的物理现象和状态,气温、气压、风速、风向、雨、雪、霜、雾、雷电,以及外层空间的高真空、太空碎片、太空辐射、高温差和失重等自然因素,概括出它们对装备保障活动的影响与作用而进行决策。

第二,社会环境。社会环境是只对人的认识、情绪及信念施加影响或参与空间作战的诸多行为主体、机构和势力所构成的空间。主要包括国际战略形势、政治目的、军事战略、经济基础、科技实力和法规制度等。制定装备指挥决策时,应充分考虑国家政治外交政策、军事战略和军事需求,立足现有经济和科技条件,灵活运用法律法规武器。

第三,信息环境。信息环境是装备指挥决策活动所处的信息空间条件,

---

① 军事科学院. 中国人民解放军军语. 军事科学出版社,1997 年版,指挥环境.

主要由战场电磁环境和网络环境两大基本要素构成。战场电磁环境,是由电场、磁场与电磁波组成的,存在于一定的战场空间内对军事活动有影响的所有电磁现象的总和①②。未来信息化条件下作战,交战各方激烈对抗条件下所产生的多类型、全频谱、高密度的电磁辐射信号,以及己方大量使用的预警探测、情报侦察、信息传递、指挥控制、武器制导和导航定位等电子设备引起的相互影响和干扰,使电磁环境在时域、频域、能域和空域的分布呈现出随机、动态、复杂等特征,严重影响了装备指挥决策的效能;网络环境,是由互联网、传感器网和末端子网组成的信息网络空间,网络环境是随着信息技术的快速发展和应用而兴起的,尤其是随着空间信息节点的加入,使战场信息网络真正成为全天候、全地域、全方位的虚拟空间,装备指挥决策信息的链式运动成为可能,装备指挥决策信息结构力不断增强,决策效能得以不断提高。

第四,战场态势。战场态势主要是指敌情和我情。敌情主要包括:敌总的态势、企图和尔后可能的行动,当面之敌的态势、企图和可能的作战行动,敌兵力兵器的编成和作战方法的特点,敌对后方可能破坏的手段与能力,敌装备保障能力与可能持续的时间等。敌情装备指挥决策者所不能控制的客观决策条件,因此,应将其作为掌握和判断情况的重点。我情主要指决策者在制定决策时所不得不面对的客观现实,如己方部队的数量、武器装备的质量、部队的素质、作战物资的储备、当前部队所处的位置和状态等。

第五,内部环境。装备指挥决策的内部环境主要包括装备指挥机构的编成、运行机制、决策辅助人员的素质和能力、人机结合程度等。未来信息化条件下作战装备指挥决策,要求装备指挥机构必须组合最佳,即必须建立一个科学的人才结构,使决策所需的各种各样的人才合理聚集起来;运行流畅,即形成良好的有利于信息高效流动、决策活动有序展开的运行机制;配合默契,即充分调动装备指挥员及其参谋群体的积极性,团结一致,形成决策合力;高效精确,即积极发展装备指挥信息系统,构建以人为主导的人机结合系统,切实提高装备指挥决策的时效性和精确性。

①　刘尚合.武器装备的电磁环境效应及其发展趋势[J].装备指挥技术学院,2005,16(1):1-6.
②　中国人民解放军总装备部技术基础管理中心.国军标 GJB72—2002,电磁干扰和电磁兼容性术语[S].北京:总装备部军标出版发行部,2002.

（二）信息化条件下联合作战装备指挥决策环境的特点

第一，战场空间"二元"化。随着信息技术的飞速发展与广泛应用、信息网络的无限延伸与拓展，战场空间的"虚拟—现实"二元化，将成为未来信息化条件下战场环境的最显著特征之一。能否夺取制虚拟空间权已成为未来信息化条件下联合作战胜负的关键。夺取制虚拟空间权的核心问题是控制信息的链式运动，因此，信息控制必将成为与进攻、防御同等重要甚至更为重要的作战方式[①]，对于装备指挥决策活动也不例外。进行信息化条件下联合作战装备指挥决策，必须充分认识和利用战场空间的二元化，将对装备指挥决策信息的控制作为关键问题来抓，在谋求信息优势的基础上，实现装备指挥决策的科学化。

第二，敌我态势趋于透明化。信息化条件下联合作战中，作战双方均实力雄厚，战场上宽正面、大纵深、全频段、空天一体的电子侦察手段将广泛应用，对各类目标分辨定位的准确率将大幅提高，战场预警侦察能力可覆盖全维域和全时域，电子侦察卫星可捕获雷达、导航、通信等电子设备的信号。同时，战前长期的战略情报准备也可提供实时的情报支援。战时敌我双方态势将趋于透明，隐蔽作战企图和行动将十分困难，作战双方的侦察与反侦察的斗争将愈发激烈。因此，进行信息化条件下联合作战装备指挥决策，要充分认识到战场态势尤其是敌方态势，只能是趋于透明，必须积极采取各种措施获取敌方信息，科学预测，并冒一定的风险。

第三，战场电磁环境复杂化。信息化条件下联合作战，战场上各种电子用频装备数量庞大、体制多样、种类繁杂、功率不一，其在交战各方激烈对抗条件下所产生的多类型、全频谱、高密度的电磁辐射信号，以及已方大量使用预警探测、情报侦察、信息传递、指挥控制、武器制导和导航定位等电子设备引起的相互影响和干扰，使得电磁信号呈现出时域上突发多变，空域上纵横交错，频域上拥挤重叠，能量域上密集起伏的特点，形成了极为复杂的电磁环境。日趋复杂的电磁环境，正在对军队作战、训练和建设等各项活动产生全面深刻的影响，电磁环境已成为从根本上决定和影响其他战场环境要素发挥作用的钥匙。因此，必须积极克服复杂电磁环境的不利影响，保证装备指挥决策活动的顺利实施。

---

① 董子峰. 信息化战争形态论[M]. 解放军出版社,2004年10月,第140~141页.

第四,内部组织结构分散化。信息化条件下联合作战,是基于信息系统的体系作战。各级装备指挥机关,将依托网络互联的指挥信息系统,与作战指挥机关相互协同,围绕统一的作战目的,为高效可靠地完成装备保障任务,异地、同步、交互进行指挥决策,从而形成"形散而神聚"的装备指挥分布式联合决策体系。这种内部组织结构具有如下特点,即信息上,纵向传输与横向共享并存;职权上,集中决断与分散决策并存;体制上,相对稳定与灵活可调并存;结构上,实体机构与虚拟平台并存。分布式联合决策体系,有利于增强上下级装备指挥机构之间、装备指挥决策与作战指挥决策之间的互通互联能力。

(三)决策环境对装备指挥决策活动的影响

装备指挥决策活动处在一定的自然、信息和社会环境之中,决策环境既为装备指挥决策提供组织运行保证,又为装备指挥决策目标的确定和决策方案的制定提供基本依据,还为装备指挥决策结果的执行和反馈提供必备条件。同时,也不可避免地对装备指挥决策产生约束和负面影响,即装备指挥决策活动与环境之间时刻存在着信息、物质与能量交换的正熵流和负熵流。可以说,装备指挥决策过程就是决策活动与环境相互作用,不断调整自身结构和行为,实现决策活动由低级状态向高级状态跃升,并最终实现决策目标的涌现过程[①]。其相互作用关系如图3-4所示。

装备指挥决策环境主要从以下三方面对决策活动产生影响:

第一,决策环境是装备指挥决策的先决条件。在决策活动中,作为很少(但可以)因人们的社会活动而改变,但对决策结果有重大影响的客观因素,环境往往作为决策的已知条件,主要是利用它,或只能少量、局部或暂时地改造它。只有先明确决策环境,然后才能制定出相应的决策方案,也才能对决策方案的实施效果加以评估。

第二,决策环境是装备指挥决策的运行载体。装备指挥决策活动必须依托一定的环境而存在,如,自然环境和社会环境是装备指挥决策的物质和能量载体;信息环境是装备指挥决策的信息载体;战场态势是装备指挥决策的基本依据;系统内部环境是装备指挥决策活动的主体;等等。

第三,决策环境是装备指挥决策的作用对象。装备指挥决策方案最终

① 史越东. 指挥决策学[M]. 解放军出版社,2005:35.

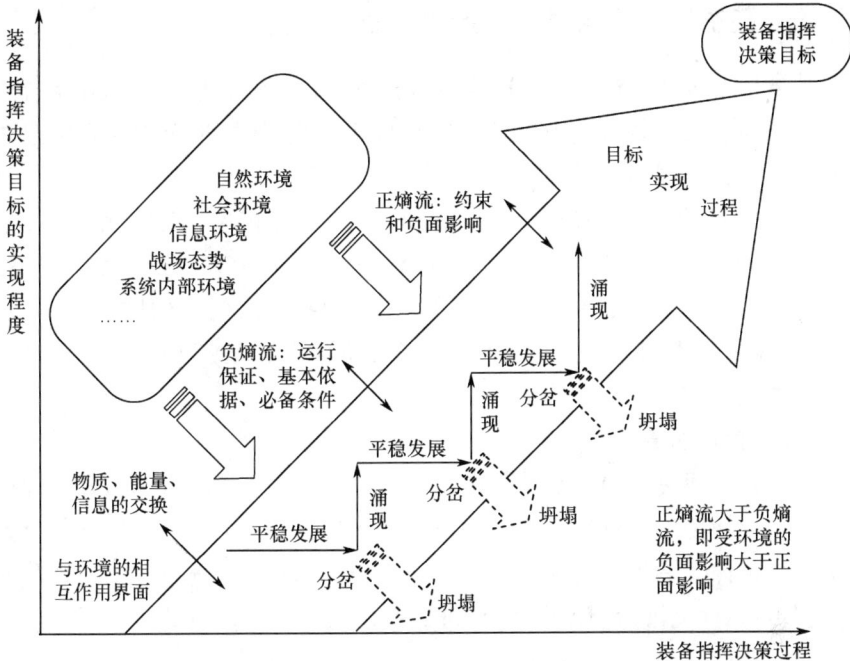

图 3-4　装备指挥决策与其环境之间的相互作用关系

将付诸实施,其实施和反馈控制的过程,实质上就是指挥和控制装备保障力量与决策环境相互作用的过程。因此,装备保障方案必须依托决策环境而制定,其必须与决策环境相协调。

第二节　装备指挥决策信息流动机理

信息技术的飞速发展和广泛应用以及军队信息化建设的稳步推进,为信息的顺畅、高效运动创造了条件。信息流已成为凌驾于物质流和能量流之上,主导着物质流和能量流运行的重要资源。因此,对信息流的控制能力的强弱,将直接影响装备指挥决策效能的高低。从整个信息网络来看,装备指挥决策信息流动,实质上是信息在网络节点间按照一定规则流动的过程,即数字化信息在由互联网、传感器网和末端子网组成的信息网络中,在各传感器、信息平台和数据链路之间的完整运动过程。

一、装备指挥决策信息的流动过程

从本质上讲,装备指挥决策活动就是一种信息活动过程,而装备指挥决策信息活动就是将装备保障任务信息和敌我态势、战场情况等情报信息进行获取、传输、处理和共享,并经过决策者和决策辅助人员的大脑转变为行动(指令)信息的过程。在这个过程中,信息的获取、传递、存储、融合、处理、利用、控制等,既包含自动化处理过程(数据链、信息平台),同时也含人工信息活动。装备指挥决策体系的信息活动主要包括输入信息(情报信息)、信息转化(指挥要素间交互)、信息协同(指挥机构间交互)和输出信息(调控指令)四个环节。

(一)信息的输入

对装备指挥决策相关信息的感知活动。主要是依托信息网络技术而建立的一体化战场情报感知系统,全方位、不间断地了解战场情况,近实时地获取装备指挥决策相关情报信息和反馈信息,并进行快捷的分类处理与分发,为装备指挥决策活动提供实时、可靠的信息保障。信息的输入不仅仅是指信息的获取,而包括信息的信息传递、信息处理等一系列行动,贯穿于装备指挥决策活动全过程。

(二)信息的转化

装备指挥决策相关情报信息和反馈信息经装备指挥决策人员的行为转化为装备保障调控指令的活动。装备指挥人员决策过程中的认识、思维和行为等一切活动,都必须建立在对决策问题的准确感知的基础之上,同时这些活动也是人脑对信息进行加工处理,最终与人的意识相结合形成决策指令的过程。

(三)信息的协同

各级装备指挥机构之间进行信息交互和共享的行为。装备指挥决策的信息协同活动,渗透于装备指挥决策活动的方方面面,一切协同活动,必须建立在顺畅、高效的信息沟通基础之上。装备指挥决策信息协同的对象是信息,主体是各级各军兵装备指挥机构,载体是由数据链和信息平台构成的信息网络。

(四)信息的输出

装备指挥员定下决心后,装备指挥机关拟制装备保障计划,将装备指挥员的决心意图以装备保障计划的形式,通过装备指挥控制系统,及时下达给所属装备保障力量,并付诸实施的过程。信息的输出是调控指令的具体化过程。

综上所述,可将装备指挥决策信息活动过程用图 3-5 来表示。

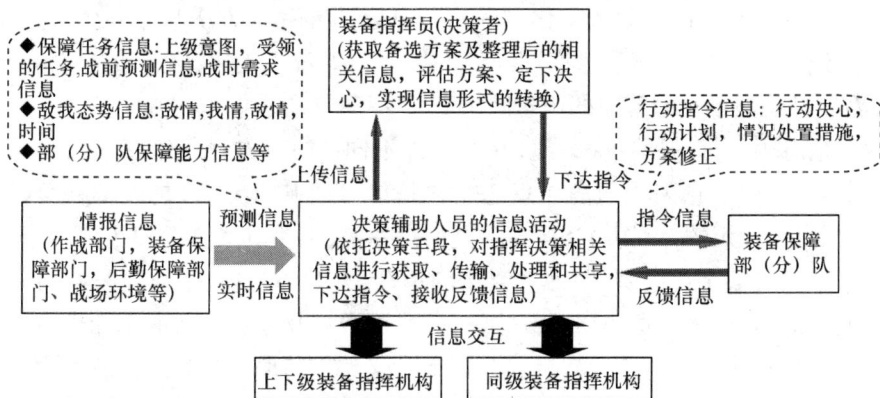

图 3-5 装备指挥决策体系的信息活动过程

二、装备指挥决策信息的流动条件

从装备指挥决策信息流动过程显见,装备指挥决策信息流动离不开信息因子(主体)、信息平台(节点)和数据链(链路)三个基本要素。三者间的关系如图 3-6 所示。

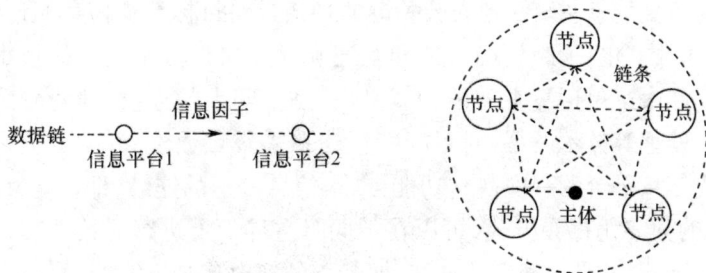

图 3-6 信息流动三要素及相互关系

(一)信息因子(主体)

信息因子是装备指挥决策信息流动的主体和最为活跃的因素,是实现装备指挥决策科学化的必要前提和重要保证。"信息是在特定层次上的某个系统的一种状态,这种状态反映的是系统的复杂程度(或称为非对称的程度、结构化的程度);同一内容的信息可以在不同的系统之间传递和复制,因而具有不依赖于介质的独立性。"①我们把这种可以在不同的系统之间传递和复制的、信息数字化表达和存在的最小单元称为信息因子。信息就是信息因子的集合。信息的数字化开辟了信息表达和存在方式革命的新纪元,在二进制方式下,一切信息都可以用0-1数字系统来表达、传递和存储,0-1数字信息是当代最普遍的信息因子。

信息因子有三种层次结构,并各自以不同的方式运动。第一层次是数字化符号,即信息因子的静止形态。它是信息的基本元素,是人类社会数据、信息和知识的存在方式,但并不是信息本身,因为其意义需要人的赋予。第二层次是数字化信号,即信息因子的运动形态。它是数字化符号在特定空间中的运动,是信息的物理载体。② 信息的数字化存在方式的革命性意义在于把模拟信号数字化,变成0-1数字系统表达的离散信号。第三层次是数字化信息,即信息因子的逻辑形态。它是信息因子经过数字信号的运动,在"终端"显示出来并为人机系统共同理解的知识,它通达信息因子所刻画的事物本身。

(二) 信息平台(节点)

信息平台主要指基于信息技术、计算机技术和人工智能技术等高新技术群发展起来的以 C^4ISR 为代表的指挥控制系统,它是装备指挥决策信息流动的第一要件和中心环节。从复杂系统的角度来考察,信息平台属于具有自主性的海量信息系统。但它最关键的是通过对目标特征信息的连续性表达,为战场数字化、远距精确打击和互通互联互操作奠定重要的技术基础。这种连续性表达包括三个方面的意义:一是空间上的连续,即随着采集、监视、侦察、处理等技术发展,对目标特征信息采集点数量、种类足够多,这已成为当代信息平台的一项基本功能;二是信息表达的连续,即以是"0-1系统"表达的数字化存在方式,可以在不同时空界面上进行对接处理,从而形成新的连续性;三是时间上的连续,即信息的实时传递、表达,对任务目标的实时跟踪、掌握,对行动效果的实时性的及时调整等。因此,信息平台的本

① 方美琪. 系统科学中的信息概念,见许国志主编:《系统科学与工程研究》,上海科技教育出版社,2000:123.
② 戚世权. 论制信息权[M]. 军事科学出版社,2001:9.

质是实现对客观事物的表达由间断趋于连续,使二者的矛盾在计算机信息处理的速度和方式上取得了统一,从而为军队战斗力的建构提供了一种新的中介系统。①

为了适应形成基于信息系统的体系作战能力的要求,迫切需要通过信息化建设,利用网络将现有的和将来的所有信息平台融为一体,把陆基、海基、空基、天基等传感器连接在一起,消除军种之间的信息孤岛,形成以信息平台为关键节点的信息网络体系,作战及保障人员可以根据自己的权限在任何时间、地点获取战场信息,并实现互通互联互操作。为此,信息平台在结构上应具有以下几个特征:一是结构上和功能上的层次性。即下级信息平台在平时通常作为基本构成单元融入上级信息平台之中,其内部的层次结构往往被"屏蔽"或"质点"化。但一旦失去上级信息平台的支持,其内部结构就会立即扩张,形成具有自主功能和不同层次的网格,各要素在本级信息平台的指挥控制下,按照事先确定的计划和进入相对"独立运行"。二是横向和纵向的交互性。即不同信息化作战平台之间的互通互联互操作,以及上级对下级的指挥控制和下级对上级的信息反馈。信息平台的这种纵横交互性使原本没有联系的军队战斗力要素之间有了密切联系,信息资源得到充分有效的利用,整个战场形成一个整体,使军队战斗力出现了质的飞跃。三是功能上和结构上的一体化。即实现单个系统功能的多样化和使用、开发标准的统一化。这一特性是交互性的基础,整个战场上各军兵种的武器系统、作战平台、保障装备可通过各级信息平台和数据链联为一体,真正实现各单元的一体行动。

(三) 数据链(链路)

数据链,是现代数据通信技术与作战理念及作战需求相结合而催生的高技术产物,是军队综合电子信息系统不可或缺的组成部分,是装备指挥决策信息流动的关键环节。目前对数据链的定义有很多种,在国际电信标准和我国国家军用标准中的定义为:"数据链路是用于以数字方式发送和接收数据信息的通信手段。两个数据终端设备中,受链路协议控制的、具有固定信息格式以及连接两者的数据电路的总称。数据链具有把数据从数据源传送到数据库或接收传来的数据的功能。"②

---

① 董子峰. 信息化战争形态论[M]. 解放军出版社,2004:42.
② 童志鹏. 综合电子信息系统(第二版)[M]. 国防工业出版社,2008:465.

数据链的主要功能是使信息因子在传感器、装备指挥控制平台、装备保障单元之间,以统一的格式实时、安全、可靠地交换与应用;使信息获取系统、指挥控制系统、信息化保障装备、装备保障人员普遍链接,并以节点的形式"弥漫"分布在整个战场,构建起陆、海、空、天一体化的数据通信网络,实现装备指挥决策信息的实时共享,为装备指挥员及时、准确地掌握战场态势,并迅速传递决策指令,提供有利支撑和保证。因此,可以得到以下两点结论:首先,数据链是装备指挥决策信息流动的基础。它在信息平台与信息因子的各种载体之间搭建了桥梁与纽带,成为信息因子流动的链路,并与信息因子和信息平台一起,在装备指挥人员与环境、装备保障力量之间构建了一个中介系统,从而为装备指挥员思维与意志在信息层面上的延伸创造了条件。其次,数据链为装备指挥决策系统各要素的高效协同创造条件。实现装备指挥决策系统内外信息平台、信息因子和数据链之间的无缝链接,装备指挥决策系统要素之间的协同就会像人的神经系统的本能反应一样,真正做到快捷、正确、合理、高效。

三、装备指挥决策信息的流动规则

装备指挥决策信息的流动还需要与某些规则相结合。这些规则的核心是人及人的外化,即不断满足人的体力与智力无限外化与延伸的需要。

(一) 以决策者为核心的信息运动规则

装备指挥决策本质上是装备指挥员的认识活动,为此,装备指挥决策信息流动必须围绕装备指挥员的认识活动形成信息回路。即以装备指挥员的神经系统为载体,在其耳目、大脑和手足之间形成信息回路。这要求呈现在装备指挥员面前的信息必须全面、精确、可靠、及时,且便于装备指挥员识别和表达,如图3-7所示。

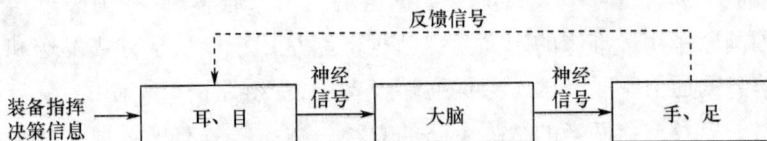

图3-7　以决策者为核心的信息运动规则

(二) 以装备指挥信息系统为核心的信息运动规则

军事发展史表明,军事革命的过程就是人的战争意志、功能、能量形式不断外化的过程,是人类耳目、大脑功能的外化和扩张。装备指挥信息系统在装备指挥决策中的重要地位和作用,决定了装备指挥决策信息流动必须围绕装备指挥信息系统,形成与装备指挥员的认识活动相融合的信息回路。即以各种数据链为载体,在信息因子、装备指挥员、信息平台、信息化保障装备之间形成信息回路。这要求将信息因子注入装备保障与指挥装备,实现其智能化、信息化;要求统一信息格式,实现装备指挥决策相关信息的数字化,实现信息的实时共享,如图3-8所示。

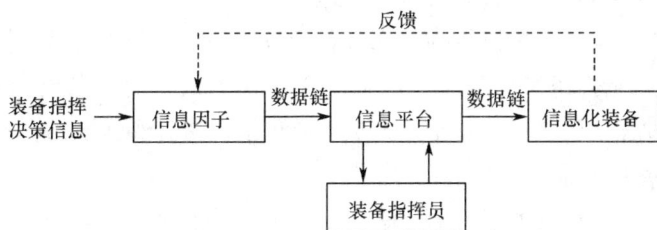

图3-8 以装备指挥信息系统为核心的信息运动规则

(三)以全军综合电子信息系统为核心的信息运动规则

装备保障活动在作战活动中的从属地位和制约作用,决定了制定装备指挥决策,必须从整个作战体系出发,与作战中各种活动相互协同,融为一体。为此,装备指挥决策信息流动必须围绕全军综合电子信息系统,形成与整个作战体系相融合的信息回路。即以装备指挥信息系统、数据链和信息因子为载体,在装备指挥信息系统、作战指挥员、全军综合电子信息系统和信息化武器装备之间形成信息回路。这要求充分运用信息因子的渗透性、连通性和融合性,通过综合集成和信息的实时互联、互通与共享,将装备指挥决策系统与作战决策系统融合成一个有机整体,如图3-9所示。

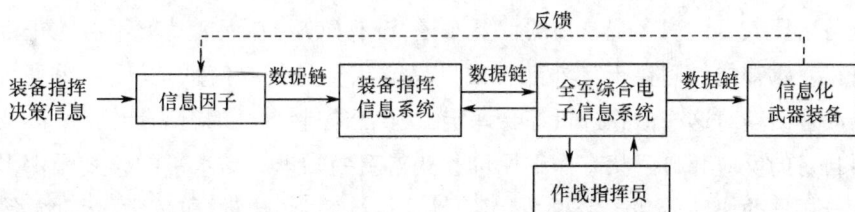

图3-9 以全军综合电子信息系统为核心的信息运动规则

第三节　装备指挥决策行为控制机理

一、装备指挥决策行为过程

装备指挥决策行为主要包括装备指挥人员的个体行为过程和装备指挥机构的组织决策行为过程。

（一）装备指挥人员的个体行为过程

装备指挥人员的个体行为是在装备指挥人员大脑的思维支配下的认识活动,是装备指挥决策活动中相对独立的最高阶段。因此,装备指挥人员的个体行为过程主要包括装备指挥人员的心理活动过程和认识活动过程。

1. 装备指挥人员心理活动过程

装备指挥人员的心理活动,是高度有组织的物质——人脑的机能或特性,对客观世界的能动反映。① 由于装备指挥决策行为与装备指挥人员的知识、经验、需求、欲望、情感、意志、信仰等理性和非理性因素,以及其当时的心理状态和大脑的思维过程等密切相关。因此,装备指挥人员的心理活动过程,就是在这些因素的影响下,装备指挥人员在对决策问题进行考察、设计、决断和审查过程中,人脑对客观世界进行能动反映的思维过程。根据装备指挥人员决策认识活动的实际过程和心理学相关原理,可概略地将其心理活动过程用图3－10表示。

可见,装备指挥人员的心理活动主要以感知、理性分析判断、注意机制和自我提示等四个关键环节为支撑,各环节之间以阀门相连接,而阀门的开启则由触发信号控制。

一是感知环节。感知的载体主要是装备指挥人员的知觉器官。感知是装备指挥人员认识客观事物的首要途径,没有感知,心理活动就不可能正常进行。感知的作用在于从外部客观世界或从自身获取信息,以便让更高级的心理活动对这些信息进行综合评定,认识和控制自己的行为和活动,以及对自身的反应和自我状态作出评价和获得新的知识。高水平的感知是由多种分析器的协同活动产生的,依靠视觉、听觉、嗅觉、味觉、机体觉、运动觉等

---

① 张世富. 心理学教学指导(师专教师用书)［M］. 人民教育出版社,1995.

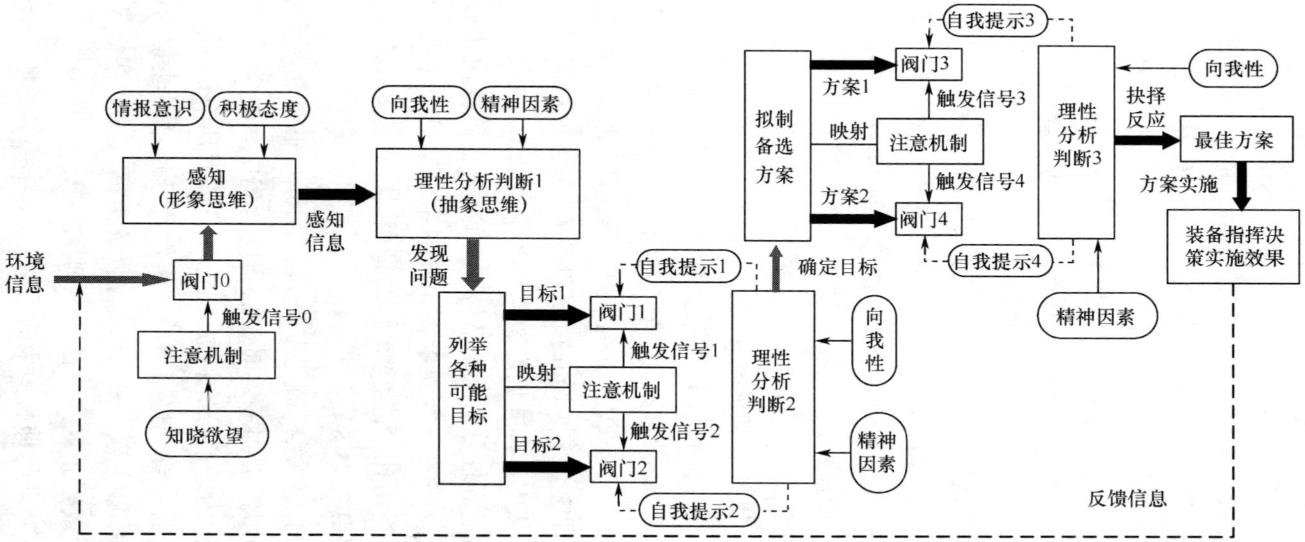

图3-10　装备指挥人员的心理活动过程

来接受外界刺激和自身信息,然后作出相应的反应,有时甚至还会有记忆、思维等心理活动同时参与。

在感知过程中,装备指挥人员在对决策活动的目的、方法、手段、结果的知晓欲望的驱动下,调动自己的全部注意力集中地指向所要解决的决策问题,此时触发信号0控制阀门0开启,装备指挥人员抱着很强的情报意识,采取主动的、积极的态度,针对所要解决的决策问题,通过观察、调查、咨询、查阅等手段获取、选择、接受、理解有关信息,并在其大脑中形成一个对决策问题的概略映像,并产生一些初步的判断方案。

二是理性分析判断环节。理性分析判断即抽象思维,是由装备指挥人员的思维、想象和记忆等活动完成的。感知只能反映事物的表面现象及其外在的相互联系,而要深入到客观事物内部,反映客观事物的本质特征和规律性联系,则要通过理性分析判断活动来实现。理性分析判断活动主要受人的心理活动的向我性和各种精神因素影响。

在装备指挥决策的心理活动中,理性分析判断活动处于非常重要的地位。首先,通过理性分析判断1,装备指挥决策人员能够在对决策问题感性认识的基础上,作更深入的理性思考,对各种信息进行综合、分析、比较、评估,从而发现问题,找到差距,为确定决策目标做好铺垫。其次,通过理性分析判断2,根据对理想结果所作的预见和推测,对各种可能目标的明确性和可行性进行判断,从中选择并确定装备指挥决策目标,使装备指挥决策行为定向化。最后,通过理性分析判断3,装备指挥员在确保决策方案的全面性的基础上,把决策方案置于客观事物相互联系的基础之上和指挥员自身的目的、需要之下进行对比,弄清楚事物的真假、优劣、利弊、长短、轻重、得失、成败等,从中选择最佳方案。

三是注意机制。注意机制是装备指挥人员对主客观刺激的注意方式。注意是一种心理现象,是对一定对象的指向和集中。在某一瞬间,装备指挥人员同时受到多种内外信号的刺激,但他不可能对所有的刺激都作出反应,而是有选择地朝向一定的对象,当某一引发信号超过了注意的最低阈值时,才能对这一信息引起注意。另一方面,装备指挥人员的注意又有相对集中性,以一定的强度或紧张度停留在某一刺激上。注意集中时,心理活动会离开一切无关的事物,并且抑制多余的活动,保证注意的清晰、深刻。

在装备指挥决策的心理活动中,正是由于注意机制的指向性与集中性,装备指挥人员才能抱着很强的情报意识,采取主动的、积极的态度,针对所要解决的决策问题,获取、选择、接受、理解有关信息;才能根据对理想结果所作的预见和推测,确定装备指挥决策目标,使决策行为定向化,并围绕决策目标,创造和拟定多种解决问题、实现目标的方案;才能集中精神对备选方案进行全面的分析比较,并最终定下决心。

四是自我提示。自我提示是指挥人员对自身以及对自己同客观世界的关系的意识。人的意识不仅能反映现实世界,而且能把自己和周围环境区别开,把自己作为反映活动的客体,反映自身。这是心理演变过程中的一个重大飞跃。自我提示能反映个体自身的意愿、态度、性格和能力倾向,反映主体与客体之间的关系,大大发展了反映活动的能动性质,改善了人同客观现实相互作用的地位。自我提示是人所固有的,但它又与后天的学习、训练直接相关。[①]

在决策心理活动中,自我提示可以直接控制阀门的开与关,引导装备指挥人员确定决策目标、优选决策方案。一方面,装备指挥人员的决策行为并不总是由外界信息刺激引发产生的,它还与自身的意愿、态度、性格、能力等有很大关系,离不开自我提示。否则,我们无法解释作战决策中的灵感思维、直觉思维、"眉头一皱,计上心来"等现象。另一方面,外界信息刺激信号可以通过自我提示的反馈而得到加强更加引起装备指挥人员的注意,从而降低目标和方案选择的阈值。

2. 装备指挥人员认识活动过程

决策行为并不仅仅是在关键抉择时刻"拍扳"的瞬间动作,而是一个认识状态的持续过程,表现为一系列相互连贯的阶段、步骤、环节。[②] 装备指挥人员认识活动过程可划分为考察、设计、决断、审查四个阶段,每个阶段又划分为多个环节,从而构成装备指挥人员认识活动的完整过程,如图 3 – 11 所示。

(1)考察阶段。即装备指挥员充分理解上级意图和装备保障任务之后,在明确而强烈的决策行为意愿的驱动下,积极获取决策相关信息,探明决策情况,寻求决策条件的阶段,它是装备指挥决策行为的起始阶段。

这一阶段主要包括四个环节。一是产生意向。决策行为的起点和前提

---

① 韩志明. 作战决策行为研究[M]. 国防大学出版社,2005:19.

② 刘李胜. 决策认识论引论[D]. 中共中央党校理论部,1993:53.

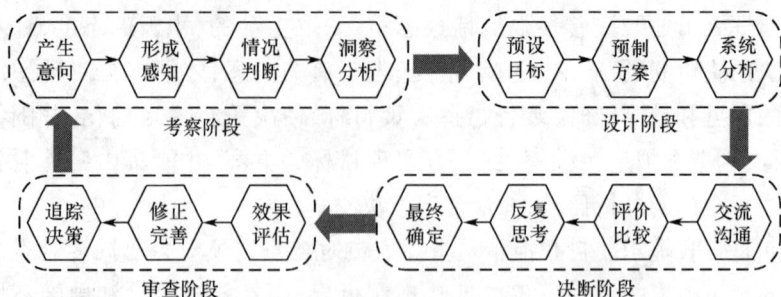

图 3 - 11　装备指挥人员个体行为过程

条件。即装备指挥员在对决策活动的目的、方法、手段、结果的知晓欲望的
驱动下,调动自己的全部注意力集中地指向所要解决的决策问题的思维和
心理过程。二是形成感知。是发现和确认问题的前提,即装备指挥员抱着
很强的情报意识,采取主动的、积极的态度,针对所要解决的决策问题,通过
观察、调查、咨询、查阅等手段获取、选择、接受、理解有关信息而形成感知的
过程。三是情况判断。即装备指挥员在对决策问题形成初步感知的基础
上,运用类比、归纳、演绎、分析、综合等逻辑思维和辩证思维活动,对所获得
的相关信息进行理性加工而形成对情况的更加深入和准确的认识的过程。
四是洞察分析。即装备指挥员在对情况进行判断的基础上,对决策问题进
行全面的洞察和分析,了解、熟悉问题的性质、特征、范围、程度和原因等,从
而发现问题,并使问题具体化的过程。

（2）设计阶段。即装备指挥员在观念中制定装备指挥决策目标及其方
案,对装备指挥决策的组织实施过程进行统筹规划,建立决策实践理念模型
的阶段,它是装备指挥决策行为的进入阶段。

这一阶段主要包括三个环节。一是预设目标。决策行为的关键环节和
逻辑开端。即装备指挥员在发现装备保障现实状态与理想状态的差距后,
根据对理想结果所作的预见和推测,预先设定决策目标,使决策行为定向化
的过程。二是预制方案。即装备指挥员根据实际情况和既定目标的要求,
通过对目标性质、数量、范围等方面的深入研究,创造和拟定多种解决问题、
实现目标的方案的过程。三是系统分析。即装备指挥员在初步制定出目标
和方案后,从性质、数量、时间、空间等因素,以及可能性、可靠性、重要性、伸
缩性等方面出发,把决策目标和方案的落实看作一个复杂的动态系统,而进
行系统分析的过程。

（3）决断阶段。即装备指挥员在充分酝酿的基础上，从多种备选方案中选择一个最为理想的模型的阶段，它是决策行为的关键阶段。

这一阶段主要包括四个环节。一是交流沟通。即装备指挥员为了避免由自己认识的局限性而造成决策方案的片面性，与其他决策人员开展的交流磋商、问询等多种思维碰撞活动。二是评价比较。即装备指挥员确保决策方案的全面性的基础上，把决策方案置于客观事物相互联系的基础之上和决策者自身的目的、需要之下进行对比，弄清楚事物的真假、优劣、利弊、长短、轻重、得失、成败等，从中选择最佳方案的过程。三是反复思考。这是非常必要和重要的环节。即装备指挥员通过比较选出一个倾向性的方案之后，还要暂时把它搁置一旁，留出一段时间从反面思考一下它是否有被推翻的必要和可能，从而确保方案的最佳。四是最终确定。这是决策行为过程中的一个关键性环节。即装备指挥员选择出最优方案后，对其进一步加工、整理，决定对它审核后付诸实践活动的过程。

（4）审查阶段。即装备指挥员在决策方案实施前后对方案进行评审、验证、修正，从而确保装备指挥决策质量的阶段，是决策行为的收尾阶段。

这一阶段主要包括三个环节。一是效果评估。即装备指挥员通过模拟仿真和试点验证等手段，对所确定的即将付诸实施的决策方案进行整体的、系统的评价和估量，以确保决策方案正确无误的过程。二是修正完善。即装备指挥员根据对最终方案的评估情况，对正常情况加以肯定，对异常情况加以排除和调整，使方案达到付诸实施前的最完善状态的过程。三是追踪决策。即装备指挥员在实施方案过程中，依据反馈信息，对决策目标和方案进行根本性修正的过程。

（二）装备指挥机构的决策行为过程

按照指挥机构的人员构成和不同分工，信息化条件下联合作战装备指挥机构决策行为区分为装备指挥员（最高统帅）的决断行为、参谋长及装备部首长的协调决策行为、战略级装备保障中心参谋人员参与决策行为三个层次，[①]如图 3 - 12 所示。

装备指挥员的决断行为是装备指挥机构决策行为的核心，主导着其他的决策行为；参谋长及装备部首长的协调决策行为是装备指挥机构决策行

---

① 韩志明. 作战决策行为研究[M]. 国防大学出版社,2005:96.

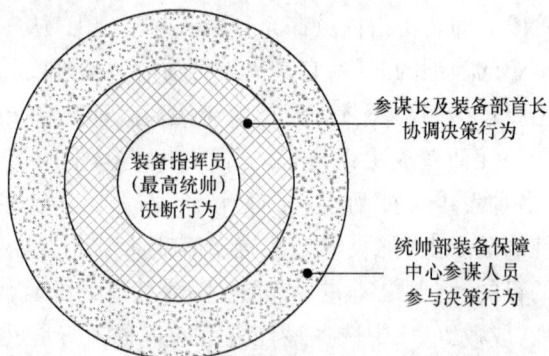

图 3 - 12   装备指挥机构决策行为的层次区分

为的桥梁,联结着装备指挥员与参谋人员的决策行为;参谋人员的参与决策行为是装备指挥机构决策行为的基础,为装备指挥员出谋划策,搜集和分析情报资料,提出决策咨询建议。在装备指挥决策过程中,装备指挥机构必须充分发挥组织的作用,调动所有成员的积极性,形成整体的合力,从而作出更加快速、高效和正确的决策。这涉及到装备指挥机构决策行为的组织过程问题,即装备指挥机构如何采取有效的组织程序和方法来实施决策。[1]

装备指挥机构决策行为过程主要分为掌握相关信息、提出保障预案、筹划保障行动三个步骤,每个步骤又可划分为若干节点,如图 3 - 13 所示。

一是掌握相关信息。参谋人员在领会了装备保障任务和指挥员意图后,广泛搜集情报资料,认真分析、处理与装备保障有关的各种信息,给参谋长、装备部首长或直接给装备指挥员提供情况,提出建议。

二是提出保障预案。参谋长和装备部首长在参谋人员情报分析的基础上对装备保障问题运筹谋划,制定出多个装备保障预案,并依据装备指挥员的要求提出决心建议。

三是筹划保障行动。最高统帅(装备指挥员)组织副职首长及参谋长、政治部首长、后勤部首长、装备部首长、业务部门领导等相关人员召开作战会议,在听取各部门的情况汇报后(如参谋长的装备保障决心建议等),进行集体民主讨论,分析、判断与评估各种决策方案,达成相对一致的意见。最

---

[1]   军事科学院,作战理论和条令研究部编修新一代《司令部条例》论文组. 新一代《司令部条例》学习与研究[M]. 军事科学出版社,2006:65 - 89.

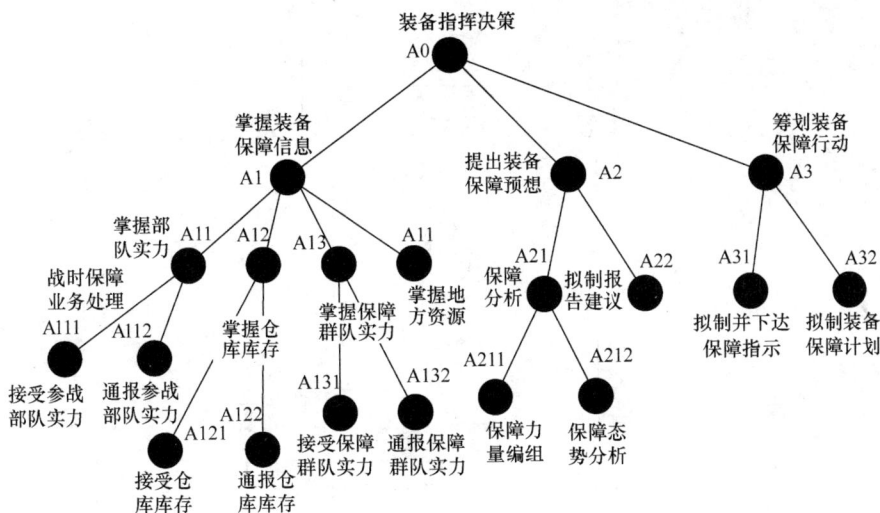

图 3 - 13　装备指挥机构决策行为节点示意图

后由最高统帅(装备指挥员)定下决心、拍板定案。此外,定下装备保障决心后,装备指挥机关还要拟制装备保障计划,组织参谋人员和部队具体实施,并不断地跟踪反馈情况,及时地调整修正决策方案。

综上所述,可将装备指挥机构决策行为过程用图 3 - 14 来表示。

二、装备指挥决策行为控制条件

装备指挥决策是一项复杂的认识活动,因而必须遵循一定的思维逻辑,这是决策科学化的基本保证。但正因为其是一项复杂的认识活动,因而其除了逻辑思维外,也还包含非逻辑思维(如直觉)和其他情感或心理因素。因此,装备指挥决策活动是一个同时受到多种主客观的、理性和非理性的因素影响和制约着的行为过程。[①]

(一) 内在条件,即装备指挥人员的生理能力、知识、经验、情感、意志等因素

一是有限的生理能力导致知识、经验的不完备。装备指挥人员的知识是其过去已经获得并经过实践检验的知识和经验的集合,主要包括以世界观、方法论、逻辑、语言等形式存在的专业技术知识及其相关基础学科、边缘

---

① 刘李胜. 决策认识论引论[D]. 中共中央党校理论部,1993:74 - 119.

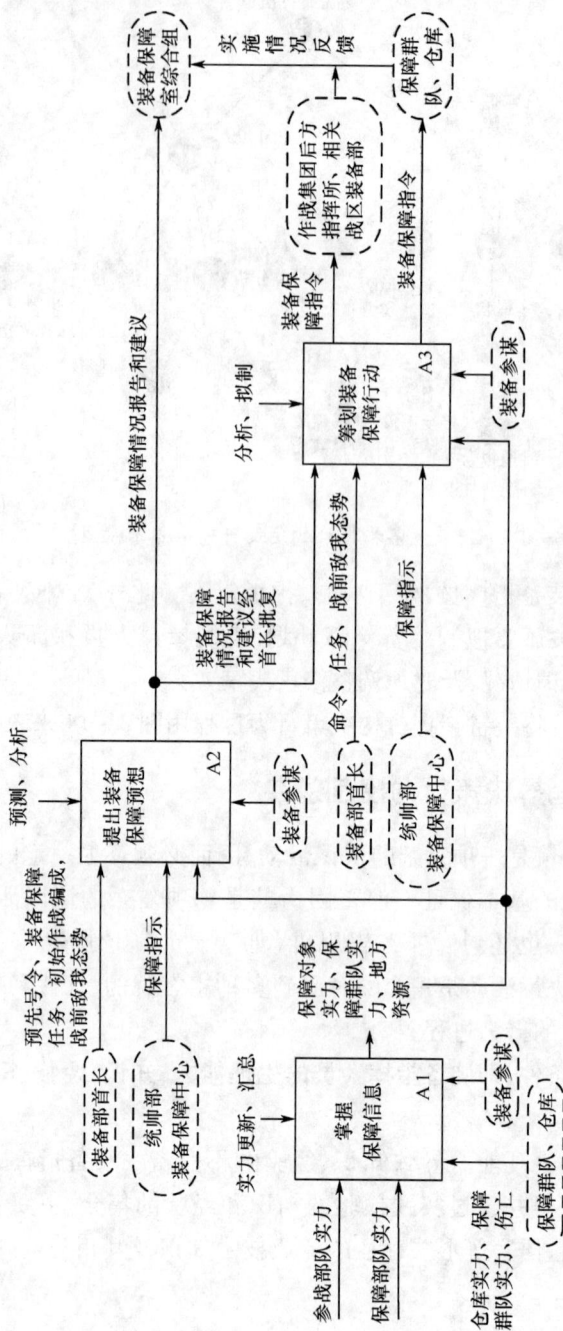

图3-14 装备指挥机构决策行为过程

学科知识,以及过去的装备指挥决策经验和潜知识等。由于装备指挥人员个体对外界信息的感知能力有限;对感知到的信息的记忆能力有限;对被记忆信息加工能力有限,因此,其所具有的知识总是不完备的。基于知识和人工智能技术的专家系统的应用,虽然在一定程度上扩展了装备指挥人员的知识,但最多只能有限接近于完备。

二是情感、意志因素导致决策行为的波动性。装备指挥人员是有意识的、经过思虑或者凭激情行动的、追求某种目的的人。其在决策过程中,以自己的好恶、喜怒、爱憎等情绪形式体验新的决策活动的本质、规律、方式和价值,并且在意志力的作用下对自己的情绪进行认识和调控。由于装备指挥人员面对新问题时,总是同时表现出好恶、喜怒、爱憎等矛盾的心理状态,并随着对问题的认识的加深而不断变化,装备指挥人员通过自身的意志力来支配和调控这些情绪,使其对装备指挥决策行为产生强烈的激励或约束作用,从而实现对装备指挥决策行为方向的控制。

(二)外在条件,即装备指挥决策的信息、环境等外部约束条件

一是决策行为需要有全面、精确、可靠和及时的信息作支持。首先,全面是一个相对的概念,不同层次的决策活动对信息的全面性的要求也不同,如果信息过量,"不相关的或不合适的信息占用了本已十分稀缺的注意力",[①]就会造成"信息污染",从而对决策行为起干扰作用;其次,决策信息的精确度是有弹性的,对其要求要视具体情况而定;再次,信息的可靠性必须同时满足两个条件,即信息自身是真实可靠的,同时,信息能够为装备指挥人员所接受;最后,及时是指决策信息只在特定时期内具有生命力和使用价值,即只有适时的信息才是最有生命力和使用价值的信息。

二是决策行为需要融入决策环境之中。这里的决策环境主要包括时机、地域、社会背景等要素。时机是装备指挥决策活动中具有特殊的关键性作用的一个时段和机缘。地域是装备指挥决策活动的地理位置、空间布局、资源分布、交通状况、气象条件等空间表现形态。社会背景是特定时代特征、国际联系、社会制度、经济形势、文化传统等要素交互作用的产物。环境因素不仅是多方面的,而且是变化的,因此决策环境是一种复杂的动态

---

① 赫伯特·西蒙. 管理行为——管理组织决策过程的研究(中译本)[M]. 北京经济学院出版社,1988.

的条件,其变化状态往往不能被装备指挥人员所准确预测或完全控制,有的甚至是完全不可测、不可控的,从而使决策活动产生很大的模糊性与不确定性。

(三) 价值尺度,即装备指挥决策行为在逻辑、规律和技术上的合理性

一是从逻辑上的合理来看,任何思维和观念都是由概念、判断按照特定的结构方式而组成的系统,其中各个命题之间应当相互蕴含、相互融洽,而不应该相互矛盾。对于装备指挥决策行为来说,面临的首要问题是装备指挥人员的决策行为必须与客观情况相符合,而决策行为与客观实际的符合,又要以决策行为的系统性即符合形式逻辑和辩证逻辑的规律为前提。

二是从规律上的合理来看,任何一种客体对象都有自身的结构方式和内外联系形式以及由此决定的事物的属性、本质、规律等。对于装备指挥决策行为来说,装备指挥人员固然要面对和遵循决策活动中的具有客观性质的规律性的东西,但并不是完全被动和机械的。装备指挥人员的决策行为实质上就是依照自己的样式和类型改造现实,使其更加合理的、主观的、能动的、创造性过程。

三是从技术上的合理性来看,技术合理性的意义在于选择能够计算和预测后果的最佳手段来达到合理的目的。它关注的不是"操作性知识是真的还是假的"的问题,而是"某一行动策略是否有效"或者"怎样使行动有效"的问题。对于装备指挥决策行为来说,在进行决策方案的优选时,当某一方案能够为装备指挥决策目标实现提供最佳的手段和途径时,这个方案便认为是"最好的"。但现实决策过程中,技术手段的选择往往受到客观条件的限制,而且某一手段的实施效果也不能得到全面、准确、及时的评估。

三、装备指挥决策行为控制规则

装备指挥机构中,单个装备指挥人员的决策行为是分散的,其生理和心理能力的有限性,使其在不同状态下其所具有的价值导向是不同的,他们对决策约束条件和目标的理解也各不相同,因此,装备指挥人员往往具有不同的需求、目的和活动,并产生各种决策偏差。此时,即使有先进的机器作为辅助与支持工具,装备指挥人员仍无法完全克服主客观因素的约束和限制,装备指挥决策任务也无法顺利完成。为了有效克服各种偏差,并在装备指

挥机构内部形成决策合力,装备指挥人员的决策行为必须遵循一定规则。从组织行为的角度看,这些规则主要有:①

(1) 以特定的地位角色赋予决策行为具体内涵。

地位角色是装备指挥人员在装备指挥机构中所处的相对位置,主要由其职位决定,通常用等级关系表示。首先,地位角色使装备指挥人员产生"角色知觉",对自己有清楚的认识和定位,把个体的决策行为控制在相应的范围之内;其次,地位角色反映装备指挥人员被期待完成的决策行为,如人们总是期待装备指挥员能最终作出正确的决策,参谋长能组织、协调决策,参谋人员能提出合理的决策建议等;再次,地位角色明确了装备指挥人员之间的关系,使装备指挥机构能够按统一的意志、协调一致地组织决策。

(2) 以明确的职务责任规定装备指挥人员的任务分工。

职责区分与各成员在装备指挥机构中的地位角色相联系,是根据装备指挥决策任务而对每个成员在决策活动中应该承担的责任的具体规定。职责区分明确,有利于装备指挥人员分工合作,共同完成决策任务。在装备指挥机构中,装备指挥员是装备指挥决策最核心的要素,具有最终决断的权力并承担一切决策责任,其基本职责是定下决心和实现决心。指挥机关既是决策的参与者(辅助装备指挥员定下决心),又是决策的执行者(实现装备指挥员的决心),在决策中起着非常重要的承上启下的链接作用,其基本职责是辅助指挥员定下作战决心并保障作战决心的圆满实现。

(3) 以合理分配的决策权力决定决策行为的影响力和权限。

权力,是指个体(或群体)影响其他个体(或群体)心理和行为的能力。首先,权力是潜在的,即只有使用时,权力才会发挥作用;其次,权力是相对的,即只有当其他个体(或群体)依赖掌握某种资源的个体(或群体)时,权力才会存在;再次,权力是动态的,即权力的大小随时间、环境的变化而变化。装备指挥人员拥有的权力与其所处的地位、充当的角色、承担的职责是一致的,在自己的职责范围内都享有相应的权力。

(4) 以科学设置的业务部门提高决策行为的效率。

部门设置是指依据装备指挥人员的地位角色、职责区分、权力分配,把装备指挥机构划分成一些业务部门,由它们来完成装备指挥决策的具体任务。科学的部门设置有利于提高装备指挥决策行为的效率。一方面它强化了专业化分工,能充分地发挥各专业作用;另一方面它有效地组织、协调和控制各部门的工作,使部门之间形成功能互补。部门设置应主要考虑部门跨度和群体规模两个方面。部门跨度指装备指挥机构直接控制的单位数量;群体规模指各机关部门的人员数量。

(5) 以完善的法规制度规范和约束决策行为。

法规制度是地位角色、职责区分、权力分配、部门设置的具体表现形式,是规范装备指挥人员行为的基本准则。它的根本目的是对装备指挥人员地需求、动机和活动进行规范和约束,将个体决策行为限制于一定范围之内,从而将分散的装备指挥人员个体决策行为转化为有序的装备指挥机构组织决策行为。

第四章 装备指挥决策机制构建

构建信息化条件下联合作战装备指挥决策机制,是不断提高装备指挥决策科学化水平的迫切需要,也是进一步拓展和深化新时期军事斗争装备保障准备的客观要求。构建信息化条件下联合作战装备指挥决策机制,必须以信息化条件下联合作战的基本特点与要求为出发点和落脚点,遵循装备指挥决策的一般规律,立足体系对抗与优势获取、基于信息流程与态势共享、谋求模式创新与应变通用。

第一节 影响装备指挥决策机制构建的主要因素

体制决定机制,体制是机制构建的前提和有序高效运行的保证。同时,为保证决策机制的有效运行,必须围绕决策的情报、谋划、决断、执行等环节流程,构建健全完善的决策组织系统。可见,装备指挥决策机制的构建必须要与信息化条件下联合作战指挥体制相一致,与装备保障体制相适应,以决策组织系统为依托。

一、作战指挥体制

装备指挥决策是作战指挥决策的重要组成部分,作战指挥决策的统一性决定了装备指挥决策机制要依据作战指挥体制来构建。根据军委的部署,我军建立了战略级—作战集团—作战部队三级指挥体制。战略级,是党中央、中央军委实施战略指挥的中枢,主要负责统一筹划、组织与实施作战,下设指挥控制、情报、通信、军务动员、政治工作、后勤保障、装备保障等七个中心,各中心以总部相关职能部门为主组成。担负作战任务的有关军区、军兵种和总部有关部门,根据担负的任务,分别组建陆上、海上、空中、常规导弹作战集团和信息作战、特种作战集群,并建立本作战集团(集群)指挥部,对作战集团(集群)的行动实施统一指挥。

二、装备保障体制

装备指挥决策活动依存、作用并服务于装备保障体制。装备指挥决策体系的构建，既要有利于对诸军兵种装备保障力量实施有效的指挥，又要有利于现行通用和专用装备保障相结合的保障体制顺畅运行，并与现行装备保障组织体制相衔接。

根据军委明确的职责，我军现行的装备保障体制是，在总装备部的统一组织计划下，通用装备保障由总装备部组织实施；军兵种专用装备保障由海军、空军、二炮按建制系统分别组织实施；情报、技侦、通信、电子对抗、陆航、机要、测绘、气象、指挥自动化等装备，由总部分管有关装备的部门分别组织实施。

着眼平战快速转换和现实可能，未来信息化条件下装备保障，将参照现行装备保障体制，建立统分结合的装备保障体制。即：在战略级装备保障中心的统一组织计划下，通用装备保障由战略级装备保障中心统一组织实施；军兵种专用装备保障由海上、空中和常规导弹作战集团按建制系统分别组织实施；情报、技侦、通信、电子对抗、陆航、机要、测绘、气象、指挥自动化等装备，由战略级有关中心装备保障机构根据战略级装备保障中心的总体计划，分别组织实施。

三、装备指挥体制

构建装备指挥决策机制必须着力打造可靠的组织基础，这个组织基础就是装备指挥体制。装备指挥体制所确定的科学合理的组织领导体系和相关制度，是构建装备指挥决策机制并使其充分发挥效能的重要条件。理顺各节点连接关系，建立结构合理、功能齐全、关系顺畅的装备指挥体制，对于建立良好的装备指挥决策机制，并保持其顺畅运行至关重要。装备指挥体制受战争形态、经济条件和科技水平，以及作战指挥体制、装备保障体制和武器装备水平等多种因素的影响和制约。按照与作战指挥体制相一致，与装备保障体制相适应的原则，未来信息化条件下联合作战总体上应建立战略级—作战集团—作战部队三级装备指挥体制。各级装备指挥员及其指挥机关应围绕总体作战意图和装备保障任务，依托网络互联的全军综合电子信息系统，将各级装备指挥机构之间、装备指挥机构与作战指挥机构之间有机联结起来，形成能够异地、同步、交互进行装备指挥，并按照一定的机制实施运作的整体系统,为装备指挥分布式联合决策创造条件。

四、装备指挥手段

装备指挥手段是实施装备指挥所采用的工具和方法的统称。包括装备指挥作业工具、信息传递与处理工具、各种通信方法以及指挥自动化系统等。[①] 装备指挥手段是装备指挥决策机制构建的物质基础。装备指挥手段是随着装备指挥活动发展的需要而产生,并随着科学技术的进步逐步发展和完善。信息化条件下,随着传感技术、计算机技术、通信技术及系统一体化技术等高新技术在军事领域的广泛运用,运用以计算机为核心的有关技术、网络和设备,对各军兵种装备指挥活动进行辅助决策和实时指挥的装备一体化指挥平台逐步发展和应用。构建和应用装备一体化指挥平台,拓展了信息获取、处理和传输功能,实现了各级装备指挥信息系统的纵向联通,以及与作战指挥、政治工作、后(联)勤保障等指挥信息系统的横向联通,并衔接装备支援保障信息系统,保证了装备保障需求的实时可知、保障资源的透明可视和保障行动的精确可控。因此,信息化条件下的装备指挥手段对于优化决策组织系统结构,缩短决策流程,降低决策风险,提高装备指挥科学决策水平具有重要意义。

五、传统文化因素

"战争不仅是两种军事力量的较量,而且是两种哲学、两种战争智慧,以及两种道德和勇气的较量。"[②]列宁在《旅顺口的陷落》一文中指出:"一个国家的军事组织和它整个经济文化制度之间的联系,从来没有像现代这样密切。"[③]文化是一个国家和民族的灵魂,也是一支军队的重要品格。军事斗争的一切行为,无不刻有鲜明的文化印痕。传统文化对整个社会组织体制机制的影响是极为深刻的,一个国家、一个民族的思想文化传统必然在其军事组织体制机制上有所反映。[④] 传统文化因素主要包括社会习俗、价值取向、思维模式、道德规范、行为准则和观念意识等多个方面。其主要通过价值观

① 参见,军事科学院.中国人民解放军军语.军事科学出版社,1997年版,指挥手段.
② 李际均.抗美援朝战略遗产,解放军报,2000年10月25日.
③ 转引自,军事组织体制研究[M].国防大学出版社,1997:331.
④ 宋华文.装备动员体制研究[M].国防大学出版社,2005:88.

体系、知识系统和思维方法系统来对装备指挥决策活动产生影响。[①] 装备指挥员在决策过程中需要遵守决策的原则和要求,依照决策的程序,采用科学的方法和使用现代化的辅助手段,但仅有这些还是不够的,还需要注重文化因素。只有把装备指挥决策放在相应的文化背景之中并加以现实层面上的审视,揭示其文化机理,才能更深刻地认识和准确把握装备指挥决策。因此,构建装备指挥决策机制时必须认真考虑传统文化因素的影响。

第二节　装备指挥决策机制构建的思路方法

一、着眼全局,系统分析

信息化条件下联合作战装备指挥决策活动作为一个动态、开放、复杂的大系统,又可分为诸多子系统,每个子系统都自成一体,有其一定的独立性,也有其自身的内外关联性,这种关联性存在于各装备指挥决策要素、各装备指挥机构之间,渗透于装备指挥决策活动的全过程。因此,构建装备指挥科学决策机制,要采用系统思维方法,在信息化条件下联合作战体系、装备指挥机构、装备指挥要素,以及战场环境之间相互联系、相互作用、相互制约的关系中,系统分析、正确解决装备指挥决策过程中的矛盾和问题。具体来说,一是要强调整体性,即将装备指挥决策问题置于信息化条件下联合作战体系中进行系统分析,以实现装备指挥决策要素、装备指挥机构之间的最佳组合为目标;二是强调系统运行的有序性,即为保证机构的顺畅运转和总体目标的实现,而建立权威的领导和管理体系,构建科学合理的组织结构,使装备指挥机构及其要素能够并在组织权力系统和沟通系统的作用下,形成良好的运行秩序,以及高效的协同配合。

二、需求牵引,科学定位

信息化条件下联合作战需求,既是牵引装备指挥科学决策机制构建的直接动力,也是对装备指挥科学决策机制的前瞻设计,决定了机制构建的目标、思路等重大问题。信息化条件下联合作战装备指挥科学决策机制构建,

---

① 韩志明,吴振环. 析文化对指挥决策的影响[J]. 指挥学报,2003(5):33-34.

是一件十分艰巨而又复杂的工作,如果需求论证的定位不准、方法不科学、指标不明确,必然会在机制构建过程中出现一些误区和盲区。因此,必须深入分析信息化条件下联合作战对装备指挥决策的影响与要求,明确信息化条件下联合作战装备指挥决策面临的任务。分析我军装备指挥决策在信息控制、机构协同、过程组织等方面存在的问题及原因,为科学确定决策机制构建目标、准确把握机制构建内容提供依据。信息化条件下联合作战装备指挥科学决策机制,一要具备完善的制度约束功能,包括战略谋划、政策引导和法规保障,以保证装备指挥决策系统运行的有力有序;二要具备稳固的主体联动功能,包括职能定位、组织协调等,以保证装备指挥决策系统运行的持续有效;三要具备可靠的环境优化功能,包括资源共享、优势互补和创新并进等,以保证装备指挥决策系统运行的顺畅高效;四要具备灵活的功能运转能力,包括平时的协调发展、急时的相互支援和战时的团结一致,以保证装备指挥决策系统的柔性精干。

三、剖析机理,遵循规律

信息化条件下联合作战装备指挥决策系统各要素之间的相互关系和内在机理,客观地反映着指挥决策机体的运动变化规律,并决定着指挥决策行为的科学性和有效性程度。因此,构建信息化条件下联合作战装备指挥科学决策机制,必须要对装备指挥决策的体系运行机理、信息流动机理、装备指挥人员和装备指挥机构的决策行为机理等进行深入剖析。一是装备指挥决策体系运行机理,即在信息化条件下联合作战背景下,分析装备指挥决策体系各系统之间,系统内各要素之间各种活动的动力和过程等;二是装备指挥决策信息流动机理,即分析随着信息技术的飞速发展和广泛应用以及军队信息化建设的稳步推进,装备指挥决策信息在网络节点间呈现链式运动的条件、规则和过程;三要装备指挥决策行为机理,即分析装备指挥员及其指挥机关在自己各自的职责范围内,为完成装备指挥决策任务所进行的一系列思维和行为活动的条件、规则和过程。

四、把握关节,以点带面

装备指挥决策活动的关键环节是"综合"、"协调",即装备指挥决策过程中所表现出的协同作用。从装备指挥决策要素及决策过程看,装备指挥决策协同的内容主要有装备指挥机构协同、行为协同和信息协同,三者相互耦合,相互促进,共同影响装备指挥决策系统,成为装备指挥决策系统整体有序运行的主要动力。为此,构建装备指挥科学决策机制,必须牢牢把握这些关键环节,推动装备指挥决策效能的整体提升。一要优化体系结构,构建信息上纵向传输与横向共享并存,职权上集中决断与分散决策并存,体制上相对稳定与灵活可调并存,结构上实体机构与虚拟平台并存的装备指挥分布式联合决策体系。二要加强对信息流的控制,对装备指挥决策信息的内容、运行和安全等进行控制。三要增强系统运行的有序性,克服装备指挥人员的行为偏差,科学规范装备指挥机构的成员构成、职责区分、权力分配、部门设置和法规制度等。

第三节　装备指挥决策机制构建设想

一、构建装备指挥决策机制基本框架

从实践来看,装备指挥决策活动的关键环节是"综合"、"协同",这既是装备指挥员作出决定、定下决心的基础,也是贯彻和实现装备指挥员决心的基础。[①] 从装备指挥决策的内容、程序和运行机理,以及装备指挥决策机制的内涵和功能来看,装备指挥决策机制的基本框架如图 4-1 所示。

第一,装备指挥决策组织制度。装备指挥决策组织制度是装备指挥决策组织系统有序运转的制度保障,直接影响装备指挥决策的效能。一方面,决策组织制度为装备指挥决策权的划分、任务的分工等提供规则,为装备指挥决策组织系统提供了构造模式和结构框架。另一方面,决策组织制度是"一个用人或组织相结合并对这种结合系统输出功能具有特殊影响的社会'装置'。"[②]决策组织制度能否促进装备指挥决策效能的提高,关键取决于它同装备指挥决策组织系统的适应程度。可见,科学完善的装备指挥决策组织制度可使各级装备指挥机构能够从全局出发,提高相互之间的信任与沟通水平,消除相互间的冲突,为信息、知识的交互共享奠定基础,为装备指挥

① 军事科学院,作战理论和条令研究部编修新一代《司令部条例》论文组．新一代《司令部条例》学习与研究[M]．军事科学出版社,2006:180.

② 转引自,陈德第、朱庆林．经济动员机制论[M]．军事科学出版社,2000:222.

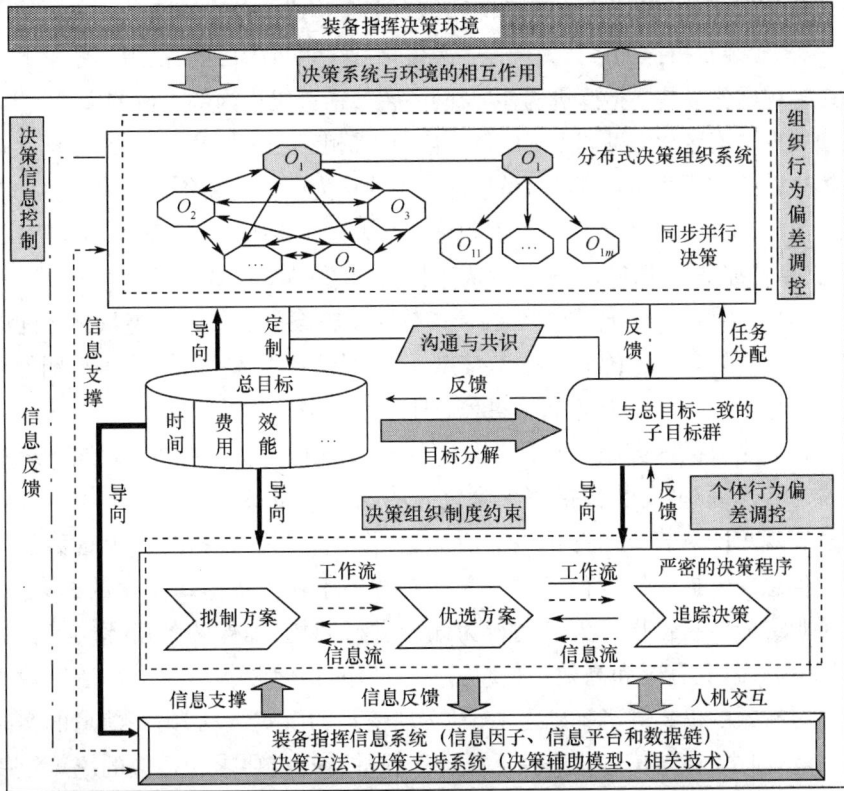

图 4-1 装备指挥决策机制基本框架

决策的行为调控提供条件,从而预防装备指挥决策中的非理性行为,有效保证装备指挥决策的科学性。

第二,装备指挥决策信息控制。装备指挥决策信息控制,是指对各级装备指挥机构之间的信息流量、流速和流向进行控制。未来信息化条件下联合作战中,信息的链式运动催生并加强了装备指挥决策组织系统的信息结构力,从而为装备指挥决策能力的跃升创造了条件。因此,装备指挥决策的信息控制,渗透于装备指挥决策活动的方方面面,一切决策活动,必须建立在顺畅、高效的信息沟通基础之上。科学调控装备指挥决策信息,其目的在于通过建立相应的信息控制机制,利用各种信息技术和手段,实现装备指挥决策信息链式运动的顺畅高效,提高信息利用效率,以达到最优化地实现信息转移、共享、创造和增值的目的。装备指挥决策信息控制的对象是信息(信息因子),主体是各级装备指挥机构,载体是由数据链和信息平台构成的信息网络。

第三,装备指挥决策行为调控。装备指挥决策行为协同,是指用系统的观点统筹考虑各级装备指挥机构,以及同一装备指挥机构内部人员的决策行为,以便减少决策活动中可能出现的行为偏差,或相互之间的摩擦冲突,保证装备指挥决策的时效性和质量。装备指挥决策的行为调控是装备指挥决策活动的主体活动,是定下决心的主要过程和途径。无论是组织制度约束,还是信息控制,其目的都是保证各级装备指挥决策机构之间、装备指挥人员之间的高效协同和同步。因此,需要时刻关注装备指挥决策方案的实施效果与目标之间的偏差,并依据实时反馈的战场态势信息,及时对装备指挥决策行为进行纠偏调整,从而实现装备指挥决策行为过程总体上的协调、有序和高效。

这三个方面内容相互耦合、相互促进,保证了装备指挥决策组织系统的正常运转,共同推动装备指挥决策效能的跃升。装备指挥决策组织制度在于从宏观角度对装备指挥机构的活动进行约束,为装备指挥决策行为的调控和信息控制提供制度保障。行为调控侧重于在决策组织制度的约束下,从微观层面对装备指挥人员的行为偏差进行调控,确保装备指挥决策行为总体上的协调、有序和高效。信息控制的目的是使装备指挥决策活动建立在实时有效的信息共享基础之上,以实现信息的链式运动,确保信息的实时共享和优化。在与信息化条件下联合作战的特点与要求相适应的决策组织制度约束下,行为调控和信息控制的产物是基于信息系统的分布式联合决策模式,即各级装备指挥机构依托网络互联的指挥信息系统,在信息结构力和决策组织制度的作用下,围绕统一的决策目标,为高效可靠地完成装备保障任务,异地、同步、交互进行指挥决策。

由于装备指挥决策活动既是一个信息过程,又是一个思维和行为过程,且装备指挥决策组织制度的约束功能伴随着决策信息的控制和决策行为的调控而发挥作用。因此,本书将重点对决策信息控制(第五章)和决策行为调控(第六章)进行深入研究。

二、完善装备指挥决策组织制度

根据装备指挥决策行为机理,装备指挥决策系统中,装备指挥员及其指挥机关是行为的主体,是行为的发动者,环境是它存在的条件,是它的生存所依存对象,制度则是装备指挥员及其指挥机关用来适应环境的"软件"。

可见,装备指挥决策组织制度与装备指挥决策的组织实施过程密不可分,其必须与装备指挥决策组织系统相匹配,与信息化条件下联合作战的特点与要求相适应。完善装备指挥决策组织制度应做到以下几点:

一要建立装备指挥决策组织系统建设规范。它包括组织体制和技术体制规范两个方面。组织系统建设规范,就是按照信息化条件下联合作战装备指挥决策的基本要求,明确决策组织系统组成的基本原则,各层次、各军兵种决策组织的结构、职权分工、相互关系,以及决策授权制度、决策交互方式、决策优先原则及责权区分等内容,为装备指挥科学决策提供规范的组织保证。技术体制规范,以组织体制规范为基础,从全局的高度对决策的技术体制进行总体性、长远性规划,包括其需求、结构、组成、功能及技术实现思路等,为装备指挥决策支持系统的构建提供技术指导。

二要建立装备指挥决策实施程序与方法规范。它为诸军兵种不同的决策机构提供一套可依循的实施程序与方法。从一般应用的角度看,应包括装备保障组织筹划中的决策程序与方法、装备保障组织实施中的决策程序与方法,以及决策信息的处理和共享、各种交互方式的应用等。从具体应用的角度看,还应对一些特殊作战样式中的装备指挥决策程序与方法进行进一步的、有针对性的规范。

三要建立装备指挥决策支持系统的应用规范。它的作用如美军颁发的《战术互联网战术、技术与程序》手册,即从决策支持系统的应用角度,对其组成、部署、机动及操作、管理、维护等问题进行具体描述,规定系统应用的程序与方法。该规范应综合考虑决策支持系统特点和装备指挥决策需要,结合体制结构、机构编成、部署模式,对系统的组成与结构、决策功能区分、内部环境设置、部署和配置标准、展开与撤收程序,以及操作、管理、维护等问题进行具体规范,以最大限度地提高决策支持系统的应用效能。

三、控制装备指挥决策信息

根据系统科学过程流理论,"流"与"力"可以相互转化,而驾驭体系运行的关键在于对"流"的控制。[1][2] 信息化条件下,信息流已成为凌驾于物质流

---

① 钱学森. 系统思想、系统科学和系统论[C]//系统理论中的科学方法与哲学问题——1982年北京系统论、信息论、控制论中的科学方法与哲学问题学术讲座会文集. 北京:清华大学出版社,1984.

② 许国志. 系统科学[M]. 上海科技教育出版社,2000:49.

和能量流之上,主导着物质流和能量流运行的重要资源。信息流反映着系统要素、结构和功能的变化,驾驭作战体系的根本就在于加强对流的控制。对信息化条件下联合作战装备指挥决策来说,对信息流的控制能力的强弱,将直接影响装备指挥决策时效和质量的高低。[1][2]

装备指挥决策信息流是装备指挥决策相关信息的运动状态及过程,正如,人体血压及血液的指标能反映人体的健康状况一样,装备指挥决策系统中的信息流是整个系统运行状态的"晴雨表",从它入手,就把握住了系统的抓手,找出了要素之间的关系及连接方式,提高了对系统的把握与控制程度。因此,要提高装备指挥决策效能,必须通过各种手段对装备指挥决策信息流程进行控制。

第一,对装备指挥决策信息流量的控制。随着军事传感技术和通信技术迅速发展和广泛应用,信息获取和传输能力的增强造成了信息的泛滥,如何对这些信息进行整理归类、分析筛选、去伪存真和综合推断,成为摆在装备指挥员及其辅助人员面前的一大难题。为了提高对装备指挥决策信息资源的利用率,既避免信息量的不足,又防范信息网络的壅塞,必须对信息的流量采取相应的控制措施。控制信息流量,一要适当增加网络带宽;二要增强信息处理能力;三要增强信息共享能力;四要缩短信息更新周期。

第二,对装备指挥决策信息流向的控制。未来信息化条件下的装备指挥决策,将依托网络互联的指挥信息系统,异地、同步、交互进行,要求装备指挥决策信息实现纵向传输与横向共享的并存。要以指挥信息在各机构间的等量、同步共享为目标,改变指挥信息传统的单向流动形式,实现指挥链与信息链的部分分离,即装备指挥信息不仅按纵向上的指挥层级关系"上传下达",而且按横向上网状的指挥节点关系"分流共享"。

四、调控装备指挥决策行为

决策行为是装备指挥人员决策过程中的心理活动和行动反应。其外显行为是感知情况、确定目标、拟制方案、评估方案、选优决断、实施决策、追踪决策等;分析、判断、推理等心理活动,则是其内隐行为。根据行为科学的观

---

① 钱学森,王寿云,柴本良. 军事系统工程[R]. 总参谋部军训部,1979.
② 钱学森,王寿云. 系统思想和系统工程[R]. 天津市科学学与科学管理研究会,天津市技术经济和管理现代化研究会,中国企业管理协会天津分会,1980.

点,人的行为不是随机的,是可以预测的,当然也是可以调控的。[①]

对装备指挥决策行为进行调控,可采用如下手段:

第一,外部环境刺激所产生的疲劳度和认知负荷。疲劳主要是由于决策者连续长时间指挥作战、缺乏睡眠而产生的,它的直接后果是带来决策能力的下降。认知负荷变量与某类信息输入速率密切相关,当信息流率高于决策者所能承受的信息流率阈值时,认知负荷增大。当认知负荷超过认知负荷阈值时,则有可能改变原来的决策目标。

第二,决策者的生理、心理因素:智力、专业技术和认知能力的水平和类型、个性、情绪、态度和期望、文化价值、认知风格等。智力影响决策显而易见,智力变量的衡量可采用智商来划分等级。决策者的个性是重要的决策行为变量,其中有五种个性变量是最重要的,主要包括开放性、责任心强、外向性、随和性和神经质。情绪同样影响着决策者的认知能力,关键的情绪变量有三类,即焦虑、偏执和失望。态度有基本态度与瞬时态度之分,通常,我们更多地关注基本态度。文化价值变量对决策有着相当大的影响。由于文化塑造了决策者决策行为的思维方式,规范了思维基点,因此,文化价值的不同,常常使得决策者按照自己的文化传统去认知和思考问题,从而表现出决策行为的差异性。此外,在组织决策或群体决策中,决策风格是决策者的可能直接影响着他人的信息处理方式和政策选择,它一般是针对处于领导地位的决策者而言的。

第三,其他因素:社会舆论、角色特点等。社会舆论又称公众意见,它是决策大环境中大多数人对某一决策行为所表达的态度、意见的集合。按性质可分为赞助性的、谴责性的两种。所谓角色,是指围绕决策者的地位所产生的一套权利义务系统和行为方式。角色特点提供了决策者行为活动的基本框架,越高级的职位所要求的角色特点越强。因此,我们可以根据角色的基本要求来预测某一决策者的可能行为,从而进行相应调控。

对装备指挥决策行为进行控制,其主要途径有:

第一,加强舆论导向,培养群体意识。意识是人类所特有的对客观现实的反映。群体意识是群体成员对群体目标、利益和荣誉的理解和认识。团队精神、组织文化是群体意识的代名词,主要包括思想信念、价值观念、道德

---

① 刘李胜. 决策认识论引论[D]. 中共中央党校理论部,1993:1.

准则、行为规范等。培养群体意识,旨在使装备指挥人员群体形成强有力的道德规范和行为准则,以及鲜明而具权威性的价值观念和坚定、强烈、占统治地位的信仰。其基本做法主要有两种。首先,不断强化精神贯注的宣传教育。群体意识不是自发形成的,要靠强有力的宣传教育,在正确舆论的导向下,去启迪心灵,打通思想,提高觉悟,形成共识。宣传教育,一要把灌输与疏导相结合,二要把正规与非正规相结合,三要把有形与无形相结合。其次,充分利用环境因素的外在刺激。环境是影响装备指挥决策行为的主要因素之一。加强对装备指挥决策行为的控制,要善于利用环境因素,给予装备指挥人员一定量的刺激,从而使其增强群体意识,朝着群体所规定的方向前进。

第二,及时进行沟通,力求预先控制。预先控制,或者叫做超前控制,它是指为提高实际行为结果符合目标要求的程度而预先进行的控制活动,主要是通过采取各种措施防止装备指挥决策行为产生偏差。其目的在于防患于未然。凡事预则立,不预则废。装备指挥决策行为,应在及时沟通的前提下,力求达到预先控制。这是因为,首先,影响装备指挥决策行为因素的复杂性要求必须实行预先控制;其次,装备指挥决策活动的变化性要求必须实行预先控制;再次,受控对象的相关性要求必须预先控制。装备指挥决策行为的预先控制,需要做多方面的工作,其中最主要的工作就是及时进行有效的沟通。

沟通,首先要正确选择方式。沟通的方式不同,效果亦不同。按方向分,有上行沟通和下行沟通、平行沟通和斜行沟通;按组织分,有正式沟通和非正式沟通;按途径分,有单向式沟通和双向式沟通;按语言分,有口头语言沟通、书面语言沟通和形体语言沟通;按距离分,有直接沟通和间接沟通;按网络分,有链式沟通、轮式沟通、环式沟通和全通道式沟通,等等。每种沟通方式各有其优缺点,具体实施中应紧密结合实际,正确选择方式。其次要克服沟通障碍。即克服文化障碍,包括语言障碍、文化程度障碍、知识经验障碍等。此外,人的态度、情绪、思想、兴趣、爱好、品德、威望等都可能造成沟通中的障碍。再次要采取封闭手段。沟通是双向的、连续不断的,要求渠道要封闭,主要体现在机构、制度、方式和人员等方面。从机构上保证沟通渠道的封闭性,就是建立健全决策机构、执行机构、监督机构、反馈机构,组成一个相互依赖、相互联系的封闭系统,从而保证信息正确、灵敏、有力地传递。从制度上保证沟通渠道的封闭性,要求健全各种制度,制度所涉及的内容应是合理的。

第三,建立健全制度,强化法规约束。所谓法规,是法律和具有法律性质的行为规范的总称,主要包括各种规则、章程、制度等。运用法规对装备指挥决策行为进行控制,具有强制性、规范性和稳定性等特点。法规作为装备指挥人员的行动准则,对整个装备指挥决策群体的行为具有普遍的约束力,不允许违反。强化法规对装备指挥决策行为的约束,应着重做到,一要强化法规意识,二要强化法规落实,三要强化法规制裁。

第五章　装备指挥决策信息控制

　　装备指挥决策活动过程,实质上就是一种信息活动过程。在装备指挥决策信息的活动中,由于装备指挥人员所面对的决策问题的复杂性和其个人认识能力的局限性,每一个信息流动环节都不可避免地会出现偏差,从而影响装备指挥决策的质量。为此,需要对装备指挥决策信息流动进行控制,即在对装备指挥决策信息的流动机理进行深入研究的基础上,实现信息控制人员基于信息平台,对信息内容和流动过程的组织、纠偏和调整,以提高装备指挥决策信息的利用效能。

第一节　装备指挥决策信息控制系统

　　信息控制系统是以信息平台为物质技术基础的人机结合系统。它是装备指挥决策信息控制的重要物质基础,是装备指挥信息系统的重要组成部分。

一、信息控制系统的内涵与功能

　　控制是一种能动的作用过程,即施控者(施控主体)根据给定的条件和预定的目的,选择适当的手段作用于受控者(受控客体),以期使受控者根据施控者的预定目标而动作,并最终达到这一目标。苏联的控制论学者列尔涅尔(А. я. лернер)对控制给出了这样一种定义:“为了‘改善’某个或某些对象的功能或发展,需要获得并使用信息,以这种信息为基础而选出的,加于该对象上的作用。”①控制作为一种作用过程,至少要有作用者(即施控主体)与被作用者(即受控客体)以及作用的传递者这三个要素。由这三个组成部分组成一个整体,相对于某种环境而言,才能具有控制的功能和行为。

---

　　① 列尔涅尔. 控制论基础[M]. 科学出版社,1980:85.

因此,可以把施控者、受控者和控制作用的传递者三个部分所组成的,相对于某种环境而具有控制功能与行为的系统,称为控制系统。

基于此,可将信息化条件下联合作战装备指挥决策信息控制系统定义为,由施控者(信息控制人员)、受控者(决策信息)和传递着(信息平台)三部分组成的,能够满足信息化条件下联合作战装备指挥决策对信息的要求的,具有信息控制功能与行为的系统。由于信息控制系统,总是处于一定的决策环境之中,其与环境之间存在着复杂的相互作用关系,因此,应着眼于从信息控制系统与决策环境的相互作用关系来研究系统的控制功能。同时,由于决策环境的不确定性与多变性,信息控制系统必然是一个动态系统,当信息控制所要达到的目标是某种稳态时,这种稳态不过是一种动态平衡。[①]

装备指挥决策信息控制系统应具有如下功能:

一是平衡功能。装备指挥决策信息控制系统的存在,既是装备指挥人员信息需求与供给矛盾的产物,也是实现信息供求平衡的主要依托。所谓平衡功能,是指信息控制系统具有调整信息流向、流量、流速,化解装备指挥决策信息需求与供给矛盾,实现信息攻击平衡的效用。信息化条件下联合作战,面临新的装备指挥决策任务时,装备指挥决策信息需求量在短时间内猛增,但由于时间、技术、能力等因素的限制,信息供给能力的提升存在一定时滞过程,具有明显的滞后性,如图 5-1 所示。图中 ABC 为战时不同阶段装备指挥决策信息的需求曲线,EF 为信息供给能力曲线。两条线所构成的闭合区域(阴影部分)即为由于需求大于供应,而产生的信息缺口,这种情况下就需要信息控制系统发挥其平衡功能,提高信息获取、处理和传输能力,确保信息的"质"和"量",以及信息流动的顺畅高效,从而尽可能满足装备指挥人员的信息需求。

二是聚集功能。即装备指挥决策信息控制系统具有根据重点方向、重点任务的信息需求,调整信息流向、流量、流速,以全力保障重点装备指挥决策活动顺利实施的效用。未来信息化条件下联合作战,参战力量多元,战场态势瞬息万变,装备保障任务繁重、时效性要求高。这就要求进行装备指挥决策时必须优先考虑重点方向,集中优势力量进行重点保障。这

① 张文焕. 系统科学方法与军队管理[M]. 蓝天出版社,2001:217-218.

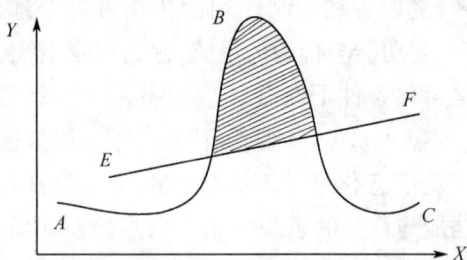

图5-1　装备指挥决策信息的供需矛盾关系

时,装备指挥决策信息控制系统就应该发挥其聚焦功能,使各种相关信息在短时间内向该决策任务聚焦,以优先保障该项决策任务的高时效、高质量。

三是递增功能。即装备指挥决策信息控制系统具有伴随战争信号强度增大而梯次调整信息流向、流量、流速的效用。信息控制系统的这种功能,是由装备保障活动的方向性与区域性促成的。所谓方向性,是指装备保障活动总是要应对一个或多个方向的装备保障需求,因此进行装备指挥决策时也需要充分考虑这些方向。所谓地域性,是指装备保障活动总是发生在敌对双方的领土、领空、领海等某一部分,因此进行装备指挥决策时必须考虑不同的区域环境对装备保障活动的影响。实际作战过程中,作战双方的态势、力量的对比、作战方向、作战强度等,都会随着时间、地域的变化而变化,这种情况下进行装备指挥决策,必须要有足够的信息作支撑,从而要求信息控制系统不断扩展信息的获取、处理和传输能力,不断调整信息的流向、流速和流量。

二、信息控制系统的构成要素

根据信息化条件下联合作战装备指挥决策信息流动的机理,以及信息控制系统的内涵,可将装备指挥决策信息控制系统的构成要素确定为情报人员、装备指挥员(决策者)、装备指挥机构(决策辅助人员)、信息平台和决策信息,如图5-2所示。

(一)情报人员

情报人员即专职负责获取、传输和处理装备指挥决策相关情报信息的

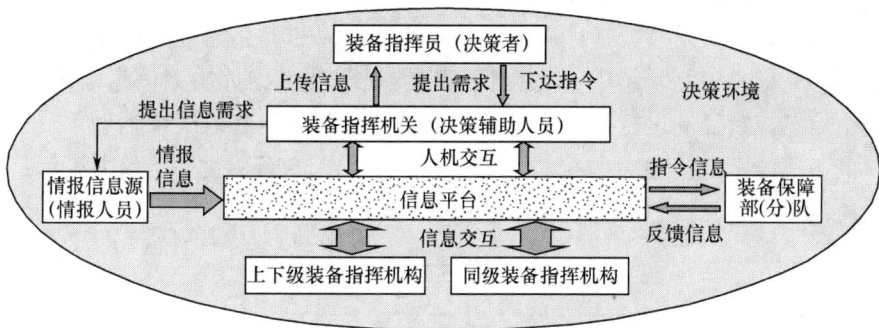

图5-2 装备指挥决策信息控制系统要素及其相互关系

参谋人员,这些情报信息主要来自各级作战部门、装备保障部门、后勤保障部门,以及战场环境等。在装备指挥决策信息控制系统中,情报人员的主要职责是:在信息获取和处理过程中对信息内容进行控制;在信息传输过程中对信息的流量和流向进行控制。情报人员信息控制活动的依据是装备指挥机构对装备指挥决策信息的需求和纠偏指令,其信息控制的手段是信息平台。情报人员是信息控制系统的基础要素,其信息控制活动是整个信息控制过程的首要环节,如图5-3所示。

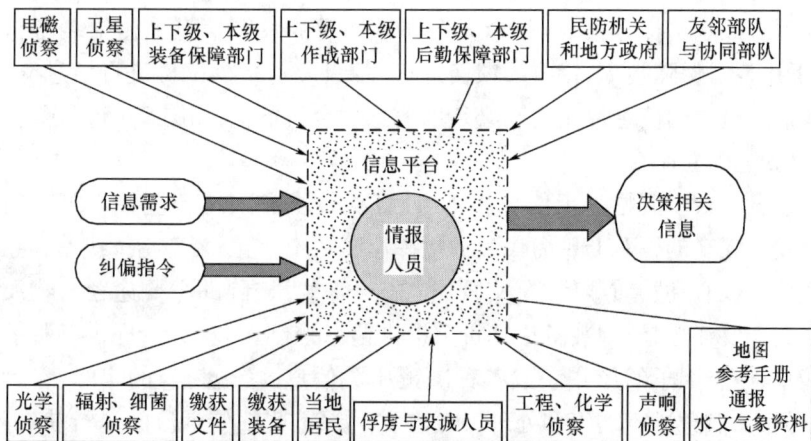

图5-3 情报人员的信息控制活动

（二）装备指挥员（决策者）

装备指挥员是装备指挥决策最核心的要素，①也是信息控制的主导要素之一。在信息控制系统中，其主要职责是：提出装备指挥决策信息需求；对整个信息控制活动进行组织和领导，并承担一切责任；获取决策辅助人员提供的备选方案及整理后的相关信息后，评估方案、定下决心，实现决策信息向决策指令的转换，如图 5 - 4 所示。

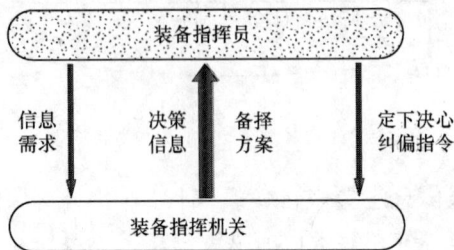

图 5 - 4　装备指挥员的信息控制活动

（三）装备指挥机关（决策辅助人员）

装备指挥机关在信息控制系统中起着非常重要的承上启下的链接作用，它是将信息控制系统各要素结为一体的黏结剂。其主要职责是：根据装备指挥员的意图提出信息需求；获取战场情报信息、装备保障信息，对其进行处理后拟制备择方案；将备择方案和凝炼后的决策信息上传给装备指挥员；下达装备保障指令、接收反馈信息；与各级装备指挥机构进行信息交互。装备指挥机关的信息控制活动必须以信息平台为依托，如图 5 - 5 所示。

（四）信息平台

信息平台主要指基于信息技术、计算机技术和人工智能技术等高新技术群发展起来的以 C^4ISR 为代表的指挥控制系统，它是装备指挥决策信息控制系统的核心和物质载体，是实现"信息对信息"控制的主要途径和物质条件。其主要任务是：为装备指挥机关提供信息控制作业平台，提供各种控制功能；以信息因子的形式获取各种决策相关信息，实现信息的实时、自动获取；对相关信息进行加工和处理，传递调控指令，调整信息流的运行状态，如图 5 - 3 和图 5 - 5 所示。

---

① 史越东. 指挥决策学［M］. 解放军出版社，2005.

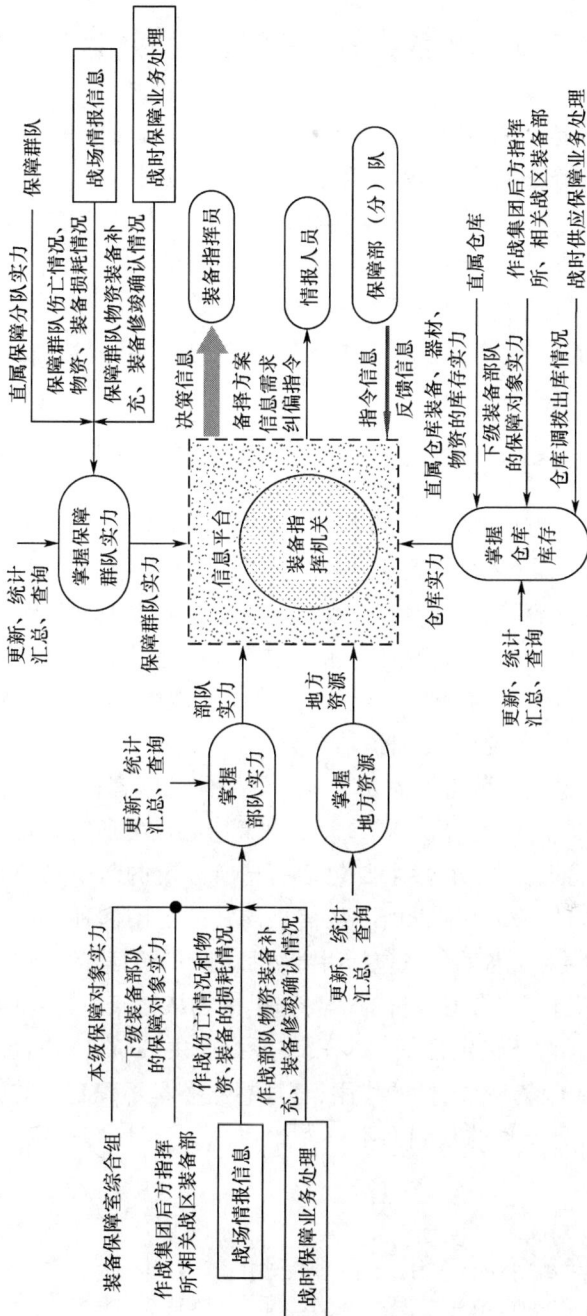

图5-5 装备指挥机关在信息控制过程中的主要职责

第二节　装备指挥决策信息控制目标

　　根据控制的定义,控制主体应具有一定的控制目标,控制主体正是通过不断对被控对象施加作用和影响来逐步达到这一控制目标。只要控制过程是有效的,那么不达到目的,控制过程就不会终止。当然,达到目的以后,控制过程也不能终止,因为还要通过控制来保持目标状态。装备指挥决策信息控制的目标就是能够在装备指挥决策过程中,在适当的时机,将适当的信息,传递给需要的用户,以实现装备指挥决策信息的实时、精确、可靠,为决策活动提供最优支撑。

一、信息内容控制的目标

　　信息既有量的方面,又有质的方面。装备指挥科学决策的必备前提是要收集到"量"足"质"高的相关信息,这就需要对装备指挥决策信息的内容进行控制。信息内容控制是指信息控制人员对决策相关信息所反映或描述的情况进行有目的的修改、补充和完善的过程。[①]"量"足、"质"高的装备指挥决策信息,必须满足全面性、精确性、可靠性与时效性等四个要求。[②③]

(一)信息内容的全面性指标

　　信息的全面性是指装备指挥人员所获得的信息内容相对于决策信息全部内容的比例,装备指挥人员只有掌握了决策所必需的所有信息,才可能作出正确的决策。信息的全面性主要包括信息所涉及的范围和种类、每条信息所含有用成分的多少两个方面。从信息涉及的范围和种类来说,制定装备指挥决策,必须对必备的信息包括哪些方面有一个明确的认识,确保每一项决策方案的制订都有合适数量的信息作根据。从信息所含有用成分的多少来说(即信息消除不确定性的多少),装备指挥决策所需要的每条信息都需要具备一定的消除不确定性的作用,其理想状态是不确定性的完全消除,但实际中由于各种条件的限制而不可能达到,故应允许有一定的误差和变动的幅度。

①　王勇平.指挥信息控制概论[M].国防大学出版社,2009:100.
②　张智光.管理决策逻辑[M].中共中央党校出版社,1990:150.
③　张尚仁.现代科学决策方法学[M].山东人民出版社,1989:77-81.

信息控制过程中,可通过统计获取有用信息种类(或数量),将其与装备指挥人员所需的信息总的种类(或数量)相比,即可得出信息全面性指数。计算方法如下:

$$P_{全面} = \alpha \times (I_{得}/I_{需}) \qquad (5-1)$$

式中:$P_{全面}$为装备指挥决策信息的全面性指数;$I_{得}$为装备指挥人员所获取的信息的种类(或数量);$I_{需}$为装备指挥人员所需的信息总的种类(或数量);α为不确定因素的影响系数,如装备指挥人员的生理、心理因素,信息平台故障或误差,环境因素等。

(二)信息内容的精确性指标

决策信息的精确性是指每一条信息具备的能消除某些不确定性的能力,如时间、空间、数量、行为方式的不确定性等。装备指挥人员获得决策相关信息之后,首先要判断信息内容的精确性,如果信息内容不够精确,就会影响指挥人员对战场情况的了解和掌握,最终影响决策质量。装备指挥决策信息消除哪方面的不确定性,是以决策的需要为尺度的,在不同的时期、不同用途中对其要求和标准是不一样的。如战场态势信息的精确性要求要比装备保障需求信息的精确性要求差一些。此外,考虑到现实中获取精确信息会受到种种条件的限制,在实际衡量信息的精确性时,一般应划定一定的范围,即允许存在一定的模糊和偏差。度量信息内容的精确性,可采用基于熵理论的评价模型。[①]

基于熵理论的信息价值评估模型的主要思想为:由于决策信息可以消除装备指挥人员对决策问题认知的不确定性,以此为依据可以估算决策信息的精确性。而根据热力学第二定律,随着系统所拥有的有用信息量(即精确信息消除系统的不确定性)的增多,系统的熵值将减少。为此,可以引入熵的概念,用熵值的大小来描述装备指挥人员认知不确定性的程度。熵值最大时,即认知不确定性最大;某一信息作用于装备指挥员后,其认识不确定性将减小,即熵值减少,熵值减少的量便可用来反映这一信息消除不确定性的能力,即信息的精确性程度。具体如下:

设某一装备指挥决策问题有 n 种可能情况(I_1、I_2、I_3、$\cdots$、I_n),每一种可能情况发生的概率为 P_1、P_2、P_3、$\cdots$、P_n,则这一决策问题的熵值(认识不确定

① 魏玉福,赵小松. 军事信息优势论[M]. 国防大学出版社,2008.

性)S_0 为

$$S_0 = -\sum_{i=1}^{n} P_i \log_2 P_i \quad (P_1 + P_2 + P_3 + \cdots + P_n = 1) \quad (5-2)$$

如果装备指挥人员事先只能根据概率对决策问题发生的可能性做出判断,则认识不确定性为 S_0;如果某一信息被装备指挥人员接收并被其用于决策,则此时装备指挥人员的认识不确定性为 S_1,认识不确定性的减少量为 $I = S_0 - S_1$,即为信息的精确性。

(三) 信息内容的可靠性指标

装备指挥决策必须在充分而又真实可靠的信息基础上作出,而实际中,装备指挥员所得到的信息并不完全是真实可靠的。信息的可靠性主要包括两个方面:其一,是信息内容的准确性,即所获取的装备指挥决策相关信息是否真实、准确;其二,是信息内容的重要程度,即对装备指挥决策作用的大小,一般来说,决策主要依据的应是较为准确的肯定性信息。但在准确性相同的情况下可凭信息对决策作用的大小区分其主次。

未来信息化条件下联合作战,信息的获取手段多种多样,战场态势趋于透明。但由于敌方的伪装、隐身、保密和隐真示假、佯动等欺骗手段,战场复杂电磁环境的干扰,侦察探测器材技术性能的限制,以及人的生理心理因素的影响等,如果仅靠少量的信息获取手段来获取信息,所获取的信息的可靠性将很难得到保证。必须使用多源侦察探测手段进行侦察探测,并通过信息融合技术获取准确信息。因此,可根据信息侦察探测手段的多少来反映决策信息内容的可靠性。具体如下:

$$P_{可靠} = \beta \times \sum_{i=1}^{n} \frac{r_i \times n_i}{n} \quad (5-3)$$

式中:$P_{可靠}$ 为所获得的装备指挥决策信息的可靠性指数;r_i 为具有 i 种侦察探测手段的情况下,信息的可靠性系数,其大小取决于侦察探测手段的多少,其取值范围是 $0 < r < 1$;n_i 表示具有 i 种侦察探测手段的信息的种类;β 为影响系数,包括技术、人员心理、生理因素,装备设备的技术水平等。

(四) 信息内容的时效性指标

信息的时效性是指信息从产生、发出、接收到利用的时间间隔及其效率。对装备指挥决策信息的时间要求是指提供的决策相关信息要及时、迅速、灵敏地反映作战及装备保障活动的最新发展和态势。装备指挥决策信息的价值和作用体现在一定的时空范围内,它不仅取决于信息内容本身,还取决于该信息是否能够被装备指挥员及其指挥机构及时获取。装备指挥决策信息只有在得到及时利用的情况下才会有理想的使用价值。

度量决策信息的时效性,可以采取定性分析和定量计算相结合的方法。

一是定性评判。即从装备指挥员的角度判断其是否达到信息时效性要求。通常以能否保证装备指挥员及时定下决心,或在装备保障过程中及时修定决心,并迅速下达装备保障指令为评判标准。由于装备指挥员对信息需要的时间很难把握,所以就根据信息提供的时间是否满足了装备指挥决策活动的需要来进行定性判断。满足了装备指挥决策活动的需要,则信息的时效性为1,否则为0。

二是定量评判。计算装备指挥决策信息时效性,必须首先明确以下几个时间界限:$T_{接收}$——从发现问题到装备指挥员接收到情报的时间;$T_{决心}$——收到情报后,从论证、拟定方案到定下决心为止的时间;$T_{指令}$——从决心被批准后到下达指令的时间。

显然,完成装备指挥决策任务的总时间为

$$T_{任务} = T_{接收} + T_{决心} + T_{指令}$$

如果时间 $T_{任务} \leqslant T_{临界}$,则信息的时效性将获得可靠保障。这里,临界时间 $T_{临界}$ 是根据作战力量与装备保障力量的部署和敌人的行动确定的。

基于这一条件,可获得信息时效性概率微分方程式,即

$$\frac{\mathrm{d}P_{时效性}(t)}{\mathrm{d}t} = -\gamma P_{时效性}(t) \tag{5-4}$$

式中:γ 为决策信息时效性的减弱系数,其与临界时间成反比,即

$$\gamma = \frac{1}{T_{临界}}$$

设初始条件为:$t=0$ 时,$P_{时效性}(t)=1$,即作战开始时,决策信息的时效性能够得到可靠保障,则解方程(5-4)可得任意时刻决策信息的时效性概率为

$$P_{时效性}(t) = \mathrm{e}^{-\frac{t}{T_{临界}}} \tag{5-5}$$

可见,随着时间的增加,信息的时效性将急剧降低。为了以不小于 0.8~0.9 的概率来保障信息的时效性,必须要求对情况变化所做出的时效性反应时间,要比临界时间 $T_{临界}$ 少 5~10 倍,这就是必须以信息平台为依托

构建信息控制系统的根本原因。

（五）信息质量的综合指标

装备指挥决策信息全面性、精确性、可靠性和时效性是反映信息质量的四个不同侧面，缺一不可，且相互依存、相互支撑。信息全面性是装备指挥决策正确与否的一个首要问题，同时，决策信息的全面性与精确性是以信息的可靠性为前提的，而装备指挥决策信息只有在得到及时利用的情况下才会有理想的使用价值。[①]

如果用面积 S 表示决策信息的质量，则其在这四个不同侧面的投影分别为 S_1、S_2、S_3、S_4，那么，它们之间的关系为

$$S = S_1 \cap S_2 \cap S_3 \cap S_4$$

因此，装备指挥决策信息质量的综合指标可用下式表示：

$$P = \sqrt[4]{P_{全面} \times P_{精确} \times P_{可靠} \times P_{时效}} \qquad (5-6)$$

可得当信息出现偏差时，其偏差可用 ΔP 表示，其计算公式为

$$\Delta P = 1 - P = 1 - \sqrt[4]{P_{全面} \times P_{精确} \times P_{可靠} \times P_{时效}} \qquad (5-7)$$

二、信息流动控制的目标

装备指挥决策信息流动是装备指挥决策相关信息的运动状态及过程，主要涉及信息流向、信息流量、信息流速、流动稳定性、信息被接收率等指标。

（一）信息流向指标

信息的流向是以装备指挥员的信息需求指令为依据的，未来信息化条件下联合作战装备指挥决策，将依托网络互联的指挥信息系统，异地、同步、交互进行，要求装备指挥决策信息实现纵向传输与横向共享并存。要以指挥信息在各机构间的等量、同步共享为目标，即改变指挥信息传统的单向流动形式，使装备指挥决策信息不仅按纵向上的指挥层级关系"上传下达"，而且按横向上网状的指挥节点关系"分流共享"。

（二）信息流量指标

随着装备指挥信息化水平的提高，军事传感技术和通信技术广泛应用，

---

①　王勇平．指挥信息控制概论［M］．国防大学出版社，2009：123．

大量信息的获取和传输造成信息泛滥,如何对这些信息进行整理归类、分析筛选、去伪存真、综合推断和决策处置,成为摆在装备指挥员及其辅助人员面前的一大难题。为了提高对装备指挥决策信息资源的利用率,既避免信息量的不足,又防范信息网络的壅塞,必须对信息的流量采取相应的控制措施。信息的流量包含如下两个指标:[①]

一是信息量。信息是可以量度的,对信息的量度可以用信息量来表示,即一条信息能消除多少人们对一些事物的不确定性认识,继而可用熵来具体度量信息量的大小,这是信息论中对信息的度量方法。一条信息,如果它发生的概率或可能性越小,那么它消除人们对事物不确定认识的程度就越高,其所包含的信息量就越大。如果一条信息是一个必然事件,即这条信息人们在获悉之前就已经知道了,那么它的信息量就为零。反之,如果一条信息人们在接触之前对其一无所知,那么其携带的信息量就为最大。一条信息的信息量与该信息发生的概率成反比。现代信息的概念是运用概率的工程定义来建立的,假设在一个通信系统中,信息源可能发生的信息为 m_1、m_2、m_3、…、m_k、…、m_n,相应的每条信息出现的概率分别为 p_1、p_2、p_3、…、p_k、…、p_n($1 \leqslant k \leqslant n$,$p_1 + p_2 + \cdots + p_n = 1$),当通信系统所选送的信息发生概率为 p_k 趋于 1 时,其所携带的信息量 $I(m_k)$ 趋向于 0,即所传送的信息是必然事件,这时不携带任何信息量。可见,信息量 $I(m_k)$ 为非负值。并且当通信息通发端传送两个统计独立的信息 m_1 和 m_2 时,在接收端准确识别时,其所携带的信息量具有以下四个特点:

A:$p_1 < p_2$ 时,$I(m_1) > I(m_2)$;

B:$p_k \to 1$ 时,$I(m_k) \to 0$;

C:$0 \leqslant p_k \leqslant 1$,且 $I(m_k) \geqslant 0$;

D:$I(m_1, m_2) = I(m_1) + I(m_2)$。

根据上述关系式,可将信息量表示为

$$I(m_k) = \log_a \left(\frac{1}{p_k} \right) = -\log_a p_k \qquad (5-8)$$

二是信息的传输容量。在现实生活中,信息是依附于多种具体的形式

---

① 戚世权,梅军,等. 论制信息权[M]. 军事科学出版社,2001:117-120.

或载体来存在和传输的,例如数据、文字、声音、图形、图像以及各种数据等。这些形式或载体都是客观存在的,需占用或依赖一定的信息空间,因而信息本身也必须占有一定的信息空间,对信息空间容量度量的目的就是判定信息空间所能容纳信息的多少。对信息空间信息容量的度量通常分为信息的存储容量和信息的传输容量两个方面。由于信息的传输容量对信息流动具有决定性影响,因此,这里重点研究信息的传输容量指标。

信源输出的信息总是要通过信道传送给接收端的收信者,因此在信息论中信息传输容量用信道容量来表示,它描述的是信道传输信息的能力。信道容量是指单位时间内信息传输信道所能传输的最大信息量(比特数),单位为 bit/s,简写为 b/s。模拟信道和数字信道是现代信息系统中两种主要的信道,可从参量和容量两个方面对其进行描述。

一是模拟信道的参量与传输容量。模拟信道的三个基本参量:带宽(F),无线信道的带宽主要由收发信机的带宽和收发天线的带宽决定,有线信道的带宽主要由导体的结构和线路放大器以及其他传输网络的带宽决定;可用时间(T),指设备可用时间的长短,一般与通信设备的故障率有关,在短波信道中还与电离层的状态密切相关;最大容许功率范围(H),可分为平均功率和峰值功率两种。

模拟信道的传输容量:

理论分析证明,在白噪声干扰条件下,带宽为 F 的模拟信道的容量为

$$C = F \times \log_2 \left(1 + \frac{P}{FN} \right) \qquad (5-9)$$

式中:P 是模拟信号的功率;N 是白噪声功率。

二是数字信道的参量与传输容量。数字信道的三个基本参量:码元率(I_e),它相当于模拟信道的带宽,只是称谓不同而已。指数字信道在每秒钟内能够传送的最大码元数目;差错率(P_e),表示由于干扰的作用码元被传错的程度,具体还可分为码元差错率、比特差错率、码组差错率三种;可靠性,传输系统的可靠性常用可靠度(P_r)与中断率($\varepsilon, \varepsilon = 1 - P_r$)来衡量。

数字信道的传输容量:一般来说,信道容量与信道参量有密切的关系。数字信道的情况比较复杂,这里只分析一个典型的例子(等概、对称的二元信道)以见一斑。理论分析证明,如果信道的带宽为 F,那么它能够传输的最大码元率为每秒 $2F$ 个码元,由此可得等概、对称的二元信道容量为

$$C = 1 - P_e \log_2 \frac{P_e}{1/2} - (1 - P_e) \log_2 \frac{1 - P_e}{1/2} \qquad (5-10)$$

（三）信息流速指标

信息在信息空间中生成、传输、接收、处理都需要一定速度,好的信息系统能使信息活动的速率更快,信息活动的速率通常包括信息生成、信息传输、信息接收和信息处理速率等,信息流动速率是衡量信息系统性能优劣的一项重要指标,也是信息控制的一项主要内容。前面所讲的信道容量即可理解为信道中的最大信息传输速率,如果实际的信息传输速率小于信道容量,就会使信道出现空闲,造成浪费,使信道的有效性降低;反之,实际的信息传输速率大于信道容量,就会使信道溢出,造成信息失真或丢失,使通信的可靠性降低。现以离散信息源为例对信息的速率进行研究。①

假设信源随机选送 S_i 码元,接收端准确识别后就收到 $I(S_i)$ 信息。在通信中要考虑信源发出多少信息量,信道传送多少信息量,而不是某个特定消息的信息量,因此有必要先讨论平均信息量。设离散信息源有 M 个码元 S_1、S_2、S_3、…、S_m,它们组成的输出序列前后码元之间相互统计独立。p_1、p_2、p_3、…、p_m 分别为 M 个码元出现的概率。现在来分析信源发出一串 N 个 $(N > M)$ 码元组成的消息。其中,码元 S_1 发生 $p_1 N$ 次,码元 S_2 发生 $p_2 N$ 次,码元 S_i 发生 $p_i N$ 次。因此,信源发出 N 码元的总的信息量 I_N 就是每个码元信息量之和。可以表示为

$$I_N = \sum_{i=1}^{M} N p_i \log_2 \frac{1}{p_i} \qquad (5-11)$$

则平均信息量为

$$H = \frac{I_N}{N} = \sum_{i=1}^{M} p_i \log_2 \frac{1}{p_i} \qquad (5-12)$$

如果信源 M 个码元的概率都相等,即

$$p_1 = p_2 = \cdots = p_m = \frac{1}{M}$$

则平均信息量为最大,即

$$H_{\max} = \log_2 M$$

---

① 戚世权,梅军,等. 论制信息权[M]. 军事科学出版社,2001:120-121.

如果离散信息源输出码元的速率用 r_s 表示,则信源输出的平均信息速率为

$$R = r_s \cdot H = -r_s \sum_{i=1}^{M} p_i \log_2 p_i \qquad (5-13)$$

信源的最大信息输出速率为

$$R_{\max} = r_s \cdot H_{\max} = r_s \log_2 M \qquad (5-14)$$

(四) 信息流动稳定性指标

信息空间的稳定程度直接决定着信息传输的可靠性以及信息传输的差错率,在信息运行的各个子空间内均存在着影响信息空间稳定性和制约信息传输可靠性的因素。同时,不同的信息传输方式(模拟信息、数字信息),不同的传输媒质(导线、自由空间、电离层等),种类繁多的调制与解调样式,不同的编、译码,加、解密及压缩与解压缩方式,不同体制的发射与接收系统等,在影响信息空间的稳定性方面都存在着很大的差异。信息空间的稳定性和可靠性最终要在信息系统的接收端通过对信息的接收得以体现,所以讨论信息空间的稳定性必然离不开对信息传输质量的评定。

一是连续信道的稳定性指标。在传输连续信息的模拟通信系统中,对信息传输质量的评定指标通常有三种,即输出信噪比、载噪比和优值。

(1) 输出信噪比,它是收到的信息的保真度的度量,可将其表示为

$$(SNR)_{输出} = \frac{P_{出端信号}}{P_{出端噪声}} \qquad (5-15)$$

式中: $(SNR)_{输出}$ 为输出信噪比; $P_{出端信号}$ 为接收机输出端的信号平均功率; $P_{出端噪声}$ 为接收机输出端的噪声平均功率。

(2) 载噪比,它对同样条件下比较各种不同的调制与解调装置的输出信噪比具有很大意义,同样条件即是载噪比相同,可将其表示为

$$(SNR)_{载} = \frac{P_{入端信号}}{P_{入端噪声}} \qquad (5-16)$$

式中: $(SNR)_{载}$ 为载信噪比; $P_{入端信号}$ 为接收机输入端的信号平均功率; $P_{入端噪声}$ 为接收机输入端信息宽带内的噪声平均功率。

(3) 优值,载噪比相同的条件下,输出信噪比越大,则表明这种调制解调形式越好。所以可将其优值表示如下:

$$优值 = \frac{(SNR)_{输出}}{(SNR)_{载}} \qquad (5-17)$$

二是离散信道的稳定性指标。在传输离散信息的数字通信系统中,对通信质量的评定主要有两种方式:误码率($P_{误码}$)和误信率($P_{误信}$)。

(4)误码率($P_{误码}$)。即码元差错率,是单位时间内传输的错误信息码元数目与全部信息码元数目之比,可用下式表示:

$$P_{误码} = \frac{错误码元数目}{全部码元数目} \qquad (5-18)$$

(5)误信率($P_{误信}$)。即比特差错率,是单位时间内传输的错误信息比特数目与全部信息比特数目之比,可用下式表示:

$$P_{误信} = \frac{错误比特数目}{全部比特数目} \qquad (5-19)$$

(五)信息接收率指标

指挥信息接收率指标,是指各级装备指挥机构接收到的信息种类(或数量)与应该接收到的信息种类(或数量)的比率,是反映装备指挥人员信息接收程度的综合值。实现装备指挥决策信息的高效接收,是信息流动控制的主要目的。因此,应将信息的接收率作为信息控制的一项重要指标。由装备指挥决策信息流动机理可知,信息的流动是有一定范围的,它只局限于装备指挥信息系统的用户群体,且由于装备指挥人员及决策活动的差异,信息的流动是按需分配的,其只能在一定的范围内和方向上进行传输。这就需要确保装备指挥人员能够准确、及时地接收到所需的信息。

装备指挥决策信息接收率可表示为各级装备指挥机构接收到的信息种类(或数量)与其所需要信息的总的种类(或数量)之比,计算公式如下:

$$P_{接收} = \phi \times \left(\frac{实际接收到的信息数量}{所需信息数量} \right) \qquad (5-20)$$

式中:ϕ 为装备指挥人员对接收到的信息的满意度。

第三节　装备指挥决策信息控制程序

为了满足装备指挥决策对信息控制的需求,实现信息利用率的最大化,信息控制的程序主要包括信息状态分析、纠偏调控设计、下达调控指令和实时追踪反馈四个步骤。

一、信息状态分析

信息状态分析,是将装备指挥决策信息的内容、流量、流向的现实状态,与决策或计划所假想的理想状态,以及所预测的未来状态进行对此分析,并据此决定是否进行调控。状态分析是装备指挥决策信息控制的首要任务。其实施过程如下:

(一) 信息内容状态的分析判断

根据装备指挥决策信息内容控制的目标,应重点对装备指挥决策信息内容的全面性、精确性、可靠性和时效性进行分析,并找出其存在的偏差。[①]

第一,信息内容的全面性分析。对装备指挥决策信息全面性进行分析,应主要从以下几点入手。一是侦察探测力量能不能够满足装备指挥决策需要,按要求完成信息搜集任务能力如何;二是信息搜集任务是否明确,完成任务情况如何,有没有漏掉的侦察探测目标,或没有按要求完成侦察探测任务;三是信息资源利用情况,是否采取多种途径、手段对已获得的信息进行融合。

第二,信息内容的精确性分析。装备指挥决策信息的精确性情况,很大程度上取决于以下几个方面:一是信息探测手段的精确性是否满足装备指挥决策要求;二是装备指挥员的信息需求指令是否表达明确、范围合理;三是信息控制人员是否准确理解装备指挥员的信息需求指令;四是所获取的信息质量、数量、类型是否满足决策要求。

第三,信息内容的可靠性分析。对装备指挥决策信息可靠性进行分析,应主要从以下几点入手。一是侦察探测手段种类、性能、使用方法及其数量、质量。二是信息来源,即信息搜集技术手段和渠道的可靠性。三是信息的可信性。由于侦察探测装备技术性能的有限性,以及敌方可能采取的各种干扰、欺骗手段,任何一种侦察探测手段都不能保证所获得的信息是完全可信的。

第四,信息内容的时效性分析。对信息内容时效性进行分析,主要是搞清楚敌方指挥活动和部队活动情况,了解敌方是否先于我方了解和掌握了情况;我方作战时节的划分,是否在作战行动前获得了所需要的指挥信息;

---

① 王勇平. 指挥信息控制概论[M]. 国防大学出版社,2009;120-122.

我方作战力量的作战能力；战场目标的物理和属性特征，及战场目标、战场环境的运动变化一般规律和特点等。

（二）信息流动状态的分析判断

对装备指挥决策信息的流动状态进行分析，应重点从信息的传输范围、信息的传输种类或数量、信息的传输时间、信息系统运行情况等几个方面入手。

第一，信息传输的范围分析。装备指挥决策信息的传输范围根据装备指挥体制编制，一般包括上级装备指挥机构、本级装备指挥机关和下级装备指挥机构，以及协同和配属、加强装备保障力量等不同层次装备指挥单元。未来信息化条件下联合作战，参战力量多元，使得装备指挥决策信息传输呈现出对象多、范围大的鲜明特点，了解了装备指挥决策信息传输的范围，就明确了信息传输的对象，也就了解了信息的传输方向。

第二，信息的传输种类或数量。各级装备指挥机构接收的信息种类（或数量）主要有：一是需要上级保障的信息种类（或数量）。主要指本级难以直接获取，需经上级指挥机构加工、处理后才能传递给下级指挥机构的信息。二是需要本级自行保障的信息种类（或数量）。指依靠自身的侦察力量所获取的信息。三是需要协同、配合及支援部队通报的信息种类（或数量）。主要是作战任务完成情况、需要支援和保障情况等。四是需要友邻支援的信息种类（或数量）。主要是友邻的当面敌情和作战任务完成情况，需要支援和保障情况等。五是通过各种数据库查询的信息种类（或数量）。主要是作战地区地形地貌、水文、气象和社情、敌我双方兵力兵器技战术性能等信息。

第三，信息的传输时间。了解信息传输时间应从两个方面入手：一是信息传输的起始时间。如什么时间开始上报我方装备保障准备情况、什么时间开始下达装备保障命令和计划、什么时间开始上报装备保障任务完成情况等。二是信息传输的终止时间。如什么时间要上报决心方案、什么时间上报装备保障计划等。

第四，信息系统运行情况。了解装备指挥信息系统的运行情况，不仅要了解战场信息传输系统构成要素全不全，还要了解各种战场信息传输网络的完善程度和网络之间链接程度，以及信息传输自动化实现程度等。目前，我军装备指挥信息系统建设仍存在着总体发展不够平衡、基础设施还不够完善、信息平台和数据链相对落后、一体化程度不够高、安全保密存在隐患等问题。

二、纠偏调控设计

纠偏调控的内容有信息内容的调控、信息流向和流量的调控。信息出现的偏差分为正偏差和负偏差两种。正偏差是指信息的现实状态好于理想状态,而负偏差则相反。对于负偏差,由于它影响了下一阶段的行动,可以通过下达调控指令加以修正,使其向正常的状态靠近,缩小偏差。而对于正偏差,有时可以采取激励的方法,加大这种偏差,以利于更好地实现目标,而有时则要着眼于全局的需要,采取调控措施,缩小偏差。调控是阶段性的,通常应根据决策过程,将信息控制活动区分为若干个关节点,或按时间分成若干阶段,并按关节点或时间阶段进行调控。

(一)装备指挥决策信息调控的时机

第一,信息内容调控的时机。装备指挥决策信息内容出现偏差采取调控的时机主要有三类。一是出现正反馈现象时。主要是信息质量虽已达到信息控制目标,但当距离更高标准还有一定的差距时,即装备指挥人员所得到的相关信息基本能够满足装备指挥决策需要。在时间比较充足时,装备指挥机关仍然要向装备指挥员建议,要求信息控制人员继续做好某些信息的搜集工作,对一些不详实的信息做进一步的判读,并及时搜集一些新的信息,进一步提高信息质量。二是出现负反馈现象时。信息质量没有达到装备指挥决策信息控制的目标,但是信息质量距离合格标准的差距并不大时,在时间比较充足的情况下,装备指挥机关应建议装备指挥员,对信息内容采取纠偏调控措施,直至达到信息内容控制标准。三是装备指挥决策信息内容偏差很大,即装备指挥人员所得到的相关信息难以满足装备指挥决策的需要,并且信息控制人员判断本级或下级部队已经没有能力完成信息保障任务时,就要将情况上报上级指挥机关,请求上级指挥机关的帮助,或请求友邻部队的支援。

第二,信息流动调控的时机。当装备指挥决策信息流动出现偏差时,采取调控的时机有三种情况。一是出现正反馈现象时。主要是信息的时效虽已到信息流动控制的目标,但是其时效距离更高标准还有一定的差距,并且各种相关的物质条件比较充足或在时间不紧张情况下,装备指挥机关仍可向装备指挥员建议,要求相关部门做好通信网络、信息传输自动化设备的

补充、调整等各项完善工作。二是出现负反馈现象时。信息时效没有达到
信息流动控制的目标,但指挥信息运行时效距离控制目标标准的差距并不
大时,在时间比较充足的情况下,装备指挥机关应建议装备指挥员,对信息
的流动采取纠偏调控措施,直至达到信息流动控制的标准。三是信息流动
状态偏差很大时。这时本级通信网络建设、通信手段用和技术手段应用根
本满足不了装备指挥决策需要,各种信息传输自动化设备落后或者根本就
没有。在这种情况下,本级装备指挥机构没有能力完成对信息流动状态的
调整任务,就要将情况报告上级装备指挥机构相关部门。

(二)装备指挥决策信息控制的方法

装备指挥决策信息控制的方法主要有目标控制、计划控制和随机控制
三种。[①]

一是目标控制。目标控制是以任务为指标进行的控制,是对行为结果
的控制。其特点是用一种目标状态引导信息控制行为,并最终消除现实状
态与目标状态之间的差距,从而实现信息控制的目标。首先,装备指挥员确
定信息控制的目标。装备指挥员及其指挥机关依据决策和计划,制定关于
信息控制的一系列子目标。其次,将目标指令下达给信息控制人员,除此之
外不再附加条件,由信息控制人员自己选择具体控制的方式。再次,对信息
运行情况及信息控制人员的行为进行监督,接收各种反馈信息,并对信息所
处的状态与预期状态进行对比,找出信息的偏差,分析问题所在。

目标控制的优点是具有很强的灵活性,信息控制人员可以在上级总的
意图下,充分地发挥自己的主观能动性,自主地选择信息控制措施。其不足
是装备指挥员不容易对信息控制人员的行为进行实时调整,尤其是不便于
组织各信息控制人员之间的协同行动。

二是计划控制。计划控制是以计划为依据进行的控制,其特点是用实
现信息控制目标的步骤来约束信息控制人员的行动。从控制的角度来说,
一项计划要能实现控制作用,必须符合如下几点要求:具有明确的目的和任
务;具有可行性;具有适当的控制措施;计划所做的预测比较准确,比较符合
情况的发展变化。计划控制的第一步是下达计划,明确信息控制标准。信
息控制人员接到计划之后,要进一步细化计划,并按计划实施信息控制活

① 杨世松. 军事信息能力论[M]. 军事科学出版社,2007:89-92.

动;而装备指挥员也可以从计划之中提炼出各项控制的标准。第二步,通过监督和反馈,掌握信息状态和信息控制人员的行为,并将其所处的状态与预期状态相对比,找出偏差。第三步,根据偏差的大小及其对尔后行动的影响,下达调控指令,纠正偏差。

计划控制具有以下两个优点。首先是任务要求明确。在制定计划时,装备指挥员就充分估计了计划在执行过程中可能遇到的困难,做了多手准备,信息控制人员在执行计划时,不仅了解最终目标,而且了解一系列中间目标。其次是对通信联络的要求不高。尽管在计划控制过程中,信息控制人员要不断反馈情况,以便装备指挥员进行调控。但是,当通信联络中断时,信息控制人员仍可以接受原计划的控制。计划控制的弱点主要是抗干扰能力差。当遇到某些偶发事件干扰时,计划有可能被打乱,从而使计划控制失效。而重新制定计划、建立新的计划控制极其复杂,甚至根本没有足够的时间来做。

三是随机控制。所谓随机控制法,是指根据战场上的新情况和信息所处的状态,临时下达一系列指令,并以此指令来指挥信息控制人员进行信息控制的方法。这一方法的运用比较简单,装备指挥员没有或不依一个既定的计划,而是根据临时出现的情况进行分析判断,下达控制指令。

随机控制的优点是:控制周期短,反应速度快,特别是战场情况发生突变,原来的计划不能继续使用,时间紧迫,难以制定新的计划,需要以临时的指令进行信息控制时,这一方法能够起到较好的控制作用。运用这一方法,要求装备指挥员必须具有快速的反应能力和组织指挥能力。

三、下达调控指令

调控指令来源于装备指挥员的决心或计划,决心或计划通过命令下达的形式生效。在信息控制过程中,装备指挥员通过调控指令将决策和计划中的有关信息控制的内容传达给装备指挥机关。为了保证装备指挥机关准确、及时地接收到调控指令,装备指挥员下达调控指令必须做到快速、简明、准确。快速,是为了把更多的时间留给下级,同时也是为尔后的调控创造条件;简明,即对调控指令不能有两种理解,不需要解释,不能有空话、废话,在保证装备指挥机关正确理解的前提下,能简则简,能略则略;准确,即准确地反映装备指挥员的决策和计划,用词准确,记述无误,并严格防止传递中各个环节的操作差错。

四、实时追踪反馈

追踪反馈即施控主体对调控指令的实施情况进行追踪,实时获取反馈信息,及时发现问题,并解决问题的活动。实时追踪反馈需重点做好以下工作。一是检查、监督。其目的在于使装备指挥员直接了解信息控制活动的进展情况。二是装备指挥机关的主动报告。装备指挥员既要要求装备指挥机关主动反馈信息控制的进展情况,又不能完全依赖这种反馈,还必须采用其他的反馈手段。三是实时监控。依靠监控系统对装备指挥机关信息控制活动进行实时监控,能使装备指挥员独立、客观、实时、准确、全面地掌握情况。追踪反馈作为下达调控指令的逆过程,有条件时可建立专门的信息传输渠道,否则将会与下达调控指令的过程发生矛盾,不能形成信息控制的回路。反馈应该是连续不间断的,它的任务是客观、全面、连续地反映信息控制活动。

第四节 装备指挥决策信息资源的管控

一、加强组织领导,形成集中统一的管控体制

加强装备指挥信息资源管控,必须建立起层次分明、自上而下、集中统一的信息资源管控体系。要在各级装备指挥机构内部设立相对独立的信息资源管控机构,并从职责上明确其在装备指挥决策过程中的权威性。一是战略级信息管控中心。以总参信息化部为基础,相关二级部、军兵种派代表参加组成。通过建立高效的战略级信息管控机构,实现对信息资源的有效控制。二是联合战役指挥部信息管控中心。为适应信息资源管控的需要,根据我军《联合战役纲要》的规定,在联合战役指挥部信息作战中心的基础上,以信息作战指挥员及其指挥机关为主体建立信息资源管控机构。三是作战集团指挥所信息管控中心。各级信息管控机构和人员负责本级装备指挥决策相关信息资源的全面控制与管理,并作为上下级装备指挥决策信息流通的中间环节而存在,各级信息资源管控机构应具有几种能力:第一,对本级系统信息资源进行战略规划的能力;第二,对本级信息资源进行组织、

处理的能力;第三,对本级计算机网络系统的技术维护和开发能力;第四,对各业务部门和保障部(分)队信息资源管理情况的监管能力;第五,为全体人员和业务机构提供信息检索和咨询的服务能力。要从职责上明确信息资源管理机构和人员在装备指挥决策过程中的权威性,明确其对装备指挥员进行装备指挥决策的信息支持作用,变装备指挥员完全依赖业务部门提供信息支持的单一渠道为业务部门与信息资源管理部门相结合的双渠道。

二、转变管控方式,提高信息资源的利用效率

在装备指挥决策信息资源管控方式的选择上,凡能够集中管控的,要尽量做到集中管控,以便把信息处理工作留给信息中心来做;在规划设计中要重视信息的分类分级管控,尽可能地回避一个局域网内出现两个以上相同服务内容的信息服务站点,这样,可以减少信息冗余和维护投入,也有利于对不同级别信息进行安全防护。为此,装备指挥决策信息资源管控方式要实现以下几个转变:一是依靠计算机网络技术变静态统计为动态、实时统计;二是变相关信息由各业务部门按业务系统多家逐级上报为各级信息资源管控机构统一核查和上报;三是变业务档案由各业务部门分散管理为信息资源管控机构统一收集和管理;四是在全军范围内对各类装备登记、统计资料按照装备类别、内容、格式进行统一和规范,对现行各类登记、统计表簿,进行全面清理,降低数量,提高质量,以全面适应装备指挥决策信息资源管控自动化、网络化的客观要求。

三、加快规范化建设,实现信息管控协调有序

为了保持信息管控过程的协调有序,必须加快信息管控的规范化建设。管控的规范化主要表现在控制程序规范、控制理论原则统一、控制的技术器材通用等方面。一是控制程序规范。控制活动由一系列工作组成,这些工作按时间的先后构成控制的程序。控制的程序可以通过科学的分析来加以规范。有了规范的控制程序,各级在控制活动之中就有了可以遵循的准则,从而减少随意性和盲目性,消除控制中的混乱,提高控制的灵敏度。二是控制的理论原则统一。理论原则反映和制约着思维方法,并体现在控制一般理论和自动化控制软件之中。理论原则不统一,不利于保持控制的整体性。理论原则的统一并不妨碍人们对原则的灵活运用,因为控制理论原则只是

对控制的宏观内容(如控制的程序、目的等方面)进行规范,没有对控制的细节进行约束。这些问题要由控制主体在遵循理论原则的基础上加以解决。三是控制的技术器材通用。高技术的发展使技术器材在控制中的作用越来越大。如果上下级之间、各军兵种之间的控制技术器材不通用,那么有效的控制将很难达成。技术器材远远不限于几件通信工具,而是涉及到情报探测、信息处理、信息传递等各个方面,涉及到整个信息系统的软件和硬件。

四、建设数据库系统,打牢信息管控数据基础

装备指挥决策信息资源具有可湮没性和可流失性,必须对其进行合理的存储和管理,才能保证其不断增长。装备指挥决策信息资源的存储和管理,主要通过建立装备指挥综合信息数据库、开发数据库管理系统和建立装备保障信息子数据库等方式来实施。为此,一要建立装备信息数据库系统,包括武器装备管理信息数据库、军用信息设施资源数据库、作战环境信息数据库和战场动态信息数据库、保障部(分)队信息数据库等。二要建立装备信息资源数据仓库,对仓库数据进行集成和动态更新,并开发案例数据仓库,多视角、多层次研究装备保障案例;开发决策模型仓库,如装备指挥决策模型、管理决策模型、军事专家系统等,并在此基础上,建立装备指挥决策系统、管理决策系统、建设决策系统、决策支持系统等,提高决策方案的生成速度和质量;开发相关民用信息资源数据仓库,将直接或间接可用于战争的资源信息纳入该库。三要实现数据库与数据仓库的超媒体链接,并以上述数据库、数据仓库为基础,开发能支持标准化的信息采集、处理、传输,便于维护和使用的装备信息资源管理系统,实现装备信息资源各库之间的超媒体链接,以利于装备指挥决策信息的实时共享。

第六章　装备指挥决策行为调控

第一节　装备指挥决策行为偏差的产生

装备指挥人员的决策认识与行为偏差,是指具有有限理性的装备指挥人员,在决策认识活动,以及外显的行为反应中所表现出来的偏离客观与理性的行为现象。在装备指挥决策过程中,一方面装备指挥人员的认识能力是有限的,有限的计算与记忆能力,使他只能有选择地对各种相关信息进行顺序处理;另一方面,紧迫的装备指挥决策任务需求又要求装备指挥人员必须在短时间内充分了解各种情况,并通过决策活动实现对装备保障行动的控制。为了折衷这两方面的条件,装备指挥人员就必须采用一些心理办法,以在有限的能力下去完成装备指挥决策任务。但这些心理办法也存在不足,即会造成决策认识与行为的偏差,这些偏差主要发生在信息活动和方案优选过程中。

一、信息活动过程产生的行为偏差

装备指挥决策认识过程可以看作是装备指挥人员大脑对信息进行处理的过程。因此,为了研究决策认识与行为的偏差,应先弄清人脑处理信息的过程。决策行为学者霍格思提出了一个"判断的理论模式",可较好地说明这一过程,如图 6 - 1 所示。[1]

可见,人脑处理信息的过程可划分为四个阶段,即信息的获取、处理、输出和反馈,每一个阶段都可能产生决策认识上的偏差。

(一)信息获取阶段的偏差

装备指挥人员所获得的装备指挥决策相关信息的主要来源,可以是人、机器、决策环境的具体事物等。信息的形式可以是符号,如文字、语言等;也

---

① 黄孟藩,王凤彬. 决策行为与决策心理[M]. 机械工业出版社,1995:246 - 271.

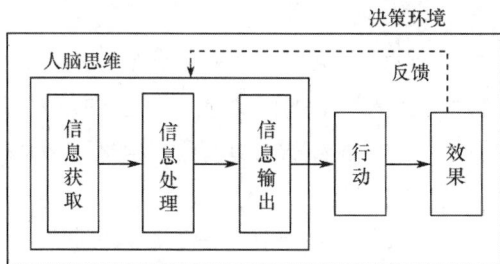

图6-1 装备指挥人员大脑处理信息的过程(霍格思的"判断的理论模式")

可以是信号,如图像、声响等。在生理和心理因素影响下,装备指挥人员所获取的信息只能是其所接触到的信息中的一部分,因此,信息获取阶段最大的问题就是应该突出关注哪些信息。这也是信息获取阶段产生偏差的关键环节。这方面常见的偏差主要有:

第一,与记忆有关的偏差。一是易记性偏差。人们在信息获取时,往往对容易回忆起来的事情更加关注、记忆犹新,认为其发生的可能性很大。二是易得性偏差。很多时候人们只是简单地根据对事件已有信息获得的难易程度来估计事件发生的可能性,因而产生认识偏差。三是有选择的感知。人们总是以他的过去经验来构造问题,因而从事不同领域工作的人往往会优先选择与本领域相关的信息,或者更愿意去寻求同其原有的观点相一致的信息,这种情况下从相同信息中得出的结论往往也是片面的。四是对具体事件或表象的依赖。由于具体的、表象的事件比抽象的、潜在的事件更容易给人以深刻印象,且更容易记住也容易回忆,因此,人的认识活动更容易受到具体事件或表面现象的影响。

第二,与决策问题相关的偏差。一是次序效应。如果相关信息排成一个序列而按次序到来,则有时会对排列在最前面的信息给以更多的关注,称为首因效应,有时会对排列在最后面的信息给以更多的关注,此称新近效应,两者通称次序效应。二是易得性偏差。有时某个问题的某一方面有资料而另一方面缺乏资料,此时决策者就容易从有资料的方面去判断问题。三是信息表达形式的影响。有时相关信息表现出似乎十分合乎逻辑而且似乎很全面,而实际上有一些重要内容被遗漏;有时信息中某些内容大量重复(多余信息),使决策者误信其为可靠性大;有时决策者会因信息太多(信息过荷),而感到无力去从中筛选出关键部分。这些情况都会导致决策认识的偏差。

此外,由于决策行为的精神特性,决策者是带着某种情绪和想法去指导信息获取活动的,因此,其情绪上的波动或思想上的某种偏激,都会导致其信息收集过程中的偏差,从而最终导致决策认识与行为的偏差。

(二) 信息处理阶段的偏差

这一阶段,装备指挥人员的主要任务是,将获取来的决策相关信息进行理解和加工,并与自己的意识相结合。信息的处理阶段的关键是方式、方法和规则的选择问题。由于个人生理和心理因素的影响,其往往采取简化等方式,来减少决策的复杂性,这种方法虽然有效,但有时也会产生偏差。这些偏差主要反映在信息简化、情绪和情感影响、对信息描述方式和对信息态度等方面。

第一,与心理状态相关的偏差。一是个人情绪的影响。好的心情使人偏向积极乐观的判断,而坏的心情会导致消极悲观的判断。二是环境造成的心理压力。由于时间压力、信息过荷、矛盾百出等原因导致问题的复杂性增大,会使决策者的信息处理过程产生混乱或粗枝大叶、马虎从事,结果出现偏误;社会压力或群体压力在组织决策中是经常存在的,例如决策群体中的多数派会不适当地影响少数派的判断;人处于危险境界从而产生惊恐情绪,他就很难冷静地去作判断。三是心理习惯的影响。如反应过度,人们对信息的理解和反应上出现非理性偏差,而对信息过分看重,导致的行为偏差;保守主义,对以前的观念或思想产生依赖,不愿意轻易改变,对新信息未给以足够重视;隔离效应,即使即将公布的信息对决策没有什么关系,但人们还是愿意等到消息公布以后再作决策。

第二,与方法有关的偏差。一是探试办法。如"习惯办法",用此法去选择方案时往往仅仅因为该方案过去用过而且基本满意,所以现在仍选用它;"有用法",此法的基本思想是认为只要有一个理由证明某种处理规则有用就可以接着用它,而不考虑它是否适用于当前情况;"最好猜测法",按此办法,人们把许多次要信息暂时抛开而只抓住最主要的信息,这样一来对其结果就"最好猜测"了。这些探试方法都有可能产生偏误。二是代表性方法。人们常常忽视先验概率,以小样本来推测大样本变化,以事物的某些特征来推测事物的变化,从而产生偏差。三是锚定与调整。对事物的判断,先设立一个容易获得的锚定值,然后以此为基准进行调整,从而形成的偏差。"第一印象"和"先入为主"都是锚定效应的反映。四是对非线性的推论认识不足。如,有许多事物是按指数律增长的,对此人们往往低估它的增长率,而作过于接近线性的增长估计。

第三,与信息本身有关的偏差。一是对信息描述方式的影响。由于对同一问题不同的描述方式而产生判断偏差。二是信息本身反映的情况一致性也对判断正误有较大影响。如果信息本身所反映的情况如同众口一词,十分一致,决策者往往认为按此判断不会出错,这就很可能要失误。

(三)信息输出中的偏差

在这一阶段,信息经过装备指挥人员的思维加工后输出。由于信息获取和处理阶段可能出现的偏差,以及人的思维的有限理性,这些信息必然会带有一定的主观因素,从而存在一定的偏差。主要体现在以下几个方面:

第一,心理上的错觉。一是"一厢情愿"或"如意算盘"的错觉,一旦人们喜欢一种结果,就会感觉事件发展会如自己所愿,结果会出现,所以在一些场合会对自身判断能力和未来表现乐观。二是过度自信。人们在编制计划或制定规划时,常常过于相信自己判断的正确性,从而表现出明显的过度自信特征。

第二,表述上的偏差。个人的表达能力是不同的,有时其对自己思想的表述并不清楚准确,从而出现信息输出上的偏差。

(四)信息反馈中的偏差

在装备指挥决策过程中,装备指挥人员需要获取方案实施效果的反馈信息,以加强或减弱其在决策行为中的某些判断和认识。这一阶段可能出现的偏差如下:

第一,消极心理引起的偏差。一是认知失调。个人面对的结果与心中的想法和判断不一致而产生的心理冲突。二是损失厌恶。人们心中趋利避害的心理是不平衡的,对"避害"的看重往往超过"趋利"。三是后悔厌恶。即为了避免后悔而做出的非理性行为选择。人们不但要为自己的错误决定承担损失,而且还要对此负责的一种自责心理,与损失相比,后悔更痛苦。四是自我归因。容易产生把成功归功于自己的能力和努力,以及把失败归咎于客观条件(运气不好)的错误认识。

第二,积极心理引起的偏差。一是后见之明。某个不确定事件结果出现以后,人们常常觉得很早就知道会这样,相信自己有先知先觉的能力。二是确认偏差。一旦人们形成先验信念,就会有意识地去寻找支持或者有利于证实自身观念的各种证据,有时还会人为地歪曲新的证据。三是自信偏差。对结果观察的不准确或不全面导致对个人判断得出不现实的置信度。如,因为只能看到(或主要看到)决策结果的优点或失误,而导致对自己的判断过分自信或缺乏信心。四是主观重组。由于未能观察到(或无法回忆起)结果的细节而在逻辑上对结果作不应有的重组。人们往往认为连贯性的材料才是符合事实从而是可信的。因此,当其未能记住结果细节而感到材料不连贯时,往往会主观武断地随意添加一些材料,以满足逻辑上的连贯性,结果就可能作出不正确的判断。

二、方案优选过程产生的行为偏差

对于装备指挥人员来说,其决策认识与行为总会受到预期与希望这两类因素的影响,其中,"预期"是指基于个人信念及经验而形成的认知模式,"希望"是指基于个人情感及欲求而产生的动机愿望。决策方案优选过程中,装备指挥人员心理上有意无意存在的预期和期望,会在主观判断上留下某种映射和导向,从而潜移默化地影响其对于方案的论证。这种情况下,对决策方案持积极意见的人往往会更多地看到方案存在的有利因素,而对决策方案持消极意见的人则更容易发现方案存在的不利因素。

在预期与期望的影响下,装备指挥决策方案优选阶段容易出现的认识与行为偏差主要有启发式偏差、情境依赖、框定偏差和系统偏差四种。以下着重介绍前三种偏差。

(一) 启发式偏差

人们在面对问题时,当遇到以下几种情况:没有时间认真思考某个问题;负载的信息过多,而无法充分地对其进行加工;手中的问题并不十分重要,以至于认为不必太费思量;缺乏做出决策所需的可靠的知识或信息时,人们将主要使用启发法解决问题。启发法是根据信念、经验和情感等因素的综合评价结果来作出判断的方法,由这种方法所引起的认识与行为偏差,即启发式偏差。[①]

第一,代表性偏差。Kahaneman、Slovic 和 Tversky 最早进行了这方面的

---

① 李广海. 基于有限理性的投资决策行为研究[D]. 天津大学,2007 年 5 月,第 76~77 页.

实验探索,研究发现人们在不确定性条件下,会关注一个事物与另一个事物的相似性,以推断第一个事物与第二个事物的类似之处①。人们假定将来的模式会与过去相似并寻求熟悉的模式来做判断,并且不考虑这种模式的原因或者模式重复的概率,认知心理学家将这种推理过程称为代表性启发。代表性启发法是思维在处理现实世界问题时所走的捷径,这在大多数时候是很有效的。人们运用代表性启发法判断问题时存在这样的认知倾向:喜欢把事物分为典型的几个类别,然后在对事件进行概率估计时,过分强调这种典型类别的重要性,而不顾有关其他潜在可能性的证据。这种偏差的一个后果是,当证据明明是随机的时候,人们仍然倾向于发现其中的规律,并对此感到自信。因此,代表性启发法往往产生严重的偏差,包括以下几点。一是对结果的先验概率的不敏感性。当给出有用的证据,先验概率会被很合理地使用;当给出没有价值的证据(噪声)时,先验概率就被忽视了。二是对样本量的不敏感性。人们通常会认为一个小样本将具有与大样本近似相同的概率分布。也就是说,在平均某事件发生的可能性时,人们常常过度依赖自己所感受到的其他事件的经验而不重视整体的情况,误以为小样本常常也适用大数法则。三是对偶然性的误解。通常认为,一个由随机过程产生的事件的结果代表了该过程的本质特征,但事实上在检验时,由于偶然性的存在,人们常常会把等概率事件误解为两种不同的可能性,也即是说本质上相同的两种决策情境,可能会因为偶然的两种不同的表现形式,而招致人们认识的不同,将两者隔离开来。四是合成谬误。人们经常通过选择最有代表输入的数据来进行预测,而对影响预测准确性的因素考虑很少或甚至不考虑。这样由于数据分析的片面性,可能产生导偏效应而不能反映决策的全面状况,从而导致过度悲观或过度乐观的极端预测结果。

第二,锚定效应。人们在判断和评估中,往往先将最容易获得的信息作为估计的初始值或基准值(称为"锚点"),目标值是以初始值为基础结合其他信息进行一定的上下调整而得出。一旦初始值被选定,即使获得了更多的信息,也不太愿意重新调整。即使调整,通常也是以最初的信息作为参照来调整对事件的估计,调整通常是不充分的,不同的初始点会产生不同的估

① Kahaneman D, Tversky A, Slovic P. Judgement under Uncertainty: Heuristics and Bias [M]. Cambridge, England: Cambridge University Press, 1982.

计,这就易于偏离其初始值。这种由于参考点的不同引起的暂时反应不足和决策偏差称为"锚定效应",锚定效应在复杂事件决策过程中尤其显著。

（二）情境依赖

一种刺激所产生的作用在很大程度上取决于人们当时所处的情境,个体对新的外来信息的感知并不是孤立的,而是依据事件当时发生的情境和过去获得经验去理解信息的分量和价值。这样,由于人们的经验不同,对发生的同样一件事件就会产生不同的看法。即使同一个人,在不同的情境下,对同样一件事情也会产生不同的看法。因此,装备指挥决策过程中,装备指挥人员不仅仅依赖于已有知识和记忆,决策环境、信息描述和表现的方式等也会影响到其对决策方案的认识与判断。由于情境的依赖性会导致人们产生许多认知偏差和行为,情境依赖的表现主要有以下几种效应。一是对比效应,是指人们对与当前情境对比明显的刺激会感觉强烈,而忽略与当前情境对比不明显的刺激。二是首因效应,也称为初始效应,是指在有些情况下顺序靠前的事件比顺序靠后的事件会对人们的认知产生更大的影响。首因效应并不是只对第一个出现的特征适用,排列靠前的第二、第三特征同样会出现首因效应。三是近因效应,是指在一些情况下最后出现的事件会比最先出现的事件影响更大。一般来说,对事件连贯的描述容易产生首因效应,对事件的分开延迟描述会产生近因效应。四是晕轮效应。是指对一个事物或人物的评价会受到其在人们心目中所形成的整体形象的影响。如果形成的印象好则评价趋于乐观,如果形成的印象不好则评价趋于悲观。

（三）框定偏差①

由于人们对事物的认识判断过程中存在着对背景的依赖,因而事物的表现形式会影响人们对事物本质的看法。这种现象称为"框定"。"框定依赖",是指个人会因为情境或问题表达的不同而对同一组选项表现出不同的偏好序列,从而做出不同的选择。框定依赖体现出人是有限理性的,同一个选择的不同表达方式可能会引导我们关注问题的不同方面,致使我们在寻找真实、潜在的偏好时犯错误。

由此导致的认知与判断的偏差就是"框定偏差"。框定偏差意味着人们的判断与决策依赖于决策问题的形式,本质相同而形式不同的问题往往会

---

① 李广海. 基于有限理性的投资决策行为研究[D]. 天津大学,2007:77-78.

导致人们做出不同的决策。损失厌恶、诱导效应和后悔厌恶等都是框定偏差的表现形式。

第二节 装备指挥决策行为偏差的纠正

一、避免认知偏差,形成对决策问题的正确认识

认知偏差在装备指挥决策行为中经常出现,倘若装备指挥人员不能在充满不确定性的决策环境中排除假象,去伪存真,就会形成错误的决策,导致装备指挥决策的失败。要避免认知偏差,一是要针对各种可能出现的认知偏差,采取一些针对性的措施,以不失误或减少失误的程度。如为了克服对信息的选择感知,装备指挥人员可以有意识地搜集一些对己不利的信息,多角度地掌握信息。二是要善于运用各种辅助手段,扩大感知器官的能力,对决策环境认识更准确。如借助先进的侦察器材、信息处理系统和现代决策方法,把各种信息知识综合起来,最大限度地预见和再现战场上各种态势,定性与定量相结合地对情报资料进行细致分析,克服冗余信息的干扰。三是要注意培养良好的认知品质,凡事冷静稳重、三思后行。为此,一方面要养成全面看问题的习惯,掌握认知偏差产生的规律,加强知觉与有关经验知识的对照;另一方面亲自实践检验,及时发现感知中的疑点和违背逻辑的现象,特别是一些容易被敌人利用和制造的假象。

二、打破思维定势,实现对决策问题的理性思考

思维定势是装备指挥人员最容易产生的一种心理偏差,对装备指挥人员决策行为产生极大的消极作用。装备指挥人员必须尽可能地克服思维定势,客观地、理性地思考问题。一是要打破习惯性思维的框框,发散性地思考问题。兵法中有"用兵贵变,胜不可一","贵"就贵在"变"字上。在解决问题时,思维方式要灵活,尽量从多角度、多层次、多方面去思考,不断探索创新。二是不断地学习新知识,丰富经验。心理学研究表明,思维定势是以原有的知识经验为基础的。知识越贫乏越容易产生消极思维定势。因此,装备指挥人员要摆脱消极思维定势的影响,就要积极地、多方面地增加知识,不断扩大知识面。三是以科学的思维方法对待已有的经验和知识。知

识和经验都是在一定条件、时间、场合下产生的,也要受到特定的条件、时间、地点的限制,不能教条地胡搬乱用。此外,知识和经验产生于实践,它也要在实践中不断地发展和完善,不能以"不变应万变",落后于战争形态的变化。

三、防止个人偏好,走出决策过程中的主观误区

个人偏好产生的一个重要原因是个人性格,因此,一要注意改变偏执的性格。偏执的性格形成后,只要正视它,承认它,并在实践中不断吸取教训,是可以在一定程度上改变的。加强知识的学习就是一项有效的措施,因为大脑中知识、经验越丰富,就越容易形成更广泛的、暂时的神经联系,从各种渠道得来的信息能打破过去的一孔之见和偏狭思想。二要理智地控制情感。情感活动既可以促进装备指挥人员对决策环境的正确认识,又可以对装备指挥人员的认识活动产生消极影响。因此,要以理智控制自己的消极情绪,不意气用事,避免移情现象。三要用发展的眼光看问题。"水无常形,兵无常势",瞬息万变的战场环境需要装备指挥人员不断地更新观念,在运动变化中作出决策。

第三节 决策支持系统对装备指挥决策行为的调控

指装备指挥人员在以计算机决策支持系统为代表的机器或工具辅助下的决策行为,就是人机结合装备指挥决策行为。它以"人"为中心,以"机"为辅助①。

一、决策支持系统对装备指挥人员心理的影响

马克思在论述劳动者、劳动对象和劳动资料在劳动过程中的关系时,就曾精辟地指出:"劳动者利用物的机械的、物理的和化学的属性,以便把这些物当做发挥力量的手段,依照自己的目的作用于其他物……这样,自然物本身就成为他的活动器官,他把这种器官加到他身体的器官上,不顾圣经的训

---

① 韩志明. 作战决策行为研究[D]. 国防大学出版社,2005:125.

诚,延长了他自然的肢体"①。因此,人机结合装备指挥决策的核心是人及人的外化,即不断满足人的体力与智力无限外化与延伸的需要。人机结合装备指挥决策行为仍然要受到人的心理活动的支配。人机结合决策中,装备指挥人员的心理活动将更加复杂,如图6-2所示。

可见,在信息的获取、处理和传输阶段,装备指挥决策支持系统首先通过传感器或人接收相关信息,并对其进行数据统计、分析计算、多媒体显示等处理。在意愿的支配下,装备指挥人员与决策支持系统进行交互,有选择地感知信息。决策支持系统的引入,大大扩展了装备指挥人员的信息感知能力,提高了信息的精确性、可靠性和实时性。在拟制备选方案阶段,决策支持系统应用现代决策科学及有关学科的理论和方法,把模型或分析技术的使用同传统的数据存储功能相结合,在模型库、知识库和数据库的支持下,通过定量计算、逻辑推理、分析归纳,得出一些数据或图表,提供可能的决策方案,为装备指挥人员作出正确的决策提供帮助。在方案优选阶段,决策支持系统的输出传递给装备指挥人员的理性分析判断系统,协助其对各备选方案进行分析判断和评估选择,同时决策支持系统产生的结果也控制着装备指挥人员的阀门,制约着其对某一方案的注意力强度。因此,决策支持系统对心理活动的影响主要体现在以下几点。

(一)装备指挥人员的创造力得到增强

决策支持系统把装备指挥人员从繁重琐杂的脑力劳动中解放出来,实现了其智力的无限延伸。尤其是随着人工智能、专家系统、神经网络等高新技术的发展和应用,使决策支持系统具有了模拟仿真、虚拟现实、方案评估与生成等功能,大大缩短了装备指挥人员的推理演绎思维过程,从而使其有更多的精力从事创造性的思维。

(二)装备指挥人员承受巨大心理压力

装备指挥决策效率的提高,最终还要取决于人的思维效率。决策支持系统快速、高效的工作方式和庞大的信息容量,在大大减轻装备指挥人员工作量的同时,也要求其必须心智敏捷、训练有素,要适应机器的快节奏。实际中,人在与决策支持系统长期的交互过程中,容易引发"计算机综合症",从而处于焦虑、苦恼、紧张、烦躁的状态。这与计算机的无生命、呆板不灵活

---

① 《马克思恩格斯选集》第1卷,人民出版社,1995年版.

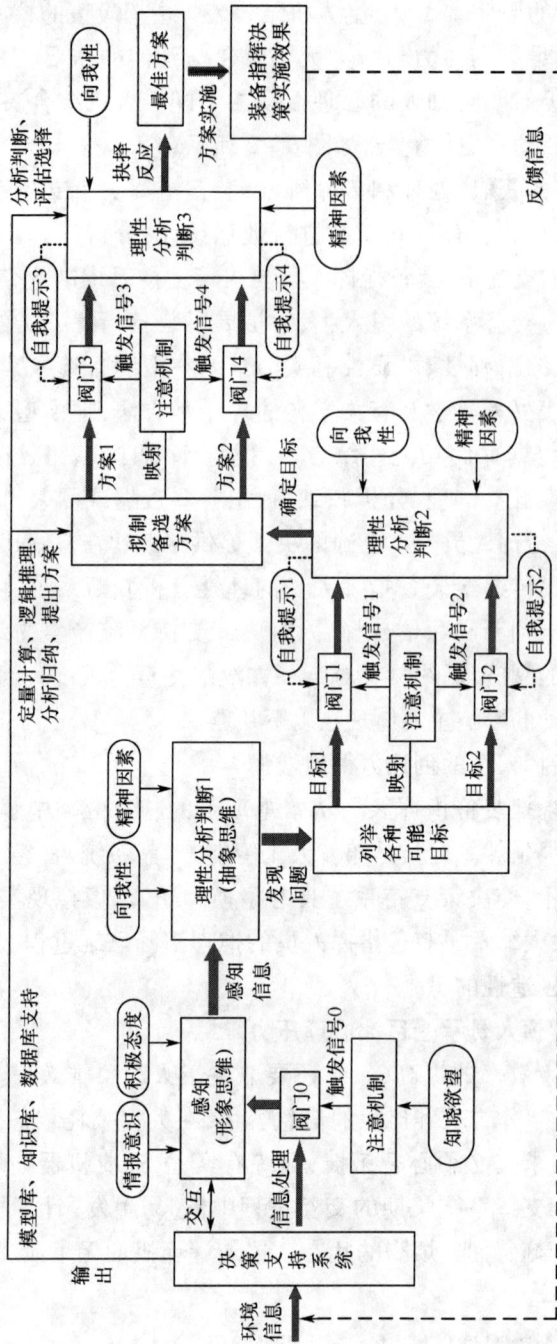

图6-2 人机结合装备指挥决策行为的心理活动

有很大关系。受其影响,装备指挥人员的情感更趋复杂,要承受的心理压力也更大。

(三) 装备指挥人员意志过程受到制约

决策支持系统可以辅助装备指挥人员快速获取战场信息、分析判断情况、拟定初步方案并最终定下决心,但前提是其输出的结果能够被装备指挥人员所接受,并转化为人的思维。这种转化是由装备指挥人员的意志决定的。随着决策支持系统在装备指挥决策活动中作用的增大,装备指挥人员的意志过程将受到越来越大的制约。一方面,装备指挥人员可能过分地相信决策支持系统输出的结果,产生依赖心理,意志惰化,受机器所左右;另一方面,装备指挥人员对决策支持系统的输出结果持怀疑态度,甚至排斥机器的作用,产生冲突心理,不能借助决策支持系统的力量果断决策。

二、决策支持系统对克服决策行为偏差的作用

如何克服决策行为中的行为偏差,不断提高决策的科学化水平,是决策发展史上一个根本性的问题①。信息化条件下联合作战的许多新特点,对装备指挥决策提出了新的更高的要求,装备指挥人员的生理、心理能力将受到更大挑战。传统的单纯靠扩大装备指挥机构规模或优化装备指挥机构结构的做法,最终必将造成装备指挥机构的臃肿庞大,从而更多地分散装备指挥人员有限的生理、心理能力,致使决策效能降低。这时,就需要求助于装备指挥决策手段的改革创新,决策支持系统的发展与应用就是其中的一个非常重要的方面。决策支持系统的发展与应用使人机结合决策成为可能并快速发展。在人机结合决策行为中,"人"侧重于非逻辑推理(运算),"机"侧重于逻辑推理(运算),从而使人的生理、心理因素所引起的行为偏差大大减少,甚至逐步消失。决策支持系统就如同"倍增器",成倍地提高了装备指挥决策的时效和质量。

(一) 快速的信息处理能力,有效克服了信息活动中的偏差

未来信息化条件下联合作战,信息量猛增、内容繁杂、变化频繁。面对潮水般涌来的"超负荷信息"与人脑信息处理能力有限之间的矛盾,装备指挥人员必须借助计算机等先进的决策工具,才能跟上战争的节奏。计算机

---

① 韩志明. 作战决策行为研究[D]. 国防大学出版社,2005:126.

在处理信息的速度、效率、容量、精度、可靠性方面比人脑要强得多,可有效克服信息获取、处理和传输中造成的偏差。

一是计算速度和精度迅速放大。面对需要实时收集与处理的大量信息,计算机不仅能代替人脑,而且在速度上成亿万倍地放大,在速度和精确度上达到人脑所不敢奢望的地步。在速度上,人脑加工信息的速度不超过50bit/s,而计算机最低为 7500 万 bit/s,它可以根据决策需要在几秒钟内准确无误地提供信息;在质量上,计算机加工信息的每条通道具有单一性,不受任何干扰,而人脑则受环境、心理情绪影响,容易产生认识上的偏差。

二是信息的系统性。计算机能提供较为系统的信息,根据装备指挥决策过程局部优化的要求,将信息分层筛选,并将筛选的信息按优劣次序整理,并能随时对其进行调用。同时按系统整体优化的准则,将不同层次的信息进行排列组合,形成一个优化的信息库系统。装备指挥人员可以借助信息库系统,获取相关资料,大大降低信息获取的难度。

三是信息处理的可靠性增强。人脑的信息加工过程,由于受自身条件和自然环境的制约,在可靠性方面存在一定的局限性。人不可能无休止地工作,一旦工作时间超过了人的极限,就会引进疲劳、衰竭,工作效率降低,也容易发生错误。另外,由于受情绪波动的影响,装备指挥人员在处理信息时也往往带有个人的偏好,有时甚至不能对信息作出客观的分析。而计算机则以它对信息加工处理的自动化、高速化和精确化等优点,保证了信息处理的可靠性。它能长时间的持续工作,无疲劳和衰减,在硬、软件不出错的情况下,能稳定地处理信息,准确无误地给装备指挥人员提供信息。

(二)强大的数据储存能力,弥补了装备指挥人员记忆的不足

人的记忆能力是有限的。据神经科学研究,人脑大约有 100 亿 ~ 140 亿个神经元,如果把每个神经元看做是一个类似于电子计算机中的记忆元件,它有兴奋与抑制两个状态,犹如计算机中的一个双稳态记忆单元,因而可用二进制单位 bit 来计算其存储的信息量。那么这么多神经元大约可以记忆 2^{100} 亿 bit 信息,这个容量要比现代最先进的计算机的存储容量大许多个数量级,因此人脑的记忆力应该算得上近于无限的了[①]。可是,如果考虑到下列两种情况,人脑的记忆力的有限性就十分明显了。

---

① 游伯龙,黄书德. 知人与决策[M]. 煤炭工业出版社,1987:23.

一是人脑存储信息的速度较慢,而且必须靠联想来记忆。计算机可以按它原来输入的形式完整地保存信息,并按既定方式检索信息,并不关心信息本身的含义。

二是人脑的 2^{100} 亿 bit 的信息存储量与装备指挥决策所需要的信息量相比仍差得很多。控制论学者艾什比(W. R. Ashby)提出一个重要的"必要变异度定律",认为受控对象有多少种变异的可能,控制主体至少也需要有对付这么多种变异的手段,否则就无法实现完全的控制[1]。假定决策对象有 n 个可变单元,每个单元至少有 2 种变异,那么这 n 个单元组合结果就至少有 2^n 种变异,按照必要变异度定律,装备指挥人员也得至少能想出 2^n 种不同手段来对付它,而且还得从这 2^n 种手段中选出一种最佳手段来,为此就得进行大约 $(2^n) \cdot 2^n$ 次选择,这就意味着要处理 2^{2n} bit 的信息。我们假定决策对象有 100 个可变单元的影响,那么就得处理 $(2^{100}) \times 2^{100} = 2^{200}$ bit 的信息,这已远远超过 2^{100} 亿 bit 的人脑记忆容量。实际上信息化条件下联合作战装备指挥决策所面临的可变单元经常超过 100 个。因此,装备指挥人员大脑的信息存储量是极其有限的。

计算机的数据库存储信息容量巨大,一台小型计算机至少可储存上千万条指令。更重要的是,计算机通过硬盘、软盘等物理记忆,能永久性地记住信息,这是人脑绝对办不到的。计算机强大的数据存储能力,能有效地弥补装备指挥人员记忆力有限的不足。

(三) 严密的逻辑推理能力,克服了装备指挥人员的主观随意性

虽然人脑的结构非常复杂,具有逻辑推理能力,但是,由于人脑对信息的序贯处理,它在绝大多数情况下是串行工作的,并行工作的能力十分有限。所以,与计算机相比在处理复杂的装备指挥决策问题上还存在很大差距。人脑的逻辑推理能力主要来源于其在推理中能将逻辑与非逻辑推理有机地结合起来,许多情况下都是按照非逻辑的规则进行的,如灵活地运用直觉、灵感和顿悟等思维形式。但是人脑思维过程中的非逻辑推理能力常常是建立在下意识基础上的"中断-选择"机制中。这种机制在大大提高人脑逻辑推理效率的同时,也容易引起逻辑推理过程中断甚至出现混乱,从而导致出现各种认识偏差,甚至得出错误结论。计算机硬、软件技术的发展,使

---

① [荷]盖叶尔,佐文. 社会控制论[M]. 华夏出版社,1989:67.

它具有严密的逻辑推理能力,而且明显优于人脑。只要计算机硬件完全可靠,软件中又没有任何逻辑错误,便一定会产生正确的逻辑推理结论,而且结果的稳定性也很高。

在实际装备指挥决策过程中,由于受到生理状态、精神状态和外界环境的影响,装备指挥人员的逻辑思维总是要受到一定因素的制约。特别是面对复杂的作战环境,其常常处于一种焦虑不安的状态,思考问题往往容易出现偏差。然而,计算机不会受外界主观因素的影响,稳定地加工处理信息,按固定的程序设计分析判断情况。所以,在计算机决策支持系统的辅助下,装备指挥人员能够在严格论证的基础上进行决策,而不是仅依靠以往的知识和经验,克服了装备指挥决策决策的主观随意性。

三、人机结合装备指挥决策行为的实现

人机结合装备指挥决策的目的是,科学处理决策支持系统与人的关系,通过合理分工与优化组合,充分发挥人与决策支持系统各自的特长,实现优势互补,最大限度地克服装备指挥人员的认识与行为偏差,切实提高装备指挥决策的科学化水平。

(一) 科学的人机关系

关于人机关系,钱学森有很多精辟的论述。如,"一切逻辑思维的东西都可以上电子计算机,都可以用电子计算机来代替人的劳动,现在电子计算机的最大作用就是如此。也就是说,它可以代替人的抽象思维,但不能创造科学技术。"[①]"……造出更聪明的计算机,叫计算机代替人的脑力劳动的更多一部分,人就能从脑力劳动中更多地解放出来。也许有人要问,机器能干的事越来越多了,那人还干什么?我想这不应该成为问题,人从比较简单的脑力劳动解放出来之后,人脑就去解决更难更高一级的题目,从而促使人脑向前发展。"[②]"在从定性到定量综合集成方法中,居于核心地位的仍然是人;要把人与计算机有机地结合起来,实行人机结合、以人为主的原则。"[③]钱学森的以上论述,对于理解人机结合装备指挥决策行为中的人机关系具有深远的指导意义。

---

① 钱学森. 关于思维科学[M]. 上海人民出版社,1986:134.
② 钱学森,等. 论系统工程[M]. 上海交通大学出版社,2007:231.
③ 赵光武. 思维科学研究[M]. 中国人民大学出版社,1999:505.

一方面,人机结合装备指挥决策行为仍然是以人为主。装备指挥决策活动的核心是装备指挥人员的创造性劳动,因此,装备指挥人员的主导地位没有改变。装备指挥决策过程中,决策支持系统只能代替装备指挥人员的脑力劳动的一部分而不是全部,从而使装备指挥人员有更多的精力去进行创造性和决定性的思维活动。

另一方面,以人为主并不否认决策支持系统的积极作用。决策支持系统可以大幅减少装备指挥人员的认识偏差,科学合理地运用它,对于提高装备指挥决策的科学性具有重要作用。装备指挥人员必须认清这一点,借助决策支持系统信息接收、处理能力强,运算快速而准确,不易疲劳和不受外界干扰等优点,把一些重复性、程序性的工作交给决策支持系统去完成,以便自己集中精力去完成更加复杂、更具创造性的工作。

（二）合理的人机分工

为了发挥装备指挥人员和决策支持系统各自的特长,实现优势互补,必须对其进行合理的分工。在进行人机分工时,必须综合考虑以下几个方面:

第一,要根据装备指挥决策问题的性质进行人机分工。决策科学根据决策问题的结构化程度,通常将其分为结构化问题、半结构化问题和非结构化问题三类。一般决策支持系统多用于解决结构化问题和半结构化问题,而非结构化问题只能由装备指挥人员来解决。虽然决策支持系统的应用主要是为了减少装备指挥人员的决策认识与行为偏差,辅助其科学高效地解决半结构化和非结构化决策问题,但是,决策支持系统的技术的发展现状,决定了其在辅助解决半结构化和非结构化决策问题时所起到的作用还是很有限的,还不能对其寄予太高的希望。

第二,人机分工并不是一成不变的,要根据所处决策环境的变化而改变。不同的决策环境对人机结合装备指挥决策行为的要求是不同的,应根据具体的要求对人机分工做相应的调整。如,有些决策对时间的要求很高,决策反应必须快速,人机分工时就必须充分考虑时间这一因素;有些决策问题可能有现成的解决办法,但对求解需要的数据、信息或知识要求较高,而系统又很难满足这些条件,那么在分工时只能偏向于装备指挥人员,依靠其直觉来解决这类问题。

第三,要根据装备指挥人员的素质动态进行人机分工。由于装备指挥人员的个人素质各异,其对决策支持系统的需求也是不同的。为此,一方面要充分考虑装备指挥人员的生理、心理和思维特点,在决策支持系统功能允许的范围内,尽量减轻其工作负担,充分发挥其主动性和创造性;另一方面,要积极引进先进技术,不断改进、升级决策支持系统的功能,使其更加"聪明",能够辅助装备指挥人员完成更多的任务。

在实际的装备指挥决策过程中,由于时间紧迫,往往没有太多时间来考虑人机分工问题。由于决策支持系统可以很好地解决结构性问题,而非结构性问题只能在人的积极参与下才能解决,因此,人机分工主要是根据装备指挥决策对时效性和科学性的需要实时确定的。其一般做法是结构化问题可以全部交给决策支持系统完成;半结构化问题中的结构部分由决策支持系统完成,其余部分以装备指挥人员为主解决;非结构性问题基本上靠装备指挥人员解决。如图6-3所示。

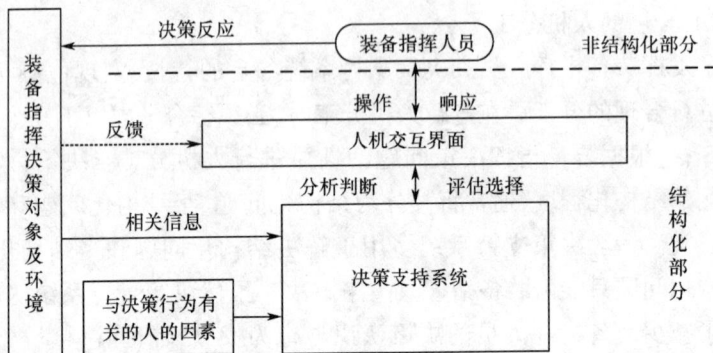

图6-3　人机结合装备指挥决策中的人、机分工

第四节　装备指挥决策行为的组织调控

组织决策论的代表人物美国组织学者詹姆斯·G·马奇在他的《组织》一书中认为,组织成员都是为实现一定的目的而合理地选择手段的决策者。他认为由于人的理性受个人智慧与能力所限,必须借助组织的作用。通过组织分工,每个决策者可以明确自己的工作,了解较多的行动方案和行动结果。组织提供个人以一定的引导,使决策有明确的方向。组织运用权力与沟通的方法,使决策者便于选择有利的行动方案,进而增加决策的理性。而衡量决策者理性的根据,是组织的目标而不是个人目标。马奇认为,组织提

供了身份和规则的具体内容,为具体的身份提供了相应的行为规则。组织也构建了唤起身份和规则的具体场合和情境,个体的行动由此形成。组织与外部世界的界限,或组织中各次级单位间的界限,调控着个体身份与组织规则之间的不一致,使其尽可能保持耦合。决策者为了实现一定的身份,会遵循一定的规则和程序进行决策。身份具有持久性,但是与身份相适应的规则,会通过各种分析、谈判、学习、选择和传播而不断变化,规则的变化会导致决策行为的变化。①②③ 因此,为了有效克服各种偏差,并在装备指挥机构内部形成决策合力,必须通过对装备指挥机构的人员构成、职责区分、权力分配、任务分工、部门设置和法规制度等的规范,实现对装备指挥人员决策行为的引导与控制。

一、装备指挥员的领导活动

领导活动是指装备指挥员对装备指挥机关或下级装备指挥机构的决策行为施加影响,带领其履行各自的职责,确保顺利完成装备指挥决策任务的活动。装备指挥员领导活动目的是最大限度地激发装备指挥人员工作的积极性,团结一致高效率地完成决策任务。装备指挥员的领导活动主要包括以下内容:

第一,认识活动。装备指挥员要领导装备指挥机构顺利开展装备指挥决策活动,自己首先要对战场情况和装备指挥机构的情况有一个明确的认识。装备指挥员在装备指挥机构的核心地位,决定了装备指挥员的认识结论对于机构内部认识的统一具有强烈的导向作用。它一方面有利于统一装备指挥人员的认识和思想,能够使整个装备指挥机构达到"兵知将意"、"上下同欲",提高装备指挥决策效率;另一方面,这种导向性也容易造成下级的盲从,从而忽略或掩盖装备指挥员认识上的不足。

第二,决策活动。这里的决策活动,主要指装备指挥员对装备指挥机构的成员构成、职责区分、权力分配、任务分工、部门设置、法规制度和活动安

---

① [美]赫伯特·西蒙,詹姆斯·G·马奇. 组织[M]. 机械工业出版社,2008.

② [美]詹姆斯·G·马奇. 决策是如何产生的[M]. 王元歌,章爱民译,机械工业出版社,2007.

③ [美]理查德·M·西尔特,詹姆斯·G·马奇. 企业行为理论[M]. 李强译,中国人民大学出版社,2008.

排等内容的决策活动,具有强烈的权威性。装备指挥员作为装备指挥机构的领导者,毫无疑问是核心,装备指挥机关作为装备指挥决策的辅助力量,其一切活动都必须服从和服务于装备指挥员的决策。装备指挥员一旦作出决策,指挥机关的所有工作都必须围绕其决心的贯彻落实而展开。此时,装备指挥员的决心是指挥机关工作的依据,对于指挥机关具有法定效力。

第三,调控活动。主要指装备指挥员对参谋人员决策行为的协调和控制。主要包括:一是发现并纠正装备指挥人员的行为偏差。由于各种因素的影响,装备指挥人员往往容易出现一些认识和行为偏差。而调控活动的作用就在于及时发现并采取相应措施纠正这些偏差。二是确保装备指挥人员的决策行为协调有序。由于职责和专业分工的不同,装备指挥人员既有其相对的独立性,又相互联系和影响,只有不断协调控制他们的行为,才能充分发挥装备指挥机构的整体效能。三是提高装备指挥机构决策行为的应变能力。随着决策环境的不断变化,当以决策行为与实际情况不相适应时,装备指挥决策效能就会降低,这时就需要对装备指挥机构的决策行为进行及时调整。

第四,激励活动。激励是通过某种方式刺激引发行为,并促进行为以积极状态表现出来的一种手段。激励活动对于挖掘装备指挥人员的潜能,调动其工作积极性和创造性具有重要的作用。装备指挥员必须充分调动参谋人员的积极因素,让他们主动地、自主地参与决策。装备指挥员对下属的激励不可拘泥于固定形式,而应贯穿于装备指挥员与下属交往所表现出来的一言一行、一举一动之中。激励主要是从正面进行引导、鼓励,使下属的成就感、自信心、自尊心得到满足和增强。

二、装备指挥决策任务的分工

从指挥的纵向与横向两维结构来看,装备指挥机构从纵向上可分为战略级装备指挥机构、战役级装备指挥机构和战术级装备指挥机构三层;从横向上按所承担的具体决策任务可分为决断系统、参谋系统和信息系统。其中,参谋系统亦称为智囊系统或咨询系统,是装备指挥机构不可缺少的重要组成部分。它的任务就是广泛开发各种智力,集思广益,为装备指挥员在进行决策时提供必要的参谋和咨询。信息系统,是指综合应用计算机、传感器、网络通信、人工智能等现代信息技术而集成的人机结合系统,是人、规程、数据库、软件与硬件等各种设备工具的有机结合。装备指挥信息系统已成为装备指挥决策活动的重要支撑,是装备指挥科学决策的重要保证。①②如图6-4和图6-5所示。

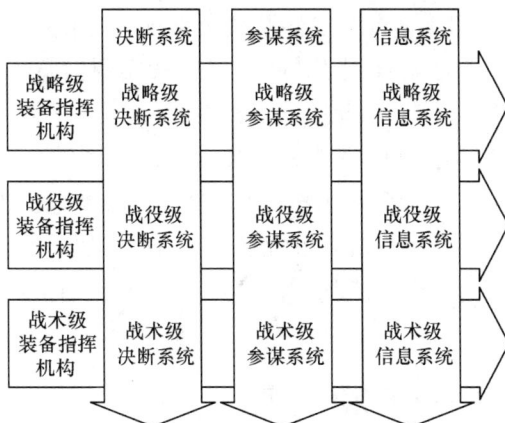

图6-4 装备指挥决策过程中的机构分工

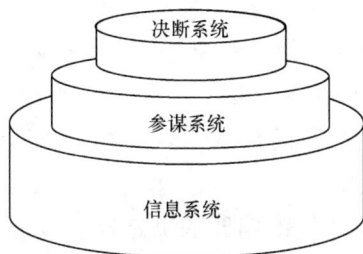

图6-5 决断系统、参谋系统、信息系统之间的关系

第一,决断系统与参谋系统的分工。信息化条件下联合作战装备指挥决策,装备指挥员的决断行为是装备指挥机构决策行为的核心,主导着其他的决策行为;参谋长及装备部首长的协调决策行为是装备指挥机构决策行为的桥梁,联结着装备指挥员与参谋人员的决策行为;参谋人员的参与决策行为是装备指挥机构决策行为的基础,为装备指挥员出谋划策,搜集和分析情报资料,提出决策咨询建议。将拟定方案与选择方案这两大步骤工作分

---

① 黄孟藩. 决策行为与决策心理[M]. 机械工业出版社,1995:410.
② 任连生. 基于信息系统的体系作战能力概论[M]. 军事科学出版社,2009:26.

别由两部分人去做,这种参谋系统与决断系统之间的分工是决策发展的必然趋势,它对于提高装备指挥决策的科学性起着重大的作用。

第二,参谋系统与信息系统的分工。在参谋系统出现的早期,收集与整理信息的工作(情报工作)也归参谋系统负责,因为信息与拟定方案的关系最为密切。后来出现了电子计算机,可以用来实现信息的加工、整理和存储。由于这类工作需要有一套专门的技术和手段,宜由专门人才来做,所以信息处理也就逐渐分化出来,成为一个独立的系统,即信息系统。这里的信息系统不仅包括信息平台和数据链这些硬件设施,也包括专门负责情报工作的相关人员。参谋系统与信息系统的分工,便于装备指挥人员更加及时、可靠、精确地获取装备指挥决策所需要的相关信息,从而保证了装备指挥决策的质量。

三、装备指挥决策权限的分配

为提高信息化条件下联合作战装备指挥决策的整体效能,在各层级装备指挥机构之间、同级装备指挥机构之间必须进行决策权限的分配。① 装备指挥机构决策权限的分配包括纵向分配与横向分配两个方面。

第一,纵向分配。指的是决策权限在战略、战役、战术层次装备指挥机构之间的分配。就决策权限的最基本内涵——决定权来说,不同性质的决策应由不同的组织层次负责作出决定,即应该"有选择"地分配决定权。比如,带有全局性、战略性的关键问题的决定权应该放在战略层装备指挥机构。进行决策权限的分配,应注意以下几点。一是决策结果的影响时间。如果决策的结果仅影响到当前一个较短的时期,则可以下放给较低层次的装备指挥机构,反之,则应由较高层次以至最高层来作出。二是决策的影响面。即要保证决策所影响到的活动和目标都得到充分考虑。如果一项决策涉及较多方面和问题,就应当由能够全面照顾到各方面问题的较高层次来制定。三是决策的重复性。重复发生的常规性决策问题可通过事先确定的一套决策程序和规则而下放给较低层次去制定;不常发生的决策问题则必须作为特殊事件由较高层次来决定。四是决策所需的能力和信息。即要考虑哪一层次上的装备指挥人员具有作出该项决策所需的知识、经验、分析和

---

① 黄孟藩.决策行为与决策心理[M].机械工业出版社,1995:423.

解决问题的能力,以及相应的价值观念和信息来源等。

第二,横向分配。指的是装备指挥机构的决断系统、参谋系统和信息系统之间,以及同级装备指挥机构之间在决策权限上的分配。从广义上说,信息的收集与转换,备择方案的提出以及方案的选择、审批与实施有关的所有权限都属于决策权的范畴。装备指挥员在他作出决定和为贯彻这些决定而下达命令之前,他可能已经把一些权限交给了他左右的"信息收集者"和"建议者"(即信息系统和参谋系统)。此外,未来大规模联合作战,各同级装备指挥机构之间的组织指挥活动往往交叉重迭而且互相牵制影响,因此,为提高相互之间的信任与沟通水平,消除相互间的冲突,形成良好的协同动作,明确各部门之间的决策权限范围是非常必要的。

四、装备指挥决策权限的控制

装备指挥决策权限分配下去以后,分到决策权的某些决策者(个人或群体)有可能把局部利益甚至个人利益置于全局利益之上,另一方面,决策者的个人(或群体)见识也难免存在某种局限性,这两个原因都可能导致他们做出不正确或者不好的决策,从而损害到装备指挥决策的整体效果。为了避免这种情况出现,对决策权的约束和控制就是十分必要的。这里仅就"决策权限的约束"介绍两类控制方式。

第一,直接控制。即对决策活动本身的控制。一是上级对下级规定在哪些决断范围内拥有何种程度的决定权以及他本人在哪些问题上保留有审批权、裁决权、备案权和撤销权等;二是对下级的具体决策活动规定标准化的程序,或进行决策现场监督;三是对决策结果的事后控制,即在决策执行过程中进行正反馈控制,也即修改原决策。直接控制的程度应因决策问题的性质和重要性不同而有所区别。

第二,间接控制。间接控制即对人的控制。上级由于各方面的原因不可能或不必要对每项决策都实行直接控制,那么,为避免使一部分决策处于非受控或完全失控状态,对决策制定者进行人事方面的控制就成为必然的补充。对人控制是以决策者作为控制的对象,它通过对决策者的任免、升降、奖惩等办法,使其所作决策不致影响装备指挥决策的整体效能。由于对人控制通常要以间隔一段时间对决策者所制定决策的执行结果的综合评价作为基本依据,所以它属于对决策活动的一种间接控制。当然,对人的控制也应采取不同的方式,并根据具体情况确定控制的密度与程度。

五、装备指挥人员的协作活动

协作活动是装备指挥人员之间相互合作和配合的活动,对于装备指挥决策效能的发挥具有重要作用。装备指挥人员的协作活动主要体现为决策过程中装备指挥人员按照分工的不同,相互之间的密切配合、协调一致,其追求的目标是"默契",即不用言传即可意会地达成一致。这是协作活动的最高境界,也是内耗最小、效率最高的协作。协作的方式主要包括融合模式、主从模式、交替模式、平行模式、主动模式、被动模式等。协作活动主要由以下活动构成:

第一,配合活动。配合活动是装备指挥决策过程中,装备指挥人员根据业务分工的不同,相互之间进行的协同工作。未来信息化条件下联合作战,以信息技术为核心的高新技术迅猛发展和广泛应用,一方面使得装备指挥人员决策工作的专业性越来越强,区分越来越细;另一方面由于装备指挥信息化、一体化程度的提高,各专业之间的相互依赖性越来越高,装备指挥机构内的融合性也越来越强。专业性主要通过合理的分工来解决,而融合性则主要依靠配合来解决。

第二,协调活动。协调活动是装备指挥人员在进行合作时,为使相互之间配合得当而进行的必要的调整关系的活动。在决策过程中,由于其条件、需求、权力和利益各不相同,往往会发生一些矛盾。为了解决这一矛盾,装备指挥人员之间必须进行协调,通过限制某些方面和加强某些方面来达成决策活动的顺畅和高效。

六、装备指挥人员的沟通活动

对于装备指挥机构来说,由于其活动的特殊性,它不仅强调通过信息的交流传递来实现装备指挥人员之间的理解,更重要的是通过沟通来统一装备指挥人员的思想和认识。因此,沟通在装备指挥决策行为中处于基础性地位,具有联结性作用。沟通的模式主要有平等沟通和不平等沟通、纵向沟通和横向沟通、语言沟通和符号沟通等。沟通活动主要由下列活动构成:

第一,交流活动。交流活动是装备指挥人员之间互相传递和接收信息和思想的活动,其实质就是将彼此的思想表达给对方。装备指挥人员之间的交流主要包括两个方面的内容:一是情报交流,即装备指挥人员将自己所了解的敌情、我情、地形、战场态势等事实提供给对方;二是思想交流,即装备指挥人员相互交流自己对某一问题的想法、意图等。未来信息化条件下联合作战,随着装备指挥信息化水平的不断提高,装备指挥决策相关信息共享的程度越来越高,情报交流的活动会相对减少,而思想交流活动将成为装备指挥人员之间交流的主要形式。

第二,理解活动。理解指信息的接收者真正了解、掌握交流信息的含义,它是交流活动的延续。装备指挥人员需要相互理解他人或者首长的意图,以达到真正的思想沟通。理解活动往往是一种群体行为,如对首长的决心,大家都要理解,只有如此才能确保以首长的决心为依据来开展工作。理解的结果必须非常明确清晰,不能似是而非,否则就会差之毫厘,谬以千里。沟通的最终目的是求得装备指挥人员思想和认识的统一。因此,在理解之后还要通过会议、讨论、说服等形式,统一装备指挥人员的思想和认识。

第七章　装备指挥决策过程

唯物辩证法认为,过程是指事物发展变化的连续性在时间、空间上的表现。事物由于自身的矛盾运动,使其发展在时间上前后相继、在空间上连续不断,形成一个发展变化过程。决策也有发展过程,决策不仅是对某个问题进行逻辑分析和综合判断的过程,而且是一个有先后步骤、循序渐进的完整过程。人类在实践活动之前,对自己行动的目标以及达到目标的手段和可能出现的后果等问题,都要通过头脑进行思考、设计和选择,形成初步方案,然后才开始行动。这就是决策过程。早在 20 世纪 60 年代,西蒙就把决策过程分为三个主要阶段。到 20 世纪 70 年代,他又将其扩展为四个主要阶段,即:找出制定决策的理由、找到可能的行动方案、在诸行动方案中进行抉择、对已进行的抉择进行评估。西蒙把这四个主要阶段分别称为参谋活动(情报活动)阶段、设计活动阶段、抉择活动阶段、审查活动(执行决策任务)阶段。这四个主要阶段是完整、合理的决策过程所不可缺少的。在实际决策活动中,这些主要阶段的顺序往往多次反复、构成循环。总之,决策的拟定、实施、调整和执行是一个循环往复的运行过程,呈现周而复始的周期现象,而每一个周期的内容又上升到更高一级。它体现了辩证法的运动观。

第一节　装备指挥决策的程序

决策过程是指从问题到方案确定所经历的过程。决策是一项复杂的活动,有其自身的工作规律性,需要遵循一定的科学程序。在现实工作中,导致决策失败的原因之一就是没有严格按照科学的程序进行决策。因此,明确和掌握科学的决策过程,是决策者提高决策正确率的一个重要方面。

一般来说,决策过程大致包括如图 7 – 1 所示的几个步骤。

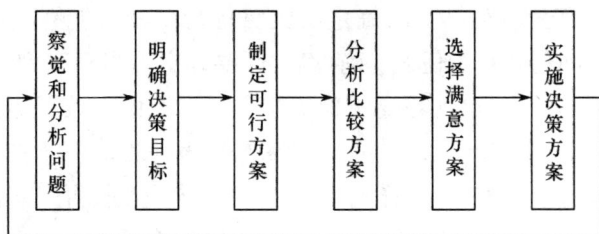

图 7 - 1 理性决策过程示意图

一、明确决策问题

决策是为了解决现实中提出的需要解决的问题或者为了达到需要实现的目标。决策是围绕着问题而展开的。没有问题就不需要决策;问题不明,则难以作出正确的决策。因此,首先要把问题的性质、特征、范围、背景、条件、原因等搞清楚,特别要找出问题的症结和关键。

决策的正确与否首先取决于判断的准确程度,因此,认识和分析问题是决策过程中最为重要也是最为困难的环节。例如,某战区根据上级指示和未来作战准备的需要决定搞一次较大规模的装备保障实兵演习。这时决策的问题就是搞什么类型的演习,演什么课题,以谁为主要训练对象,训练分几个阶段等,以及需要采取哪些方案或措施,才能使演习获得最好的效果?

作为一个高效率的军事指挥员来说,必须时刻注视形势的变化,以免使自己因毫无思想准备而陷入被动状态。环境因素的许多暗示都会预示着是否面临决策的问题。指挥员还应对环境的变化进行认真的分析,只有通过对各种预兆进行分析,才能透过表象看到环境变化的本质,才能找到造成问题的真正原因,对事物的发展作出超前的、正确的预计。不过,因为对形势的分析会受到决策者个人行为的影响,因此对同一现象,不同的人就可能得出不同的结果,自然也就作出了不同的决策。因此,决策的第一步就要求决策者必须主动地深入实际调查研究,及时发现并提出新问题进而解决问题。

二、确定决策目标

目标是指在一定的条件下,在预测的基础上所希望达到的结果。目标既是决策的出发点,也是决策的归宿。没有目标,决策就没有方向,目标不明确,决策必然要失误。因此,确定决策目标,是决策的重要内容和前提。在所要解决的问题及其责任人明确以后,则要确定应当解决到什么程度,明确预期的结果是什么,也就是要明确决策目标。所谓决策目标是指在一定的环境和条件下,根据预测,对这一问题所希望得到的结果。

目标的确定十分重要,同样的问题,由于目标不同,可采用的决策方案也会大不相同。目标的确定,要经过调查和研究,掌握系统准确的统计数据和事实,然后进行一定的整理分析,根据对决策总目标及各种目标的综合平衡,结合军事行动的价值准则和决策者决心为此付出的努力程度进行确定。

三、制定可行方案

决策实际上是对解决问题的种种行动方案进行选择的过程。决策目标一旦确立就需要有行动方案,以指导人们去实现目标,这是人的自觉能动行为的一种必然的逻辑延伸。拟订方案是一个过程,从设想、构思、论证到设计、完善,有一系列工作。决策对象的不同,决策的环境条件各异,对决策方案的要求也各有侧重。为解决问题,必须寻找切实可行的各种行动方案。各种行动方案都有其优点和缺陷,决策要求以"满意原则"来确定方案。

在制定备选方案时,既要注重科学性,又要注意有创造性。无论哪一种备选方案,都必须建立在科学的基础上。方案中能够进行数量化和定量分析的,一定要将指标数量化,并运用科学合理的方法进行定量分析,使各个方案尽可能建立在客观科学的基础上,减少主观性。要充分发挥集体的智慧才能,让大家畅所欲言,充分发表自己的意见,然后通过集体充分的讨论,这样制定出来的备选方案往往会更有针对性和创造性。

四、分析评估方案

决策过程的第四步是对已制定的备选方案逐个地进行评价。为此,首先要建立一套有助于指导和检验判断正确性的决策准则。决策准则表明了决策者关心的主要是哪些方面,其中主要包括目标达成度、成本、代价、可行程度等。然后根据这些方面来衡量每一个方案,并据此列出各方案满足决策准则的程度和限制因素,即确定每一个方案对于解决问题或实现目标所能达到的程度和所需的代价,及采用这些方案后可能带来的后果。第三是分析每一个方案的利弊,比较各方案之间的优劣。最后根据决策者对各决策目标的重视程度和对各种代价的承受程度进行综合评价,结合分析比较结果,提出推荐方案。

五、选择满意方案

这是决策过程的关键阶段。方案要选择得好,必须满足如下两个条件:一是要有合理的选择标准。第一,什么样的方案才算好,好的标准是什么,这就是方案的评价标准问题;第二,好到什么程度才符合决策要求,是采用"最优标准"还是"满意标准";第三,如果一个方案执行起来会出现几种可能结果,此时应当如何选择,这就是在不确定情况下的选择标准问题。二是要有科学的选择办法。在对各方案进行理性分析比较的基础上,决策者最后要从中选择一个满意方案并付诸实施。在决策的时候,要注意不要一味地追求最佳方案。由于环境的不断变化和决策者预测能力的局限性,以及备选方案的数量和质量受到不充分信息的影响,决策者可能期望的结果只能是作出一个相对令人满意的决策。

六、决策组织实施

方案选定以后,决策过程可以说就基本结束了。但并没有完全结束,目标是否正确,方案是否满意,还有赖于在方案的执行过程中加以进一步验证。决策的实施要有广大组织成员的积极参与。为了有效地组织决策实施,决策者应通过各种渠道将决策方案向组织成员通报,争取成员的认同,对成员给予支持和具体的指导,调动成员的积极性。当然最可取的方法是设计出一种决策模式争取所有的成员参与决策,了解决策,以便更好地实施决策,并且在方案实施的过程中还要对新出现的问题进行协调和解决。

七、监督与反馈

这是决策过程中的最后一个步骤。一个决策者应该通过信息的反馈来衡量决策的效果。决策是一种事前的设想,在实际的实施过程中,随着形势的发展,实施决策的条件不可能与设想的条件完全相吻合,况且,在一些不可控因素的作用下,实施条件和环境与决策方案所依据的条件之间可能会有较大的出入,这时,需要改变的不是现实,而是决策方案了。所以,在决策实施过程中,决策者应及时了解、掌握决策实施的各种信息,及时发现各种新问题,并对原来的决策进行必要的修订、补充或完善,使之不断地适应变化了的新形势和条件。一项决策实施之后,对其实施的过程和情况进行总结、回顾,既可以明确功过,确定奖惩,还可使自身的决策水平得到进一步的提高。比如,如果一个方案实施后达到了原来的要求,那么这一方案就达到了理想的效果;如果没有达到原来的要求,那么就要分析决策者是否对前一决策形势的认识和分析有错误或是这一方案在执行过程中的方法是否正确,从而决定是对方案本身进行修改还是对实施的方法进行改变。

第二节　装备指挥决策的依据

信息化条件下联合作战装备指挥决策的基本任务是:根据战争特点、战略方针、国家经济和社会状况、战略级的战略意图与作战决心,针对信息化条件下联合作战特点与要求,统筹谋划装备保障全局,统一计划、协调有关机构,综合运用科学决策思想、理论、方法及先进工具、技术,为合理配置和正确运用装备保障力量、有效控制和协调装备保障活动、科学组织装备保障协同与防卫,而进行一系列筹划、优选、决断和审查活动,以顺利完成装备保障任务,从而为作战提供及时、可靠的装备保障。要科学、高效和有针对性地进行装备指挥决策,必须以相关信息的获取、传输和处理为前提和保障,充分考虑敌我态势信息、保障任务需求信息、保障任务战前预测信息和部队保障能力信息,对影响装备保障活动的众多因素进行全面分析,找出关键因素作为决策的基本依据。

一、军事战略方针、作战意图与决心

装备指挥决策的基本目的是,为贯彻落实总的战略方针,依据战略级的作战意图和作战决心,有目的有计划地进行装备保障准备,适时调整装备保障行动,从而保证作战决心的实现。因此,战略方针、作战意图与决心是装备指挥决策的基本依据。装备指挥决策必须以战略方针为依据,以作战意图和决心的实现为出发点和立足点,充分考虑作战行动对装备保障的需求;必须依据作战意图和决心科学确定装备保障任务区分、保障力量的编组和配置、保障方法和组织形式等,从而与各级首长的作战意图和作战计划相一致,与客观实际相符合,切实提高和保持部队作战能力,确保作战任务的顺利完成。

二、作战任务及兵力编成与部署

装备保障部署作为作战部署的一部分,其根本目的是服务和保障作战,这就决定了装备保障部署必须与作战部署及作战行动相适应,从而确保装备保障的及时可靠。作战计划规定了部队的作战任务区分、兵力编组、行动序列和配置等,是整个作战行动所必须遵循的纲领性文件,因此,装备指挥决策必须以作战计划为依据。在装备保障力量的编成上,应根据作战力量规模确定装备保障力量的数量,使两者保持适当的比例;应根据作战力量的层次区分及各层次的实际需要,确定装备保障力量的层次结构;应根据作战力量的军种构成,建立相应的军种装备保障力量结构。在装备保障力量的部署与使用上,由于作战类型、样式及规模不同,所采取的作战部署和作战行动也不相同,因而对装备保障力量的使用也不尽相同,必须根据作战部署及作战行动确定相应的装备保障部署。例如,在进攻联合战役装备保障力量部署中,阵地进攻战役要适应重点突破和连续攻击的需要;机动进攻战役要适应广泛机动和多种歼敌方案的需要;登陆战役要适应诸军种跨海攻坚的需要。在防御联合战役装备保障力量部署中,坚固阵地防御战役要适应长期坚守、独立作战的需要;机动防御战役,要适应节节抗击、动态防御的需要。

三、装备保障任务与需求

装备指挥决策是为满足作战部队的装备保障需求,顺利完成装备保障任务而进行的一系列思维和行为活动。装备指挥员在受领装备保障任务后,必须通过对相关信息的获取、传输和处理,科学预测并准确掌握装备保障需求,为合理配置和正确运用装备保障力量、有效控制和协调装备保障活动、科学组织装备保障协同与防卫做出决策。因此,装备指挥决策必须以装备保障任务和需求为依据。其中,装备保障需求预测主要包括:弹药与器材消耗预计,储与区分,消耗限额,战中补充和管理;各类装备损坏及修理任务预计,修理力量组织与使用,损坏装备的修理与后送。战时装备保障需求包括:各参战部队弹药和维修器材的消耗、损失及武器装备的损坏情况与对保障的要求等。

四、装备保障能力现状

装备保障活动受财力及装备科研生产、筹措、储备、输送等多种能力的制约,其中,财力和生产能力直接制约着装备的筹措和储备,装备的储备布局、种类、数量及储备、输送条件制约装备的补充和供应,尤其对战时装备保障的组织计划、实施方式和保障效率有着十分重要的影响。因此,装备指挥决策必须以实际装备保障能力为依据。具体来说,装备保障能力主要涉及以下几个方面。一是装备保障人员的素质。装备保障人员是保障力量构成要素中最具活力的因素。依据装备保障人员的素质特点进行科学合理的优化组合,使他们各尽其能,是提高保障效能的前提和基础。二是保障装备的技术水平。保障装备是完成保障任务不可缺少的物质条件,其直接关系到装备保障力量的使用和配置。进行装备指挥决策,必须充分考虑到保障装备战术、技术性能及其对战场环境的适应性,根据保障装备的特点,采取相应的部署形式。三是弹药器材物资情况。弹药和器材等是遂行装备保障任务的物质基础。当储备充足,便于组织补充时,部署的灵活性较大;当弹药和器材的保障程度受到一定限制,在确定装备保障部署时,一般应将其配置在便于保障主要作战方向的位置上,以利集中有限的物资保障重点。

五、有关敌情

有关敌情是影响和制约装备保障活动的重要因素,尤其是信息化条件下,敌方先进的侦查手段、包括远程精确制导武器在内的各种作战手段对我装备保障配置地域的安全带来严重威胁,对装备保障活动的开展以及保障机构的生存产生显著影响。因此,进行装备指挥决策必须准确掌握并认真分析相关敌情,应针对敌人可能的袭击破坏手段和威胁程度,研究采取相应的对策,尽量避免和减少敌人的打击破坏,提高装备保障力量的生存能力,保证装备保障任务的顺利完成。相关敌情主要包括:敌总的态势、企图和尔后可能的行动,当面之敌的态势、企图和可能的作战行动,敌兵力兵器的编成和作战方法的特点,敌对后方可能破坏的手段与能力,敌装备保障能力与可能持续的时间等。

六、战场环境条件

自然环境条件,是摆兵布阵的基础条件,装备保障活动也不例外。不同作战地域地形的隐蔽情况、交通道(航)路数量及气象等,对装备保障部署的形式、集中与分散的程度、前后衔接的距离等都有直接的影响。我国幅员辽阔,各战区自然地理条件差异大,特别是未来可能发生的局部战争,将更多地在濒海、岛屿、山地、热带山岳丛林、高原严寒等复杂特殊的地理环境中进行。这就要求在确定装备保障部署时,要依据不同的战场自然地理环境,有针对性地采取相应措施,充分利用有利条件,克服不利条件的影响,使装备保障部署与自然地理环境相适应。战场环境条件主要包括:地形道路情况,即战区内各种地貌、植被情况、隐蔽地物,铁路、公路、管线、内河与海运航道、航空运输发展情况,运输工具数量、运输能力及其对后勤保障的影响,可能遭敌袭击破坏的程度、需要新建和扩建的道路,大规模杀伤武器使用后对地形地貌改变的情况等。水文气象情况,即大气、季风风力、风向、降水量、江河湖泊、洪水、冰雪的状态及其对完成装备保障任务的影响。

第三节　装备指挥决策的主要阶段

装备指挥决策必须遵循科学的决策制度和严密的决策程序。装备指挥决策贯穿于装备保障活动全过程,从整个作战进程看,装备指挥决策活动主要分为组织筹划、组织实施和组织撤收三个阶段。

装备指挥决策活动总的流程如图 7-2 所示。

一、组织筹划阶段

组织筹划装备保障的主要任务是根据战略级战略意图、作战方案及装备保障任务,对装备保障行动进行筹划。其主要内容有:掌握相关信息,分析判断情况,确定装备保障目标,定下装备保障决心,形成装备保障报告建议,拟制装备保障计划,下达装备保障指示等。其程序方法如图 7-3 所示。

(一)掌握相关信息,分析判断情况

判断情况主要内容有:第一,敌我态势。敌人企图和作战手段对装备保障造成的影响和危害;我军作战行动对装备保障的要求,装备保障的重点、难点等。第二,装备保障需求预测。包括主要弹药与器材消耗预计,储备与区分,消耗限额,战中补充和管理;各类装备损坏及修理任务预计,修理力量组织与使用,损坏装备的修理与后送。第三,装备保障能力现状。现有装备

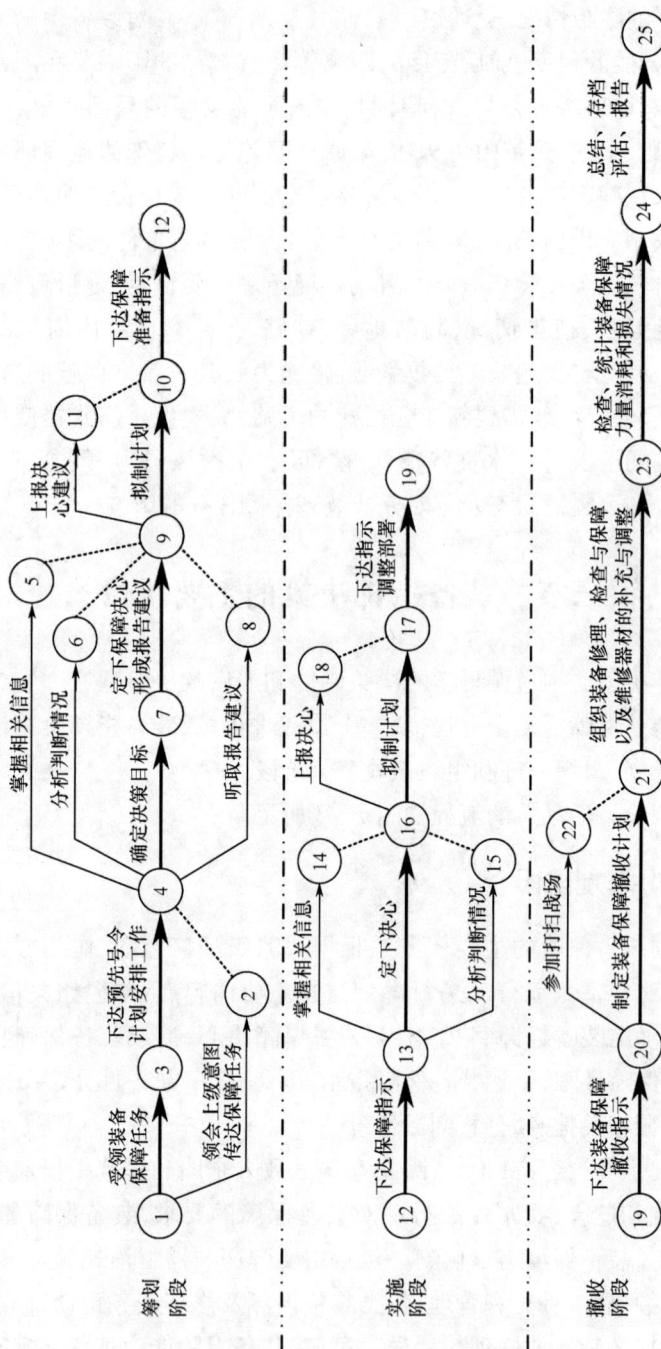

图7-2 信息化条件下联合作战装备指挥决策流程

受领装备
保障任务

战役企图、敌我态势；
作战集团首长指示；
完成各项准备的时限等

传达保障任务
领会上级意图

下达预先号令
计划安排工作

装备保障建议准备；
完成顺序与时限；
执行单位及负责人等

掌握相关信息
分析判断情况

收集信息、分析装备
保障能力现状；预测
装备保障需求

确定决策目标

机构编组配置，保障协
同、通信、防卫，装备
管理、维修，器材保障，
弹药供给等

听取
报告建议

定下装备保障决心
形成装备保障报告建议

装备保障能力现状；装备
保障任务；装备指挥体系；
装备保障业务工作组织；
装备保障力量编成与部署；
装备保障通信、防卫组织；
完成装备保障准备工作时
限；其他需要请示解决的
问题等

装备保障力量筹组计划；装备保
障力量部署计划；装备调配保障
计划；装备维修保障计划；装备
经费保障计划；装备动员需求计
划；装备保障通信计划；装备保
障防卫计划等

上报装备保障决心建议

拟制装备保障计划

装备指挥机构的开设；装
备保障力量的部署；各项
装备保障业务工作组织；
装备保障通信、防卫的组
织；装备保障有关要求；
装备保障完成时限等

下达装备保障指示

组织检查指导
各项准备工作

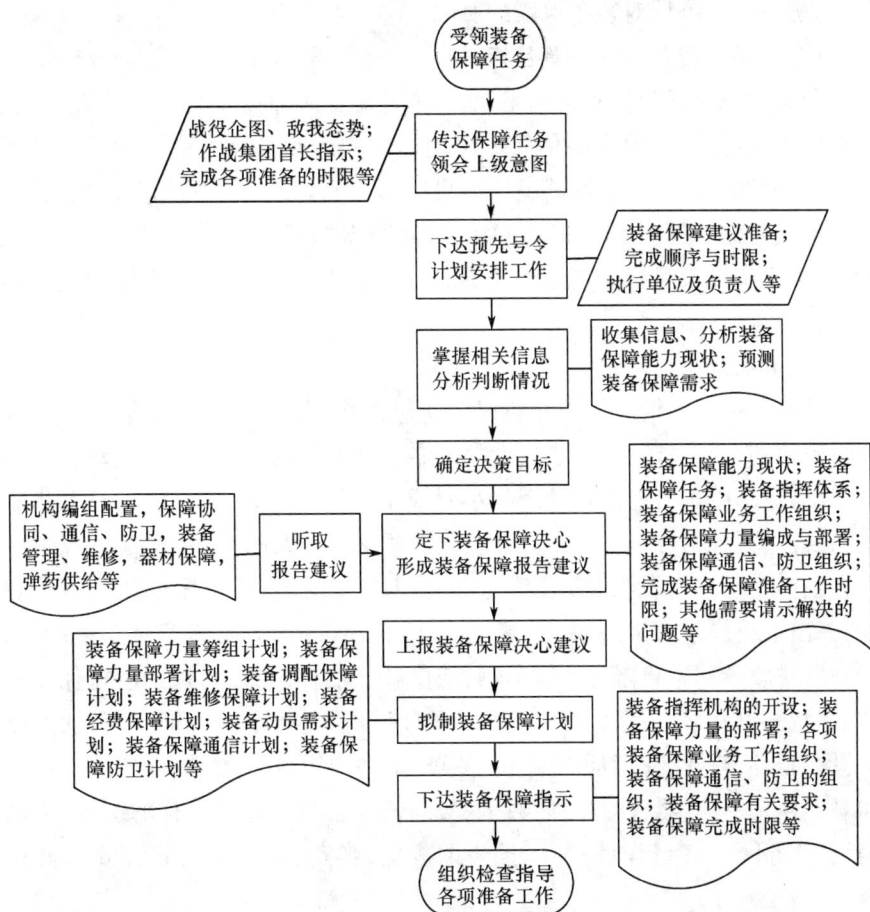

图 7 - 3　组织筹划装备保障的程序与方法

保障能力及可能达到的保障程度；装备保障体系构成、各机构的建立、指挥
关系和分工的明确；装备保障力量的部署形式,编组、配置和担负的保障任
务情况；需补充的装备种类、数量、时机、方式,使用管理的主要指标、方式、
方法等。第四,装备保障环境。判明作战地区地形特征,隐蔽条件,道路情
况,河流、渠道、水库、湖泊、水源、居民地等情况,以及其对装备保障和保障
机构防卫的影响；判明作战地区气温、气压、风、雨、云雾、降雪、能见度、昼夜
时间长短等对装备保障行动的影响。第五,地方支前情况。判明作战地区
的专业技术力量,机具设备,维修器材物资可利用程度,地方支前机构的组

织、部署,社情、疫情对装备保障的影响。

（二）确定装备指挥决策目标

分析对完成保障任务的有利和不利因素及保障需求与可能的差距,找出保障的关键问题;预见装备保障可能出现的问题及发展变化的趋势和预测关键问题的差距,及随着战况发展可能增大和解决差距的相关问题,深刻认识它们对保障的影响;把解决关键问题所需的客观条件同现实条件相比较,初步确定决策目标所能达到的极限,并经过论证和讨论,审慎地定下装备指挥决策目标。

（三）听取报告建议

各业务部门的情况报告和建议主要包括:装备保障机构的编组配置,装备保障协同、通信、防卫的意见;武器装备数质量情况;摩托小时或车公里储备情况,计算单车可能消耗的摩托小时或车公里,提出储备小时或车公里不足的武器装备的处理意见;预计武器装备损坏率,提出战中武器装备保养意见;现有修理力量情况,修理、后送能力;预计武器装备损坏数量及保障程度,提出抢救修理力量编组、配置、任务区分建议;现有维修器材数量;计算请领器材数量和运载器材所需车辆,战中补充器材的方法,提出器材保障机构的配置、力量编组、任务区分建议;现有弹药数、质量,弹药储备和加大储备量,弹药消耗标准(消耗限额),上级规定和向下区分数量;预计向上请领和对下补充弹药、器材的品种、数量、时间、方法,弹药保障机构的配置、力量编组、任务区分,弹药消耗情况报告的规定,弹药、器材使用管理要求和措施等。

（四）定下保障决心,形成并上报装备保障报告建议

装备保障决心的内容是:建制内、上级加强及地方支援装备保障力量的使用;装备保障机构的编成、配置、任务区分、运动路线、开设时机等,作战各阶段武器装备保养、抢救、修理的方法措施;作战各阶段弹药、维修器材补给的方法、措施等;装备保障通信联络、防卫的组织等。建议报告的主要内容是:现有武器装备数、质量情况;摩托小时、车公里的储备情况;战前可能修复的武器装备数量;武器装备损坏预计;修理部(分)队状况;上级加强的修理力量及其修理、后送能力;完成保障任务的程度;弹药的储备与区分,消耗限额和战中补充管理要求;维修器材储备、请领、补充方法;装备保障机构的编成、任务区分、配置、运动路线等;装备保障机构的开设时机、地点及保障程度、方法;作战准备阶段武器装备保养、修理的方法、措施、要求;战前装备保障训练的内容、组织实施方法;装备保障通信的组织,通信工具保障程度;弹药、维修器材装卸、运输组织和保障程度;装备保障机构防卫的组织和保障程度;完成装备保障准备的时限及需要解决的问题。

(五)拟制装备保障计划

装备保障计划包括:装备保障力量筹组计划;装备保障力量部署计划;装备调配保障计划;装备维修保障计划;装备经费保障计划;装备动员需求计划;装备保障通信计划;装备保障防卫计划等。其内容涉及保障力量的区分、编组;装备保障机构的配置、任务区分、运动路线、开设时机;上级保障机构的编成、配置、任务区分、开设时机;各阶段武器装备的保养、抢救、修理和后送的措施;弹药的消耗、储备标准和区分,补给的路线、顺序和方法;维修器材的消耗、储备标准,补给的路线、顺序和方法;通信联络的规定;防卫的规定;协同的有关事项等。

(六)下达装备保障指示

装备保障指示的主要内容有:装备机关、部(分)队的配置位置、展开时间;弹药的储备标准、消耗限额、补充方法;武器装备抢救、修理、后送的措施;维修器材储备、供应标准及补充的方法、顺序;向下级加强的力量及报到时间;配属部(分)队和地方支援力量的装备保障;装备保障通信联络的规定;装备保障机构防卫的组织;完成装备保障准备的时限及报告情况的规定等。其具体内容可视情况适当增减。

二、组织实施阶段

组织实施装备保障的主要任务是以装备保障计划为基本依据,结合实际情况,对各项装备保障活动所进行实时控制。其主要内容有:收集信息、掌握情况,分析判断,定下决心、形成计划,上报决心计划,下达指示、调整部署等。其程序方法如图7-4所示。

(一)收集信息,掌握情况

组织实施装备保障,需掌握的情况主要包括:当前的敌我态势和战役、作战进展情况;本级装备指挥员对情况判断的结论、装备保障决心、装备保障情况处置和装备保障任务情况;上级和本级作战指挥员对装备保障工作的指示;各参战部队弹药和维修器材的消耗、损失及武器装备的损坏情况与战役进展情况；作战指挥员指挥决心的变更、作战任务的调整；本级作战指挥员对保障工作的指示；装备战损情况；弹药器材消耗情况；抢救抢修任务等 → 收集信息掌握情况

↓

分析判断 ← 保障能力的变化；保障任务的变化；保障力量、机构的转移等

↓

保障力量调整；保障关系调整；弹药补充计划；器材补充计划等 → 定下决心形成计划

↓

上报计划

↓

下达指示调整部署 ← 装备保障力量、机构转移；修改和补充保障计划；调整或重新组织装备保障协同和防卫等

↓

组织实施

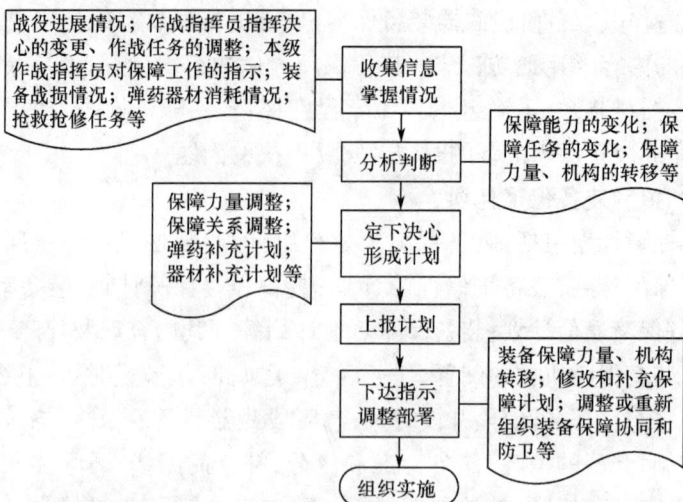

图 7-4　组织实施装备保障的程序与方法

对保障的要求；各保障力量的人员、保障装备的损失情况和保障能力等。

（二）分析判断

在掌握情况的基础上，在对弹药消耗、损失、现有数以及对各级保障力量的保障能力、保障任务的简单计算后，即可对当前的情况作出基本的判断。主要包括：当前的弹药储备和各参战部队对弹药的急需程度；重点保障的单位、弹药、武器；弹药的补充时机、方式和路线是否有利；保障任务是否需要调整；保障关系与保障方式是否需要变更或调整；库、所是否需要转换，保障力量的部署形式、配置地域及展开的时间、地点及保障任务、转移的时间和地区是否需要调整；装备指挥机构是否需要转移等。

（三）定下决心，形成计划

对情况分析判断后，装备指挥员应在机关的协助下，定下决心，形成实施计划，并上报。其主要内容有：建制内、上级加强及地方支援装备保障力量的使用的调整；装备指挥机构编成、配置、任务区分、运动路线的调整，武器装备保养、抢救、修理方法措施的调整；弹药、维修器材补充的方法、措施等；装备保障通信联络、防卫组织的调整。

（四）下达指示，调整部署

装备指挥员定下决心后，指挥机关应根据指挥员的决心，向直属保障分队下达保障命令，给下级装备机关下达保障指示；根据本级首长的指示、部

队作战任务的变化及各保障机构的受损情况,调整保障力量部署,组织机构转移,修改和补充保障计划,调整或重新组织装备保障协同和防卫等。

三、组织撤收阶段

组织撤收装备保障的主要内容包括:下达撤离战场时的装备保障指示,参加打扫战场,组织撤离时的装备保障,组织装备修理、检查与保障以及维修器材的补充与调整,检查、统计装备保障力量消耗和损失情况等。其程序方法如图7-5所示。

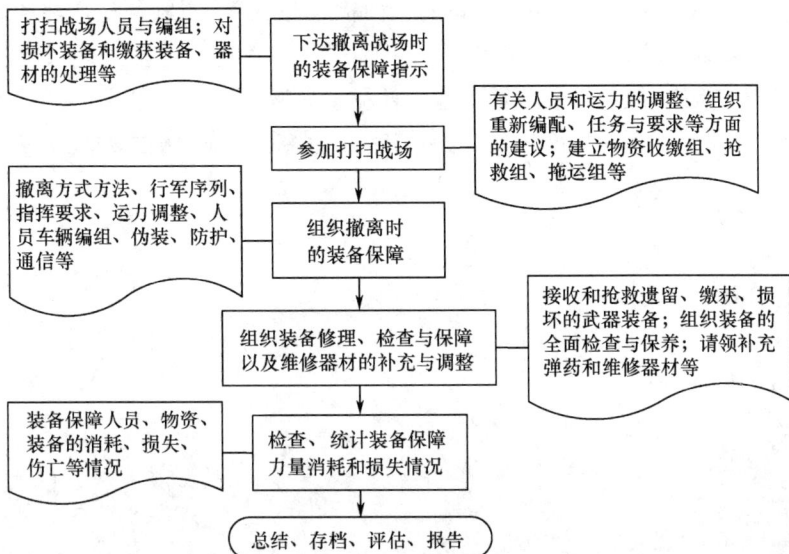

图7-5 组织撤收装备保障的程序方法

(一)撤离战场时的装备保障指示

该阶段装备保障指示的主要内容有:对掩护撤离战场的部队的保障;参加打扫战场的人员与编组;对损坏装备和缴获装备、器材的处理;加强装备保障力量的调整和归建,到达新的待机地域后的保障工作等。

(二)参加打扫战场

主要内容包括:有关人员和运力的调整、组织重新编配、任务与要求等方面的建议;建立物资收缴组、抢救组、拖运组等;掌握打扫战场的进度、自身伤亡及装备损失、协调等情况。

（三）组织撤离时的装备保障

主要内容包括：撤离的方式方法、行军序列、指挥要求、对意外情况的处置措施等方面的建议；做好运力调整、人员车辆编组、伪装、防护、通信等的准备工作；掌握撤离路线，开展对敌斗争，协调撤离行动，处置撤离中出现的情况等；检查撤离过程中的人员伤亡、物资损失、装备损坏与处理结果的情况，及时向上级报告。

（四）组织装备修理、检查与保障以及维修器材的补充与调整

主要内容包括：接收和抢救遗留、缴获、损坏的武器装备，并上交无力修复的装备和缴获的装备；组织装备的全面检查与保养；请领补充弹药和维修器材；调整补充装备保障力量等。

（五）检查、统计装备保障力量消耗和损失情况

清查和统计装备保障人员、物资、装备的消耗、损失、伤亡等情况。

第八章　装备指挥决策方法

毛泽东曾指出，"我们不但要提出问题，而且要找出解决问题的方法。我们的目的是过河，但是没有桥或船就不能过。不解决桥或船的问题，过河就成为一句空话。"①概括起来，常见的装备指挥决策方法主要包括决策思维方法、决策推理方法、系统决策方法和量化决策方法等。

第一节　决策思维方法

根据辩证唯物主义和决策学的观点，装备指挥决策行为，就是装备指挥员对装备保障问题的认识活动，及在该认识支配下进行的外显的装备指挥决策行动反应。因此，研究装备指挥决策方法，必须从决策认识论的角度，研究装备指挥决策过程中常用的和主要的思维方法。决策认识论研究决策思维方法，尽管它是针对决策而言的，但这种研究却只能依据思维方法本身去作分类。这样的思维方法主要有以下几种。

一、经验思维法

人们在现实的决策活动中，无论是自觉的还是不自觉的，经验思维方法都是最常使用的一种决策方法，或者是首先试图运用经验思维去作决策，只有在运用这种方法解决不了问题时，才会去探索其他决策方法。

因为长期以来，我们习惯于将经验看作感性认识，既然是一种感性认识，就不能称之为思维。其实，如果说经验是感性认识，那它也是从感性到理性的中介，因而一方面可将其看作感性的最高形式，另一方面也可以将其看作思维的最低形式。

经验思维的特点在于经验的联想和经验的迁移。运用经验思维方法进

---

① 毛泽东选集［M］（第一卷）. 人民出版社，1991：139.

行决策时,也可以分为经验联想决策和经验迁移决策这两种具体形式。

(1)经验联想决策思维方法。经验联想决策思维方法适用于重复性的决策。就是说,当前所要作的决策是过去曾经作过的,因而只要联想过去怎样作这类决策,也就能作出当前的决策了。比如,农作物的栽种是有季节性的,而且基本上是年复一年地重复进行的,因而当人们需要决定现在该栽种什么作物时,只要联想以前这个季节栽种什么作物就行了。当然,这里所说的重复不会是完全的重复,但只要在主要环节上基本上是重复的,也就可以运用经验联想的思维方法去进行决策了。

(2)经验迁移决策思维方法。经验迁移决策思维方法与经验联想决策思维方法有所不同。所谓迁移方法,是通过类比发现两类事物之间的共同性或相似性,然后将解决这一类问题的方法迁移到解决另一类问题上去。比如,美国人莫尔斯在发明电报时碰上向远距离发报信号衰减的问题,需要找到解决问题的方案。他曾采用增大最初信号的能量的办法,但并未获得成功。后来,当他乘坐驿车从纽约到巴尔的摩市去旅行时,看到驿车到驿站后换驿马的情况,便在思维中将换驿马的方法"迁移"到发报信号上去,形成了沿着电报线路增设电报支局放大站的想法。这个事例中,所运用的就是经验迁移的决策思维方法。运用这种思维方法,已经不限于重复性的决策,而带有创造性思维的特点了。然而,这种思维的迁移,所依据的是经验的类比,因而仍然属于经验思维的决策方法。

经验思维决策方法比较简单、实用,但这种方法有其固有的局限性,不仅其适用范围受限制,只适用于重复性或可类比性的决策,而且无论是经验联想还是经验迁移,都容易忽略一些新的变动因素,这些因素有可能对决策产生重大影响,而在经验范围内却难以察知这种影响。一旦出现这种情况,运用经验思维决策方法就难免带来失误。

二、逻辑思维法

经验思维决策方法也包含着逻辑思维,但这种逻辑思维只是基于经验的联想和类比。与经验思维决策方法相比,逻辑思维决策方法更偏重于理性的思考。因此,它是属于一种较高形态的决策思维方法。至于其适用性,则同样是十分广泛的。

之所以说逻辑思维决策方法偏重于理性的思考,是因为,首先其表现为一种抽象的思维。谈到抽象,人们常想到概括,称为抽象概括。内容丰富的东西一经抽象概括,似乎只剩下最一般的规定,本来丰富的内容也就消失了。这样来理解抽象是不对的。这种抽象只是形式的抽象,而不是科学的抽象。马克思说:"最一般的抽象总只是产生在最丰富的具体的发展的地方,在那里,一种东西为许多东西所共有,为一切所共有。这样一来,它就不再只是在特殊形式上才能加以思考了。"①这就是说,科学的最一般的抽象,不仅超越了特殊的形式,而且包含着最丰富的具体在其中。不超越特殊形式无所谓抽象,不包含丰富的具体又不是科学的抽象而只是空洞的抽象。当我们说在决策中运用抽象思维方法时,指的是从最丰富的具体中产生出来并包含着丰富的具体性的科学抽象。

科学的抽象思维,是进行战略层次装备指挥决策时必然要运用的一种重要的思维方法。装备指挥决策的全局性,要求扩展思维空间;装备指挥决策的长期性,要求在思维中延伸时间。这就是说,在抽象思维中,人们可以超越现实活动的空间范围,将对象放在扩展了的思维空间中来思考。比如,在一种商品只占领局部地区市场时,我们却可以思考怎样使该商品占领国内广阔市场甚至打进国际市场。同样地,人们在思维中也可以超越时间的界限,将对象放在延伸了的时间中去思考。比如,今后五年、十年或更长的时间不能实现的事物,我们却可以设想其在未来时间中的状况。这种空间的扩展和时间的延伸,是装备指挥决策的特点。随着时空跨度的扩大,思维中也就能容纳更多的对象,这些对象不仅是现实中存在的对象,而且包括现实对象的历史状况和未来发展。在思维的对象越来越丰富的基础上,我们也就能对对象作越来越高的抽象概括。装备指挥决策的形成,正是运用这种科学抽象的思维方法的结果。

逻辑思维方法在表现为科学抽象思维的同时,又是运用概念进行的,是一种概念思维。概念思维是相对于形象思维而言的。思维中的形象表现的是个别的对象,概念却可以概括一类对象。所谓高度的抽象包含着丰富的具体,在抽象中出现的并不是大量的具体形象,而是将大量的具体对象进行分类,揭示各类对象的共同本质,再将对象的本质凝结在概念中。这样,就可以将各类对象之间的关系用概念与概念之间的关系表述出来了。或者

---

① 《马克思恩格斯选集》第二卷,第107页.

说,概念之间的关系,正是反映了对象之间的本质联系。

　　运用概念进行逻辑思维,是一种重要的决策思维方法。在决策过程中,需要收集大量的信息情报。要对这些信息进行思考,就必须运用一系列的概念进行抽象概括。进行装备指挥决策时,就是运用概念去思考各类信息之间的联系,并且在思维中建立新的联系。一项决策,其实正是通过思维概念能动地建立新的联系。新的联系以反映对象本来的联系为基础,又在这个基础上突破原有的联系,这样形成的新联系也就是装备指挥人员所确定的决策目标与实现目标的方案之间的关系。

　　从其表现来说,逻辑思维的决策方法是一种运用概念进行抽象思维的方法;从其实质来说,则是一种辩证的思维。辩证思维也就是辩证的理性。辩证理性是相对于形式的理性而言的。形式的理性要求在思维中避免矛盾,使思维过程按照形式化的格式进行。对装备指挥决策来说,在思维中必然也应避免出现逻辑矛盾,因为具有明显的逻辑矛盾的思维不可能是合理的,具有明显的逻辑矛盾的决策也不可能是科学的。但是,思维形式上避免逻辑矛盾决不等同于在思维的内容中否定矛盾。反之,只有在思维的内容中认清各种矛盾关系,才能做到在思维形式上不至于陷入逻辑矛盾。

　　在装备指挥决策过程中坚持用辩证思维思考问题,是由决策的本性所决定的。装备指挥决策在本性上就在于处理一系列的矛盾关系。因而,在思维方法上必须运用辩证思维方法。装备指挥决策之所以包含复杂的矛盾关系,既是由决策涉及的因素决定的,也是由决策的内容决定的。从决策涉及的因素来说,一项决策,特别是高层次的决策,所要处理的情况往往十分复杂。在客体或环境方面,涉及政治的、经济的、法律的、伦理的、文化的、技术的、组织的等因素;在主体或人方面,涉及地位的、心理的、素质的、知识的等因素。客体和主体的众多因素相互作用,也就造成了主、客体关系方面的复杂情况。装备指挥决策涉及大量的、复杂的因素,必然产生决策中的诸多矛盾。决策中的矛盾,是从决策的内容上表现出来的。决策的内容,简单地说,就是目标和方案。决策虽然表现为确定一个目标和一个方案,但它是从多目标、多方案中选取出来的。这样,目标与目标之间、方案与方案之间、目标与方案之间的矛盾关系就异常复杂了。如果再考虑到已知因素和未知因素的矛盾、已经具备的条件和需要争取的条件的矛盾、现实情况和变动情况的矛盾等等,矛盾关系就更加复杂了。装备指挥决策在本性上包含着如此复杂的矛盾关系,也就从客观上要求我们必须掌握和运用辩证的思维方法。

辩证思维方法的基本要求,就是在装备指挥决策过程中要承认矛盾,要善于揭露矛盾和分析矛盾,并找到解决矛盾的最优方法。这个分析矛盾解决矛盾的过程,也就是实际的装备指挥决策过程。是否善于运用辩证思维,是装备指挥决策决策成功与否的关键。

三、直觉思维法

从认识论与决策的关系来看,在各种思维中,直觉思维与决策的关系是最为直接和密切的。这是因为,如果说其他各种思维在决策之前的认识过程中运用得更多的话,那么,直觉则更多地直接运用于决策过程本身。直觉与直观是有所不同的。直观可分为感性直观与理性直观。感性直观是感官与外界事物的直接联系,这是认识论中人们谈论得比较多的。关于理性直观问题,荷兰哲学家斯宾诺莎曾将其作为一种最重要的认识形式,但后来人们并未对其作充分研究。这里所说的理性直观,指的是理性超越感性而直接认识事物的本质。这种直观判断,如果说已经具有一定的直觉含义的话,那么,其所指的仍是关于对象已有本质的认识。人们在运用"直觉"这个概念时,往往不是对事物本身"是什么"作出判断,而是对"人应当怎么做"直接作出判断。也就是说,直觉思维通常是指决策性认识的一种方式,即直觉决策。

应当承认,在装备指挥决策活动中,直觉决策所占的比重是相当大的。如果从纯科学的角度看,似乎不应当作直觉决策。但从现实角度来看,有许多情况下的决策只能靠直觉去作出。这里所谓纯科学的角度,就是要求人们在作决策时尽可能地收集有关的各方面的信息和数据,再运用严格的逻辑与数学推论去得出结论。作为一种科学要求,人们必须努力争取这样去做。但现实中却是很难完全做到的。如果能够做到的话,那也只适用于范围较小、关系较简单、变动性不大,而时间又允许的情况。对于涉及范围广、关系复杂、动态性强,而又必须在限定的时间内作出的决策来说,如果信息和数据收集不全,就难于按程序的推论去预测,这时人们就只能更多地依靠直觉来作决策了。这后一种情况,是决策者经常遇到的现实情况,因而运用直觉去作决策在现实中是更为普遍的。反过来说,如果否定直觉决策的话,在现实中人们也就很难作出决策了。

关于直觉决策的特性,研究者们已经作过一些探讨。了解直觉的特性,要通过比较去说明。比如,将直觉和逻辑思维相比较,它表现出非逻辑的跳跃性。逻辑思维是按一定的程序进行的,经过一步一步的论证,最后合乎逻辑地得出相应的结论。因此,逻辑思维总是表现为部分与整体的统一。对决策来说,运用逻辑思维进行决策,也就是遵照决策的科学程序,将决策过程划分为若干个阶段,逐个阶段地进行。直觉思维却不同,问题的结论是直接产生出来的,结论得出来了,论证却尚未进行,甚至不知道该怎样去作论证。直觉的结论也是直接把握对象的整体而形成的,至于部分,则隐没于整体之中了。由于这种思维的跳跃性,直觉结论何时在头脑中产生也就具有随机性。逻辑思维由于是按照一定的程序进行的,每完成一项程序,即向结论靠近了一步,因而,结论的产生是预先能够较准确地推算出来的。直觉却不同,由于思维的直接性和跳跃性,直觉判断何时作出也就难于预知,常是突然产生出来的。

由于直觉决策具有整体性、直接性、跳跃性、随机性、突发性等特点,造成人们对这类决策的评价常常表现出很大的分歧。对其作出否定的评价是相当简单的,只要指出这类决策没有充分的根据就行了。然而,直觉决策的本性,就在于提不出充分的根据,如果能提出充分的根据,已经是理性的逻辑决策而非直觉决策了。可见,直觉决策的成立,通常不在于依靠根据。对于个人来说,肯定自己的直觉决策靠的是自信,对于他人来说,承认他人的直觉决策靠的是决策者的权威。即只有具有权威性的决策者所作的直觉决策,一般才能够得到人们的肯定评价。

虽然决策思维方法可分为经验思维法、逻辑思维法和直觉思维法三类。但实际决策中,单纯运用某一种思维方法的情况并不是很多,多数情况下是各种决策思维方法的综合运用,综合运用时又以某一种思维方法为主,其他思维方法作准备和补充。因此,研究决策思维方法,在对其进行分类的同时,还要注重各种思维方法的综合运用研究。

对经验思维决策方法来说,一方面,有些决策主要是运用经验思维作出的,另一方面,经验思维又贯穿在逻辑思维与直觉思维决策之中。逻辑思维本来就是从经验思维发展而来的。人们无论是进行经验联想还是经验迁移,如果一类联想或迁移多次重复,人们对其间所包含的事物之间的联系就能逐步加深认识,从现象的联系或迁移进而理解后面隐藏着的本质联系。

也就是说,不仅观察到了一组现象后面能产生出某种结果,而且理解了一组现象后面为什么能产生出某种结果,以及产生结果所经历的程序。这样,经验思维也就上升到了逻辑思维。逻辑思维从经验思维发展而来,其功能也就比经验思维更大。它不仅具有思维的重复性或可类比性,还能从已知领域扩展到未知领域。但是,在运用逻辑思维决策方法时,虽然它已经超越了经验思维决策方法,却仍需以经验思维决策方法作补充。即,一项决策从总体来看是运用了逻辑思维决策方法,其中包含的许多片断,却不同程度地在运用经验思维决策方法。如果说单纯的逻辑思维在纯数学或符号演算中还能运用的话,对于现实的决策思维来说,情况就不同了。现实中进行的决策思维,都是针对现实对象的,头脑中出现的并不只是抽象概念和符号,还有大量的经验对象。所以,经验思维的基础越是深厚,运用逻辑思维也就越自如。逻辑思维有丰富的经验思维作补充,才能获得具体性,达到抽象与具体的有机统一。

对逻辑思维决策方法来说,尽管在其主体方法上表现出逻辑思维的特点,但实际上它同样是多种思维方法的综合运用。不仅经验思维作为逻辑思维的基础并渗透于逻辑思维之中,而且在运用逻辑思维方法进行决策时,在某些环节上也难免要辅之以直觉思维方法。作出一项决策,直接相关的信息是多方面的,间接相关的信息所涉及的面更广。从理论上来说,逻辑思维要求取得与决策直接和间接相关的一切信息,再找出它们之间的复杂的逻辑关系,最后才能形成一项决策。但在现实中,我们只能尽力接近这种理论上的要求,要完全做到则基本上是不可能的。现实中作决策时,不可避免地会碰到某些信息不全和某些环节上逻辑关系不清的情况。在这样一些环节上,决策者只能运用直觉判断。虽然直觉判断在这里并不起主导作用,但如果完全排除了直觉判断,逻辑思维决策方法在现实中也是无法运用的。

对直觉思维决策方法来说,就决策产生的直接性这一点上来看,似乎和经验思维及逻辑思维都没有关系。的确,直觉思维决策的特点就在于跳过或超越经验与逻辑而直接作出决策,但如果认为直觉与经验和逻辑无关,那就大错特错了。从现实上来说,每一个有能力作出直觉决策的人,都有深厚的经验决策和逻辑决策基础,否则灵感是不会"降临"到这些人的头脑中去的。从理论上来说,直觉决策之所以能够产生,正是因为以前的经验和逻辑思维在头脑中储存了丰富的信息。直觉的产生,只是在于这些信息摆脱了原来的联系方式,在某一因素的触发下,各信息之间快速地形成新的联系。可见,直觉决策实际上是在更高形态上表现出来的经验、逻辑与直觉的综合运用,经验与逻辑是在更深的层次上对直觉起作用。也正是因为其层次更深,在表现形式上也就隐而不见了。

虽然相对而言,决策思维方法可以分为经验的、逻辑的和直觉的方法,但在现实决策中,这三种思维方法又是综合运用的。如果从过程来考察,我们可以看到,从经验思维到逻辑思维再到直觉思维,还表现为决策思维从低级到高级的不同发展阶段。对于决策过程中体现出来的认识过程,我们也应从这三个不同发展阶段去理解。

第二节　决策推理方法

由于战争的残酷性和复杂性,现代技术特别是信息化条件下作战装备指挥决策必须克服主观臆断的弊病,提高决策的精确程度。这一方面需要一定的数学工具和量化手段,另一方面需要科学的决策推理方法,而在装备指挥决策中后者的作用更为突出。一般情况下,程序化的决策技术对于低层次的战术策略决策作用较大,对于高层次的战略、战役决策作用较小;对于已经获得的决策方案进行严格的可行性分析和论证作用较大,而对于如何灵活地确定总体目标和寻找可行方案的作用较小。而基于指挥员思维的推理方法常常能够弥补这一不足。所谓决策推理,就是指挥员及其指挥机关,为了获得决策结果,根据一个或几个判断推出另一个判断,从而形成方案以及对方案的比较和选择的思维活动,主要包括:形象推理、系统推理、辩证推理和公理推理等。

一、形象推理方法

形象推理就是人们不脱离直观形象和表象而进行的推理活动。形象推理主要包括模拟、形象类比、想象等方式。模拟,就是指挥员根据事物主客体从现象到本质的认识,人为地选择或建立一种与其相似的模型,并在此基础上进行实验研究,然后将其研究的成果运用到作战模型中去,从而达到对于作战主体和客体的进一步认识的方法。从这个意义上讲,模拟既是作为一种特别的实践形式的科学实验手段,也是进行这种实验所采取的推理方法。形象类比,是指由乙事物联想到甲事物的形象,找出二者之间实质上某种相似之处,然后借甲事物形象思考乙事物的道理,使这个道理更加生动地表现出来。

二、系统推理方法

装备指挥决策过程中,经常面临着由众多的因素和错综复杂的关系所构成的复杂对象,处理这样的决策对象,传统的、机械的推理方式已经不再适应,必须用系统推理方式。系统推理的方式,最主要特征就是强调科学推理的整体性原则,把决策对象始终作为一个有机联系的整体,从作战本身所固有的各个方面、各种联系上去考察它,从整体与层次、整体与部分、整体与结构、整体与功能、整体与环境、整体与运动的辩证关系上去把握,从而做出有较好整体效能的决策。系统推理主要表现在四个方面,一是由局部推理转向整体推理,以达到对对象宏观整体的认识。二是决策推理由单向度推理转向系统多向度推理,以达到对决策各个环节和要素的全方位把握。三是决策由封闭式推理转向开放式推理,以把握系统与外部环境的各种交换和联系。四是决策由静态推理转向动态推理,以适应各种变化。系统推理强调动态推理,即决策者要对系统的各种变化制定应变措施,并使自己的推理跟踪决策对象的运动轨迹,把握其全部变化。

三、辩证推理方法

从广义上讲,辩证推理适用于任何自然界和人类社会,同样适用于装备指挥决策。从矛盾论来看,装备指挥决策的矛盾可分为三类矛盾。一是情报矛盾。它的主要矛盾在于为了制定好的决策需要完全掌握情况,但是实际上谁也无法做到;准备决策时要求考虑情况的各个方面,但是处理情报的能力有限;侦察之前指挥员掌握的情报与侦察得来的情报不一致;要隐蔽地进行装备保障准备,时间却有限等都属于这类矛盾。二是资源矛盾。每一阶段多消耗一点弹药、器材和装备意味着保障部队多给敌人损伤,但也减少了将来所需要的储备;将装备保障力量战时训练的时间加长可以提高装备保障能力,但这也包含着轮换力量的减少等。三是时空环境矛盾。难走道路会使部队疲劳,但却往往是最近便的,最不容易被敌人破坏的等。古今中外打胜仗的军事家,都善于从事物的矛盾关系中确定自己的具体行动,也就是"杂于利害"、"审时度势"。运用辩证推理,可以帮助指挥员根据对立统一关系,创造性地做出符合实际情况的正确决策。辩证推理的最大特点在于发现矛盾,解决矛盾,而不在于调和矛盾。矛盾的克服只能用辩证法。指挥员要善于运用辩证推理,提高自己的思辨水平,才能做出有创造性的决策。

四、公理推理方法

公理推理又称为按规则推理,其实质是运用已被实践验证或逻辑证明的大家所公认正确的"公理"而进行的推理。公理推理在自然科学中的巨大作用已经为科学发展史所证明。在装备指挥决策中,公理推理是指根据规律或原则而做出的决策,同样具有重要的作用,只是由于装备指挥决策与一般的非对抗领域的决策相比具有超常性和非重复性的特点,使公理推理的应用范围受到了一定程度的限制和制约。虽然战争充满着偶然性,但这个领域决不是偶然性绝对统治的王国,它同样存在着客观必然性,装备指挥决策同样有规律可循。因此,装备指挥员决不应当拒绝规律和公理推理。

公理推理也有一定的局限性。装备指挥决策这种复杂的社会现象很难由几条公理所包容,且公理一经产生即作为一般原则保存着,并相对固定,装备指挥决策活动则每时每刻都在变化,所以,对装备指挥决策而言,公理总是落后于现实的需要。特别是决策的许多公理并没有阶级性,敌对双方的决策者都可以深谙其真谛,这就使得敌对双方都可以按照同一原则思考问题,进行决策,结果就会出现在新的基础上的作战双方的尖锐对峙。这样一来,任何一方为用同一个公理保护自己,挫败敌人,就不能把思路仅仅局限于这一公理本身,而必须寻求特别的决策,使之既包含公理,又包含一方独有的公理,正是它决定着彼此的命运。例如,"知彼知己"是决策的一条公理,但是由于作战双方都知道这一决策的公理,依靠它并不能完全定下决策,还必须找到他方没有的特殊的"招数",才能克敌制胜。

总之,以上各种推理方式构成了一个多层次、多侧面的有机系统,其中任何一种推理方式都有其存在的理由和不可替代的实际价值。同时任何一种推理方式都不是万能的。各种推理方式的地位和作用虽然不同,但又相互渗透、相互配合、相互补充。对装备指挥员来说,运用决策推理方法,需明确两点:一是运用任何推理方法,都必须客观地观察、分析和研究问题,实事求是地弄清问题本身的特点并贯彻始终;二是运用任何推理方法都必须坚持"两点论",即既要看到其优长,又要看到其局限性的一面。

第三节 系统决策方法

系统方法是研究和考察事物系统与要素、要素与要素以及系统与环境之间的辩证关系,以达到优化处理问题的方法。事实证明:只有运用以现代系统方法为代表的科学方法进行决策,才能使决策更加科学、更加有效。

一、系统整体法

系统整体法是根据系统整体性原理和整体性效应而形成的一种系统方法。所谓系统整体性,指的是各要素按特定需要组合成一个系统时,系统将呈现出各个孤立要素所没有的特性和规律。由此说明,建立一个系统组织,有其重大作用和意义。系统整体性从质和量两个方面表现出系统整体效应。根据系统整体性和整体性效应的观点,我们在研究一个对象时,就应将对象置于系统中来进行考察,即从整体出发去评价要素和要素之间的相互作用,以获得正确的认识,找到解决问题的正确方法,使之能达到预期的目的。这种方法,就是系统整体法。

系统整体法是科学决策的依据。一项决策所要解决的根本问题,就是如何从整体出发去组合要素,使之产生新的质和量,达到决策目标。决策就是为了建立一个新的系统,新的系统则有其系统目标。系统目标确定之后,就应根据目标来建立各个要素之间的联系。每一个要素都能从某一方面为实现目标起到其应有的作用,各个要素的作用联结在一起,也就是系统目标的实现。可见,系统整体法运用得好坏,是决策成功与否的关键。

二、结构功能法

结构功能法是系统整体法的具体化。在坚持系统整体性原则的前提下,当我们着眼于研究系统内部各要素之间的结合关系和联结方式,即研究系统内部的组织、序列、层次和顺序时,就要运用结构功能法了。

系统是有结构的。结构作为系统内部各要素的排列组合方式和相互作用形式,决定着系统的整体功能和特性。可见,结构决定功能,系统的结构不同,功能也就不同。功能是结构的作用,结构是功能的基础,结构与功能的统一,才形成系统整体的性质。由结构决定的功能又有两种:一种是内功能,即系统结构对物质、能量、信息等的储存、加工、转换和输出的能力;另一种是外功能,即系统在与其他系统相互联系、相互作用的动态过程中表现出来的功能。在这里,内功能和外功能的划分是相对的,因为任何一个系统都是较高一级系统的要素,而任何一个系统的要素本身,又是较低一级的系统。由于系统和要素划分的这种相对性,所以,一个系统内部各要素的作用表现出来的是内功能,而当我们将各要素看作系统时,它们的相互作用又成了外功能了。

当系统方法从整体法引伸到结构功能法时,这种方法涉及到系统、结构、要素和功能之间的复杂关系。这中间,无论是要素的数量或性质发生变化,还是系统的层次结构发生变化,都将引起系统功能的变化。要素、结构和系统功能的复杂关系及其变化的多种可能,正是我们在决策中提出多目标、多方案进行选择的根据。

三、控制反馈法

控制反馈法是整体法和结构功能法的延伸和具体运用。如果说整体法和结构功能法还只是从总体上运用于决策,那么控制反馈法在决策中的运用就更加具体了。

所谓控制,本来就是实现系统有目的变化的活动。控制就是对可能性的选择并使之达到选择的目标。控制过程包括三个基本环节:一是了解事物面临的多种可能性;二是在多种可能性中选择某一种作为目标;三是依据一定的控制条件使事物向选定的目标转化。可见,整个控制过程,其实也就是决策过程。或者说决策过程表现为控制过程。

反馈是实施控制的关键环节。所以反馈概念是控制论的核心。"反馈"概念指的是控制系统中传送信息情报的渠道。在系统功能作用于环境时,必然会引起环境的一定变化,产生出一定的结果,这种结果作为信息返回系统内部,系统根据反馈信息或是验证或是调整其结构,从而控制过程做符合目的的运动,促成目标的实现。反馈说明系统具有自动调节的功能,即能通过控制纠正过程与目标之间的偏差。掌握系统的这种自动调节规律并加以自觉的运用,就是控制反馈法。

在决策中运用控制反馈法,对提出、修正和完善决策方案具有重要意义。比如,在形成一项决策的设想之后,可以先按设想方案制作模型或在小范围内进行试验,通过研究模型功能或检查试验情况,将信息返回决策机构,决策机构则可根据反馈信息对决策方案作修改调整,使决策逐步接近最优。即使在决策制定之后,在整个实施过程中,也必须进行反馈控制。可见,控制反馈法是在整个决策过程中都贯穿着的一种重要方法。

四、系统演化法

系统演化法是在掌握系统形成、发展和变化规律的基础上,运用这个规律来认识问题和解决问题的一种方法。

系统演化是一种普遍现象。即任何系统都处在不断的变化发展过程之中,一个特定的系统,本来是由别的系统变化发展而产生出来的,其变化发展又必将产生出新的系统。系统的演化,意味着旧系统的消亡,新系统的诞生。演化的结果必将导致系统的质变,质变又以时间、空间两种形式表现出来。从时间上来看,系统演化可以归结为两种方式,即渐变方式和突变方式。渐变是旧系统逐步过渡到新系统的方式,突变则在瞬间完成旧系统的消亡与新系统的产生。从空间上来看,系统演化也可以归结为两种方式,即分叉与汇流。分叉是旧系统消亡时,演化成什么样的新系统有多种可能,最后演化出哪些系统则依条件而定。汇流则是指若干个不同系统通过演化而汇合成一个新系统。

系统演化说明,系统是在时间和空间中变动的,掌握这个规律并将其应用于决策,就不能将决策固定化,而要使决策随时间的推移和空间的变化而变化。过去最优的决策,不等于现在和今后都最优;此地最优的决策,不等于在彼地也最优。科学的决策,必须根据情况的变化而变化,如果原来的决策不适用了,就应重新制定新的决策。

第四节　定量决策方法

定量决策方法讨论的是各种不同的决策模型及其应用问题。随着现代决策研究的发展,定量决策方法也越来越多,如:线性规划、比率分析、盈亏界点分析、时间序列分析、库存模型、排队论、对策论、预算控制、设备更新分析、收效矩阵、决策树、网络分析和模拟等。逐一介绍这些决策技术及其使用,需由专门著作来完成,在此只能分析其中较为重要的和常用的几种。

一、线性规划方法

(一) 基本理论

线性规划属于运筹学的一个分支问题,将其作为量化决策技术模型,主要作用在于寻求决策的最优方案。线性规划主要说明在一个事件发展受多因素影响时,各个因素的变动有一定的比例关系,找到合理的比例,决策就能产生最优的效果。这种方法中所使用的实际计算常常是复杂的,但可用一种称为单纯形法的通用程序来处理。

从数学角度分析,线性规划问题具有以下共同点:一是每个问题都用一组变量来表示某一方案;二是都有一定的约束条件,且约束条件都由一些线性的等式、不等式组成;三是都有一个目标要求,并且这个目标可以表示为一组未知数的线性函数——目标函数。按研究问题的不问,要求目标函数实现最大化或者最小化。

有了以上概念,可以给出如下定义:线性规划是在线性等式、不等式约束下,求某一线性目标函数的最大值或最小值。线性规划的一般数学模型可描述为

$$\min(\max)Z = c_1x_1 + c_2x_2 + \cdots + c_nx_n \tag{8-1}$$

$$\begin{cases} \text{s.t.} & a_{11}x_1 + a_{12}x_2 + \cdots + a_{1n}x_n \leq (=,\geq)b_1 \\ & a_{21}x_1 + a_{22}x_2 + \cdots + a_{2n}x_n \leq (=,\geq)b_2 \\ & \cdots \\ & a_{m1}x_1 + a_{m2}x_2 + \cdots + a_{mn}x_n \leq (=,\geq)b_m \\ & x_1,x_2,\cdots,x_n \geq 0 \end{cases} \tag{8-2}$$

式中:c_i、a_{ij} 和 $b_j(i=1,2,\cdots,m;j=1,2,\cdots,n)$ 是已知(或可测得)的;$x_j(j=1,2,\cdots,n)$ 是待求的变量。方程(8-1)称为目标函数,方程(8-2)称为约束条件,最后的不等式称为线性规划问题的非负条件。

如果有一组解为 $X=(x_1,x_2,\cdots,x_n)^T$ 满足所有约束条件,则称它为线性规划问题的一个可行解。全部可行解构成的集合称为可行域。能使目标函数达到最大值或最小值的可行解,称为线性规划问题的最优解。

(二) 关于备件保障决策的案例

运用线性规划的方法解决决策问题,是一种较为常见的量化方法。本

书以备件保障决策问题为例,举例分析该方法在装备指挥决策中的应用。

1. 问题描述与假设

决定装备群系统任务成功的重要因素是装备中某些外场可更换部件(LRU)的备件满足水平。假设某系统由 i 类装备组成一个装备群系统,系统的可靠性为 R_s^*,每一类装备由 M_i 类 LRU 组成,每类 LRU 数量为 1 个,互相之间为串联关系。每一类 LRU 备件故障率为 λ_{ij},数量为 X_{ij},单价为 C_{ij}。任务期间备件携行量 $X_i = (X_1, X_2, X_3, \cdots, X_M)^T$,$C_i = (C_1, C_2, C_3, \cdots, C_M)^T$,任务时间为 T_s。问题是在低于一定风险和一定费用的基础上,求装备群系统中单个装备的最优的备件携(运)行量。假设如下:

(1) 备件寿命服从指数分布;

(2) 备件在储存期内不会发生故障;

(3) 任务期间内备件无补充;

(4) 考虑的部件均为不可修件;

(5) 不同备件更换时间相同。

2. 模型的建立和方法的提出

一个装备群系统可以按装备级、部件级、零件级等逐渐展开,如图 8 – 1 所示。

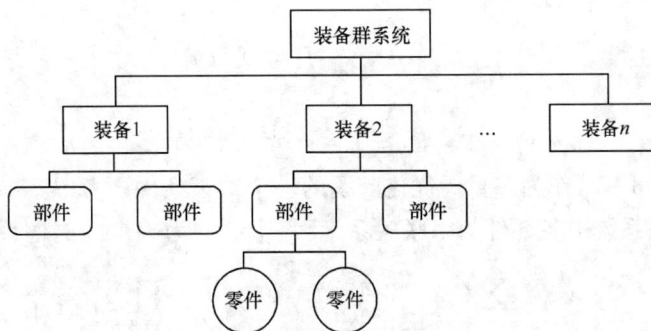

图 8 – 1 系统的分解

对于此装备群系统,采用结合 ACREE 法,将实际装备环境中的环境、维修、标准化、元器件质量等对可靠性分配有影响的因素考虑进去。这种新的可靠性分配法不仅考虑到了装备系统制造中各装备部件标准化、维修和元器件质量对装备可靠性分配的影响,而且考虑到了理论分析计算中装备重要度、复杂度对单元可靠性分配的影响。

对于装备群系统服从指数分布的串联结构模型系统,第 j 个分系统的可靠性为

$$R_j = [R_s(t)]^{\prod\limits_{i=1}^{n} K_{ji} / \sum\limits_{j=1}^{N} \prod\limits_{i=1}^{n} K_{ji}} \qquad (8-3)$$

两边取对数,得

$$\ln(e^{-\lambda_j t_j}) = -\lambda_j t_j = \frac{\prod\limits_{i=1}^{n} K_{ji}}{\sum\limits_{j=1}^{N} \prod\limits_{i=1}^{n} K_{ji}} \cdot \ln(e^{-\lambda_s t_s}) = \frac{\prod\limits_{i=1}^{n} K_{ji}}{\sum\limits_{j=1}^{N} \prod\limits_{i=1}^{n} K_{ji}} \cdot (-\lambda_s t_s)$$

$$(8-4)$$

推导出其分配公式如下:

$$\lambda_j = \frac{\prod\limits_{i=1}^{n} K_{ji}}{\sum\limits_{j=1}^{N} \prod\limits_{i=1}^{n} K_{ji}} \cdot \frac{t_s}{t_j} \cdot \lambda_s \qquad (8-5)$$

式中:λ_s、λ_j 分别为系统、第 j 个装备的故障率;K_{ji} 为第 j 个单元、第 i 个分配的加权因子。通常考虑的加权因子有重要因子、复杂因子、环境因子、标准化因子、维修因子和元器件的质量因子。

分配给各系统的可靠度为

$$R_j = e^{-\lambda_j t_j} = e^{-(\prod\limits_{i=1}^{n} K_{ji} / \sum\limits_{j=1}^{N} \prod\limits_{i=1}^{n} K_{ji})\lambda_s t_s} \qquad (8-6)$$

$$V_j = 1 - R_i = 1 - e^{-(\prod\limits_{i=1}^{n} K_{ji} / \sum\limits_{j=1}^{N} \prod\limits_{i=1}^{n} K_{ji})\lambda_s t_s} \qquad (8-7)$$

将式(8-7)作为多目标优化问题的一个约束条件。考虑其中一个装备系统,装备系统中各部件为串联关系,而每个部件为一个冷储备系统。以费用 $f_1(X) = C \cdot X^T = \sum\limits_{i=1}^{M} C_{ij} X_{ij}$ 和风险 $f_2(X) = 1 - \prod\limits_{k=1}^{X_i} \sum\limits_{i=1}^{M} \frac{(\lambda_i T_s)^i}{i!} \cdot e^{-\lambda_i T_s}$ 为目标函数,建立下面多目标模型:

$$V - \min_{x \in A} f(x) = (f_1(x), f_2(x))^T$$

$$\begin{cases} V \leqslant V_j \\ C = \min(\sum C_{ij} X_{ij}) \end{cases} \qquad (8-8)$$

V_j 作为风险指标的一个约束条件,要求费用最小,假定各种装备的 LRU 给出,利用式(8-8)对系统进行建模。

3. 案例分析

假设以某机械化步兵旅执行作战任务为研究对象,其装备主要由保障装备(修理车、通信车)和主战装备(装甲车)组成。假定装备群系统的可靠性为0.9,每个装备的备件不多于2个,时间为100h。求某机械化步兵旅在任务期间各装备子系统的LRU最优备件携行量。

1)系统可靠性分配计算

系统是由修理车、通信车、工程车、装甲车和坦克组成。系统中各种因素的加权因子是以修理车为标准装备,取其加权因子为 $K_{ij}=1$,然后将其他装备与标准装备相比较。根据经验,选取相应装备的加权因子。

由于系统的可靠性模为串联模型,根据以往经验得各类装备的重要度因子 K_{j2} ,见表8-1。

表8-1 初始数据

装备名称	LRU 数 n_i	复杂度 C_j	复杂度因子 K_{j1}	重要度因子 K_{j2}
修理车	3	3/17	1	0.2
通信车	3	3/17	1	0.5
装甲车	3	3/17	1	1

复杂度 C_j 定义为装备中所含的重要零件、组件(其失效会引起装备失效)的数目 N_j 与系统中重要零件、组件总数 N 之比,即第 j 个装备的复杂度。其公式如下:

$$C_j = \frac{N_j}{N} = \frac{N_j}{\sum_{j=1}^{N} N_j}, j = 1,2,\cdots,N \qquad (8-9)$$

由此,可以计算系统中各个装备的重要组件数 N_j ,各装备的复杂度 C_j 和各装备的复杂度因子 K_{j1} 。计算结果见表8-1。

环境因子 K_{j3} 一般包括温度、湿度、振动和冲击。不同的环境条件,对可靠性的影响也是不同的,恶劣环境条件的设备,分配的可靠性指标应该低一些,环境因子应该大一些。标准化因子 K_{j4} 、维修因子 K_{j5} 及元器件质量因子 K_{j6} 都可以先定性地分析。对标准高的元器件质量高的、维修比较方便的单元和分系统,指标可以分配得高一些,加权因子分配得比较低;反之,指标分配得低一些,加权因子分配得比较高。系统各装备加权因子的分析计算结果见表8-2。

表 8 - 2   系统中各装备的加权因子

装备名称	K_{j1}	K_{j2}	K_{j3}	K_{j4}	K_{j5}	K_{j6}
修理车	1	1	1	1	1	1
通信车	1	1	1	1.1	1	1
装甲车	1	1	1	1	1.2	1

在装备群系统执行作战任务时,由于每个装备都是同时进行的,所以时间都为 T_s,系统的平均故障时间的规定值为 100h。对系统中每个装备进行可靠性分配,由式(8 - 6)和式(8 - 7)分别求出每个装备的可靠度 R 和每个装备的风险约束上限 V_j:

$$R_1 = 0.9635, R_2 = 0.9695, R_3 = 0.9816$$

每个装备的风险为 V_i:

$$V_1 = 0.0365, V_2 = 0.0305, V_3 = 0.0184$$

2) 优化分析

初始数据见表 8 - 3。

表 8 - 3   初始数据

装备种类	LRU 编号	LRU 单价/万元	LRU 故障率
修理车	1	1	0.003
	2	2	0.002
	3	3	0.001
通信车	4	3	0.002
	5	1	0.003
	6	3	0.002
装甲车	11	1	0.003
	12	4	0.002
	13	5	0.001

将 3 类装备的 LRU 分别建立一个串联系统,对单个装备的 LRU 进行优化分析,建立装备系统费用和风险模型解析式,见式(8 - 8),在假定给出各种 LRU 的备件携行量为(0,2)情况下,考虑费用为目标时,费用越小,方案越优。

通过 MATLAB 软件计算(图 8 - 2),得到了相应的风险和总费用在满足装备群系统分配给各装备的风险约束条件下,从图 8 - 2 中得到 pareto 最优的 LRII 携行量方案。图 8－2 中实线（风险上限）下面的点都满足要求，利用风险费用比增值进行优化，得到最优的备件携行方案，以及每一种装备的最优携行量，见表 8－4。

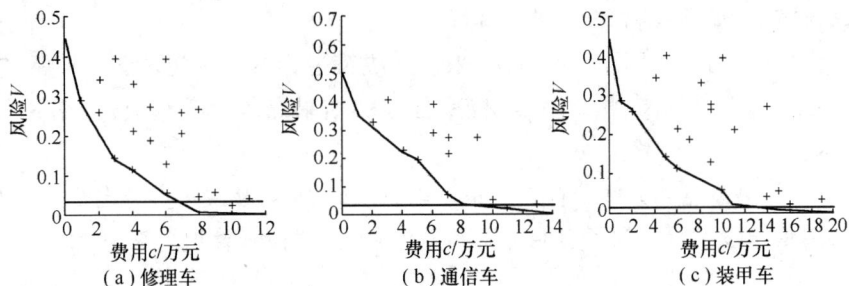

图 8－2　Matlab 生成的 3 类装备备件携运量

表 8－4　备件的最优携行量

装备种类	风险 V_i	总费用 C_i/万元	最优备件携行量 X_i
修理车	0.0365	7	[2　1　1]
通信车	0.0305	11	[2　2　1]
装甲车	0.0184	15	[2　2　1]

二、图与网络方法

自然界和人类社会中的大量事物以及事物间的关系，常可用图形描述。图是由点及点之间的一些连线构成的，它通常描述某些研究对象之间的某种特定的关系。因此，可以说，图是反映研究对象之间关系的一种工具。在一般情况下，图中点的相对位置如何，线是直的还是弯的，往往并不很重要。

在许多实际问题中，常要在图的点或线旁标上数。这些数在不同场合下，可以赋予它不同的含义，我们通常称这些数为权，这种图为赋权图。赋权图也常称作网络。典型的网络方法主要有最小树问题、最短路问题和最大流问题等。

本书主要介绍两种图论的应用方法：一是决策树分析法；二是选址问题的最短路径法。

（一）决策树分析法

决策树分析法是以决策树为分析手段的一种决策方法。其主要特点是使用了决策树图,因而整个决策分析过程具有直观、简要、清晰等优点。决策树分析法既可用于单阶段的决策,也可用于多阶段的复杂决策。运用这种分析方法要求把方案的一连串因素按它们的相互关系用树形图表示出来,再按决策的原则和程序进行选优。

决策树图是运用图论的方法,来表达决策过程的一种树形图。通常,它由决策点、方案分枝、状态节点、概率分枝和结果点等部分组成,如图8-3所示。

(1)决策点和方案分枝。决策点以方形框表示,从决策点分出全部方案分枝,用线段表示。为了表明方案的差别,可在线段上注明方案号和方案的内容。

(2)状态节点和概率分枝。状态节点以圆圈表示,圆圈中标注状态结点号,从状态节点分出全部状态分支,用线段表示,为了表明各个自然状态的差别,通常在线段上标注各个状态的发生概率,故这些线段称为概率分枝,又称状态分枝。概率分枝上还可注明状态号和状态内容。

(3)结果点。结果点以小三角表示,它画在概率分枝的末端,通常在结果点要标注该方案在该自然状态下的损益值。

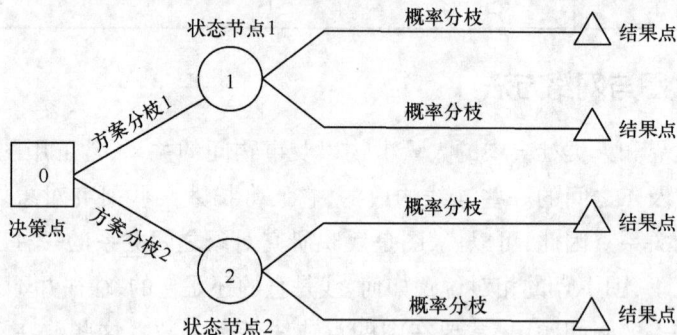

图8-3 决策树结构图

运用决策树分析法进行决策,以计算各方案在各种自然状态下的损益期望值为决策标准。决策分析时,首先,要按书写的逻辑顺序从左向右横向展开,画出决策树图;其次,从右向左逐一进行计算各个方案的损益期望值;最后,再从左到右分级比较各方案的损益期望值,并进行方案选优。所以,可得出决策树分析法的计算步骤如下:

第一步:绘制决策树图。由上述分析可知,决策树图是人们对某个决策问题未来可能发生的情况与方案可能结果所作出的预测在图纸上的表示。因此,绘图前必须预先确定有哪些方案可供决策时优选,以及各方案的实行,将会发生何种自然状态,如遇多级决策,还要预先确定二级、三级等的决策点。然后,从左向右,由决策点开始,逐级展开各方案分枝、状态节点、概率分枝和结果点等。

第二步:计算损益期望值。损益期望值的计算要从右向左依次进行。首先根据各自然状态的发生概率和相应的损益值,将它们相乘得到各自然状态的损益期望值。当遇到状态节点时,计算其各个概率分枝的损益期望值之和,并将它标注在状态节点上。当遇到决策点时,则将状态节点上的数值与方案分枝上的数值求和,并把汇总数中的最大值标注在决策点上。

第三步:剪枝选定方案。剪枝是方案的比较选优过程,它在前两步的基础上,从左向右对各决策点的各个方案分枝逐一比较,凡是状态节点上的数值与方案分枝上的数值求和后小于决策点上数值的方案分枝,一律剪掉。对于被剪掉的方案分枝,若其以后还有二、三级决策点,都不再考虑剪枝。最后,只剩下一条贯穿始终的方案分枝,它所表明的方案即为选定的最优方案。

可见,决策树分析法可以使各个方案的有关事件及其发生概率一目了然,可以明确地计算出各个方案的预期盈亏和比较优选各个方案,还可以简化多阶段决策问题。

按照层次的多少,决策树分析法可分为单级决策树分析法和多级决策树分析法。

单级决策树是只包括一个决策点,即只包括一级决策的决策树。应用这种手段的分析法称为单级决策树分析法。它简单迅速,是解决单级决策问题的有效方法之一。

多级决策树实际上是单级决策树的复合,即把第一阶段决策树(单级决策树)的每一个末梢,作为下一阶段决策树(下一个单级决策树)的根部;再下一阶段还可依次类推,从而形成多枝多叶的多阶段,即多级决策树。采用这种手段的分析法称为多级决策树分析法。应用多级决策树分析法进行分析决策,也分为绘制决策树图、计算损益期望值和剪枝选定方案三个步骤。但是,它不是在第一阶段走完三步之后再进行下一阶段,而是从左向右完成所有的第一步绘制决策树图之后,再从右向左完成所有损益期望值的计算,最后才从左向右对各个决策点逐个剪枝。其常被用来解决多层次的复杂决策问题。

(二)选址问题的最短路径法

在一个连通网络中,求从某一指定的节点(始点)到另一个指定的节点(终点)的一条路,使其路的长度最短,称作最短路问题。

所谓选址问题,是指在执行装备保障任务时,经常需要确定抢修车与人员的待命地点,一旦出事,以便尽快赶到出事地点。在一个连通的交通网络上,将抢修车与人员的待命地点选在哪个节点上,这就是所要研究的选址问题。

下面,举例分析选址问题的最短路径方法(图8-4)。

例:某部所辖7个分队分别在7个地方(节点)作业,交通网络如图所示,旁边数字是路程(单位为km),试给出设备维修车停放的待命节点,以便每个作业点发生设备故障,抢修车都能在1h内赶到出事地点(抢修车的速度为50km/h)。

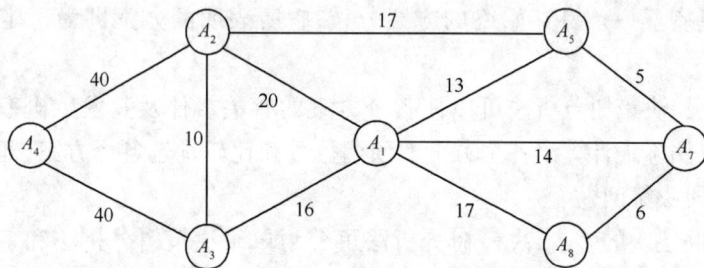

图8-4 交通网络上的选址

分析:问题是抢修车停在哪个节点上待命,一旦某个作业点发生故障,抢修车能在1h内到达。也就是说,待命节点离最远的节点不能超过50km。对于网络中任意两个节点之间都求出最短路的长,列成表8-5,通过比较,可知将抢修车停在 A_2 处或 A_3 处待命是最优的选择,可以保证1h内到达任何出事地点。

三、风险决策法

装备指挥决策活动是装备指挥活动的核心环节,发挥着关键作用,其正确与否将直接影响到装备保障的成败。然而,由于战争的复杂性、战场情况

表8-5 各节点间的最短路

距离 终点 起点	A_1	A_2	A_3	A_4	A_5	A_6	A_7	网络上离停车点最远距离
A_1	0	20	16	56	13	17	14	56
A_2	20	0	10	40	17	28	22	40
A_3	16	10	0	40	27	33	30	40
A_4	56	40	40	0	57	68	62	68
A_5	13	17	27	57	0	11	5	57
A_6	17	28	33	68	11	0	6	68
A_7	14	22	30	62	5	6	0	62

的不确定性和盖然性,装备指挥决策不可避免地存在着风险,如何最大限度地规避风险至关重要。

(一)装备指挥决策风险辨识

1. 基本概念

1）决策风险

目前,学术界对风险(Risk)的内涵还没有统一的定义,出于对风险的理解和认识程度不同,或对风险的研究角度不同,不同的学者对风险概念有着不同的解释。在一般意义上,风险指"可能发生的危险"。[1] 有学者从风险发生后的损失与可能性上定义风险,把风险定义为:在一定条件下和一定时期内,由于各种结果发生的不确定性而导致行为主体遭受损失的大小以及这种损失发生可能性的大小,风险程度由"损失发生的大小"和"损失发生的概率"两个指标进行衡量。[2] 也有学者从风险发生的机理来定义风险,认为:风险是在一定时间内,以相应的风险因素为必要条件,以相应的风险事件为充分条件,有关行为主体承受相应的风险结果的可能性。[3] 这里,风险因素、风险事件与风险后果构成了风险三要素。其中,风险因素是风险形成的必要条件,是风险产生和存在的前提。风险事件是外界环境变量发生预料未及

① 中国社会科学院语言研究所词典编辑室. 现代汉语词典[M]. 外语教学与研究出版社,2002年11月第1版.
② 许谨良. 风险管理[M]. 中国金融出版社,2003.
③ 严武,程振源等. 风险统计与决策分析[M]. 经济管理出版社,1999.

的变动从而导致风险结果的事件。它是风险存在的充分条件,在整个风险中占据核心地位。风险事件是连接风险因素与风险结果的桥梁,是风险由可能性转化为现实性的媒介。还有学者认为,决策风险是决策者在为达到一定目的进行决策的过程中,在决策条件不确定的情况下,所面临的无法保证决策方案付诸实施后一定能够达到所期望的效果的危险。①

从上述定义可以看出,决策风险是对未来某些不利事件的出现所导致不利结果的描述,这一点说明风险与主体决策行为具有关联性。决策是决策主体在审视自身与环境各种条件因素的基础上,对其未来行动的计划安排。决策主体认识的局限性、环境的复杂性和动态性,可能使未来行动计划的结果不甚理想或者行动失败,因此,决策是有风险的,决策风险的存在是客观的。决策风险一般是小概率事件,但并不意味着它不会发生,在它发生之前我们称之为风险,在它发生之后我们则称之为损失。损失是我们不希望看到的,所以从管理的角度而言,决策者应当在方案实施之前加强风险评估,明确方案风险的来源、影响因素与风险可能造成的损失大小,通过比较风险大小选择最佳行动方案,或者补充制定相应的防范措施减轻或转移决策风险。

决策风险与许多主客观因素相关。从决策行为的本质特征看,它是一种面向未来的实践活动,即人们在行动之前对其行动的目标、方案、步骤、方法进行谋划、选择和决断。虽然人们在作决策时,可以根据历史经验、事物发展规律和动态变化趋势,对未来可能出现的情况作出预测和评估,但未来情况毕竟与过去发生的事和历史经验不同,与决策者所处环境的现实状况也有明显差别,因而,当决策进入实施阶段时,因客观情况变化而出现风险是难以完全避免的。从决策活动的运行规律看,决策实践过程中存在决策者、决策对象、决策环境三者之间构成的复杂关系,任何一方面出现干扰,如,决策者的心理素质、知识能力、实践经验存在缺陷,决策事项相关信息把握不准或失真,决策实施时的内部、外部环境出现较大变化,都会使决策产生不同程度的风险。从矛盾的客观性和运动规律看,决策时冒一定风险并不一定是坏事,关键问题在于知道风险在哪里,风险有多大,风险出现时有什么危害,采用什么应对措施降低风险、减少风险造成的损失。至于战时敌我双方的对抗型决策,

---

① 史越东. 指挥决策学[M]. 解放军出版社,2005:150.

受战场环境、战斗进程、战损情况、谋略运用、战役战斗态势等主客观因素的影响更大,如果指挥员害怕风险而不能当机立断适时作出决策,就可能错过战机而导致需要付出更大的代价才能实现军事斗争目标。

2）决策风险的特点

要想深入理解决策风险的科学概念,必须全面了解其所具有的各种性质。不论在经济、政治还是军事领域,决策风险作为一个科学概念,具有以下基本特点:[1][2]

一是客观性和普遍性。风险是不以人的意志为转移的客观存在,且在整个决策过程中,风险无处不在、无时不有。虽然行动主体希望认识和控制风险,但只能采取一定的措施降低其发生的概率,减少损失的程度,而不能完全消除风险。

二是隶属性。即任一风险都是与一定的行为主体、行为目的和行为过程相关联的。第一,风险总是相对于某个人或某些人而言的。对某些人说来是风险的情况,而对另一些人说来却并不一定是风险。所以,具体的风险都隶属于具体的行为主体。第二,风险总是伴随人类的社会实践而存在的。如,不入股市,自然就不存在股市风险;不投资,自然就没有投资风险;不决策军事行动,也就不存在指挥决策风险。因此,具体的风险都隶属于具体的行为过程。第三,风险是相对于安全而存在的。风险总是与一定的行为目的相对应的,行为目的不同,与其相联系的风险就不同。如果不针对一定的目的,有无风险就无从判断,风险的大小也无法衡量,这就是度量风险的相对性原理。总之,在现实中所产生的风险,总是依赖于人类有目的的实践活动而存在,现实中并不存在那种与行为主体、行为目的和行动过程无关的、抽象的、孤立存在的风险。

三是不确定性。不确定性是决策风险的本质特征。由于影响因素的多样性和复杂性、决策中客观条件的不断变化以及对未来变化认识的不充分性,决策行为引发的风险是否发生、在何时何地发生,以及所造成的损失和危害的范围和程度等不能完全确定,也不可能被事先准确地加以预测和确定,因此,决策风险就是各种不确定因素综合的产物。

---

① 史越东. 指挥决策学[M]. 解放军出版社,2005:151.
② 吴晓云,高振彪. 装备指挥风险初探[J]. 炮兵学院学报,2007(4):42-45.

四是危害性。即风险可能会导致各种损失的发生,而这些可能发生的不同程度的损失,会对行为主体的社会实践活动造成危害。正是由于风险具有危害性,会直接影响到人们在经济、军事等活动中能否实现预定目标,所以,风险问题,总是能引起人们的高度关注。风险的危害性,不仅可以直接妨碍人们实现预定目标,而且也可以通过其蕴含的潜在危险使行为人或决策者感到焦虑和恐惧,从而降低主体活动的有效性,妨碍其发挥正常的能力和水平,最终间接地影响其实现既定目标的能力。

五是潜在性。尽管决策风险是一种客观存在,但它的不确定性,以及风险形成规律的随机性和偶然性,决定了它的出现只是一种可能,这种可能要变为现实还有赖于决策中其他的相关条件,这一特性就是决策风险的潜在性。正是由于这一特性,才使得可以利用科学的方法,正确鉴别决策风险,改变风险的环境条件,以减小风险、规避风险。

六是并协性。即任何存在于某一行动过程中会对行为人造成潜在危害的风险,一般总是与该行动试图实现的目标利益相对应的。换句话说,行为人之所以甘愿冒风险而实施某一行为过程,总有其特定利益为背景,否则就不会去实施这一行为过程。风险并协性的一般规律是:行为的可能获益越大,与之相伴随的风险往往也越大,二者呈现正相关关系。这就是俗话说的"不入虎穴,焉得虎子"。风险的并协性决定了在作战中,指挥决策者只有敢于冒险和善于驾驭风险,才有可能赢得较大的胜利。

3) 装备指挥决策风险

对于军事决策来说,决策条件不确定是一种普遍现象。因此,在装备指挥决策中,装备指挥员一般面对的都是风险决策问题。对于风险决策,决策者一般总是力图通过广泛搜集有关信息的方法来最大限度地减小关于决策条件的不确定性。例如,当情况不明时,决策者首先是通过组织侦察以及其他手段以查明情况,然后作出决策。但是,在战争中的绝大多数情况下,有关决策条件的信息是无法搜集完全的,即决策条件的不确定性一般很难完全消除,而决策的时效性又要求决策者在一定的时限内尽快作出决策。在这种情况下,决策者就必须面对不确定的决策条件作出决策。因此,装备指挥决策其实就是一种军事领域中的风险决策。

根据决策风险的概念,结合装备指挥决策的相关内涵,可以将装备指挥决策风险界定为:装备指挥员及其指挥机关为顺利完成装备保障任务,在组织筹划、实施和撤收装备保障过程中,由于决策条件中各种不确定因素的影响,其所制定的装备保障方案在一定时间内产生不利结果的可能性以及造成潜在损失的程度。各种不确定因素的存在是战争自身矛盾运动的结果,装备指挥人员无法回避,只能正确估计其发生的概率,科学判断风险形成损失的程度,积极主动去处置、控制风险。

4)装备指挥决策风险特点

装备指挥决策风险,是一种与战争暴力活动相联系的特殊的决策风险。它除具有决策风险的一般性质外,还具有其不同于一般风险的特殊性质,主要体现为以下几点:

一是严重的危害性。孙子曰:"兵者,国之大事也。"战争是暴力的对抗,是流血的政治。经济风险,其危害性一般主要表现为金钱的损失以及对环境和资源的破坏;但装备指挥决策风险,其危害性则严重得多,它不仅表现为大量生命财产的损失,而且关系到战争的胜败、国家利益的得失,甚至民族的存亡。因此,装备指挥决策风险具有致命的危害性,其严重程度是任何其他活动中的风险所无法比拟的。

二是不可转移性。个人风险、企业风险可通过预先付出较小的代价购买保险而将其转嫁于保险公司,经济风险可通过股票上市转移到股民身上。而装备指挥决策风险是不可转移的,因为没有战争保险公司,装备指挥决策风险的后果只能由战争的行为主体来承受。在实际中,装备指挥员必须面对风险做出判断、处置和选择,并且必须为可能遭受的风险损失承担责任。因此,装备指挥决策风险的防控不同于一般风险,是无法分散和转移的,装备指挥员只能通过提高决策的质量以在一定程度上控制和降低风险。

三是不可弥补性。作战活动不同于一般的社会实践活动,在经济活动中,暂时的损失,可以通过后期经营弥补回来,而以国家利益和人的生命为代价的而装备保障行动是绝少有机会能再重新来过的。一次装备保障行动的成败将有可能极大地影响交战双方的对抗态势和实力对比,失败的一方很可能一蹶不振,无力再战。即使下次再交战,情况也会发生很大的变化。孙子曰:"怒可复喜,恨可复悦,亡国不可以复存,死者不可以复生。故明君慎之,良将警之。"①装备指挥决策风险所造成的损失和危害,不仅具有严重

---

① 《孙子兵法·火攻篇》.

性和致命性,而且具有不可弥补性。因此,进行装备指挥决策必须慎之又慎。

四是主、客体的特殊性。装备指挥决策活动不具备开放性,制定装备保障行动方案一般仅依赖于参谋部门,因此,不能广泛地征询方案风险因素及其造成损失的可能性和大小,只能由装备指挥员机器指挥机关凭借自己的常识、意识与经验等加以鉴别和判断。

五是分析方法的局限性。因主、客体的特殊性,一些通常的风险识别方法,如专家调查法因需要开放的环境难以应用;一些时效性高、较复杂的评价方法,如概率风险分析方法等难以实行。因此,装备指挥决策风险分析方法必须能够满足其特殊要求。

六是风险处理的艺术性。决策风险的隶属性与并协性特征,使得不同的指挥员对同一风险事件的不同决策,在战场环境中表现为决策行为的艺术性,不同的装备指挥决策会产生不同的风险处理结果,这种结果也体现出了装备指挥决策风险处理的艺术性。

2. 装备指挥决策风险的来源

装备指挥决策不仅是装备指挥人员在决策中运用方法和技术的结果,也是其在心理因素作用下对决策相关信息进行转化的产物。实现装备指挥决策的科学化,必须同时满足四个条件:一是有准确可靠的信息作为决策基础;二是有合理的体系结构和完善的法规制度作为保证;三是有专业的智囊团和高素质的参谋群体作为决策辅助;四是有先进的决策手段和科学的决策方法作为决策支持。因此,影响装备指挥决策的因素主要有决策环境、决策信息、决策手段和决策行为等,它们相互作用,共同决定决策的时效和质量,同时也给装备指挥决策带来了风险隐患。

装备指挥决策的风险源主要应从以下几个方面考虑:①②③

第一,谋略对抗的加剧。战争的暴力性决定了装备指挥决策的对抗性。④ 信息化条件下作战,装备指挥决策的高度对抗性,在很大程度上表现

① 龚时兴. 浅析指挥决策风险及其对策[J]. 华南军事,2009(8):17-18.
② 梁阔,程炜等. 信息作战指挥决策风险的产生原因及对策[J]. 桂林空军学院学报,2011(1):1-3.
③ 赫晓波,王晓凡. 浅谈风险决策在炮兵作战中的应用[J]. 炮学杂志,2006(6):20.
④ 韩志明. 作战决策行为研究[M]. 国防大学出版社,2005:6.

为决策者谋略、思维、心理等方面的对抗,而且往往隐藏于作战行动之后。这种内在的无形对抗往往比外显的有形对抗表现得更为激烈。尤其是随着作战双方对后方打击力度的增大,装备指挥决策的对抗性必将表现得更加强烈和直接。作战双方为了阻止对手获得正确的战场信息,伪装和欺骗是常用的手段;为了在精神上鼓舞己方士气,并给对手以最大的震撼以瓦解其士气,采取包括欺诈在内的一切措施保持己方装备保障行动的突然性和有效行是实施装备指挥决策的首要目的。在装备指挥决策过程中,间接的谋略对抗将更加激烈,对抗双方的施计用谋,使战场情况更加变化莫测,装备指挥决策风险将进一步加剧。

第二,信息迷雾的加重。信息化条件下,装备指挥决策对信息的依赖程度越来越高,但信息过剩、信息老化、信息失真以及虚假信息等现象大量存在,克劳塞维茨曾把这类战场上不确定性的信息比喻为"战争迷雾",这些信息的大量存在不仅对提高决策科学性毫无帮助,相反会增加决策的风险。一是信息容量对装备指挥决策的影响。特定的决策所需信息数量和范围是一定的,并不是获取信息越多越好,关键在于能够满足决策需要,过剩的信息不但会浪费大量的人力、物力和网络资源,同时增加了情报信息处理的时间和难度,这必然会降低决策速度,增加决策风险。二是信息真伪对装备指挥决策的影响。受信息甄别处理能力的限制,老化、失真和虚假的信息不可能完全从真实信息中剔除,总有一部分会残留在决策信息中,这使得信息的准确度和可信度降低,导致决策风险增大。三是直觉思维对装备指挥决策的影响。自相矛盾、模棱两可的战场信息将会干扰装备指挥员的正常判断,在信息真伪不确定的条件下,装备指挥员只能凭个人经验和直觉进行决策,这就使得决策中感性成分和人为因素增加,从而使装备指挥决策带有很大的随机性和不确定性。

第三,主体智力的局限。一是思维局限性。装备指挥决策活动的核心是人脑的思维。装备指挥决策的过程,实质上就是装备指挥员找出在现实的客观条件下达成主观愿望的"最佳"方法的思维过程。人对现实世界有什么样的认知,往往决定了其思维的方式及其效果。信息化战场无界限,力量无均衡,时间无先后,范围无限制,作战样式、作战环境和作战手段都在不断更新变化,从未遇到过的或不典型的新情况、新问题不断涌现,如果装备指挥员一味固守纯经验式的惯性思维,组织、指挥装备保障就会受制于传统的经验原则，势必难以找到有效解决新问题的办法，从而增加装备指挥决策的风险。二是知识结构的局限性。合理的知识结构是装备指挥员驾驭信息化条件下联合作战装备指挥决策活动的基础。信息化条件下联合作战，装备指挥决策工作会涉及多方面的知识，其中不仅需要精通装备专业领域的知识，而且需要了解与装备保障行动相关的各种自然和社会知识。然而，一个人的精力和知识面总是有限的，不可能要求他们无所不知，无所不晓，而只能要求他们具有相对合理的知识结构，即具有"专"与"博"相结合的知识结构。因此，装备指挥人员要胜任其职责，就必须具有多层次、多学科的立体知识结构，能够充分发挥以信息技术为核心的装备指挥决策手段的潜能，从而降低装备指挥决策的风险。

第四，身心素质的制约。对于装备指挥人员来说，身体素质是各项素质的载体，没有良好的身体素质，其他素质的形成和发展将会受到严重制约和影响。信息化条件下作战战场形势变化急剧，装备指挥员必须时刻集中精力，随时准备应对各种突发情况，要经常从事长时间紧张的智力劳动，有时还要忍受复杂情况下的超强度体力和精力消耗，这将大大降低其分析判断能力，加大装备指挥决策的风险。在激烈的对抗下，战场上的顺境和逆境、优势和劣势、主动和被动不可能是一成不变的，使装备指挥决策无时无刻不处于很大的风险之中。这就要求装备指挥员必须保证在任何情况下，都能做到以下两点：一是要沉着冷静。只有沉着冷静，才能保持良好心境和清醒头脑，正确认识战场上出现的各种复杂情况，并对这些情况进行理智分析，做出当前情况下最符合战场客观实际的对策，降低指挥决策的风险。二是要克服认识和行为偏差。即要避免认知偏差，形成正确认识；要打破思维定势，实现理性思考；要防止个人偏好，走出主观误区。

第五，客观因素的制约。客观性因素在装备指挥决策当中同样充当着风险因子的角色。如山地、丘陵地、岛屿、荒漠等地形条件；江河海洋等水文条件；气温、风、降雨等气象条件，人口、民族、宗教等社会环境；国家政治、经济、军事、科技等宏观因素，装备指挥理论、体制，决策手段的信息化水平、决策手段运用的正确性、决策方法模型的科学性与合理性等。客观因素系统地作用于军队装备部门每一次的装备指挥决策活动之中，其既为装备指挥决策提供组织运行保证，又为装备指挥决策目标的确定和决策方案的制定提供基本依据，还为装备指挥决策结果的执行和反馈提供必备条件。同时，也不可避免地对装备指挥决策产生约束和负面影响,从而导致一定的决策风险,而且这种风险很难回避。

第六,时空的巨大差异。装备保障活动时空规模巨大,具有大时空管理的特点。时间上,装备保障任务与环境存在着平时和战时两种不同状态下的活动,是一个"平时—平转战—战时"的三个紧密联系的长时间过程,因而,装备指挥决策也有着平时和战时的区分,一项决策就有可能跨越平时、平转战、战时这三个不同的时间状态。空间上,凡是有部队的地方就会产生装备保障活动,几乎所有的国土地域都有装备指挥机构在进行着对各部队的装备保障活动,因而,装备指挥决策有着明显的大空间特征,并且由于不同地区自然、经济、社会、文化、交通等客观条件的差异,又增加了装备指挥决策活动的调控难度。同时装备保障的桥梁作用又将其与国家经济联系在一起,其范围又从军事领域向国家经济领域扩展,装备保障活动范围更加广大。可见,如此巨大的时空环境,对装备指挥员来说,都无疑是一个极为重要的风险因素。

3. 装备指挥决策风险辨识方法

风险辨识是风险分析的起点,是根据以往经验或对相关信息的科学分析,系统、连续地观测、鉴别与风险相关的各部分,如风险客体、风险主体,以减少导致事故各因素的非确定性。在风险辨识时,应从任何一个能辨识出潜在问题的信息源进行风险辨识。对于装备指挥决策活动,须针对具体的想定、行动、可能的战场环境变化、作战进程及执行情况等来判别。常见的装备指挥决策风险辨识方法主要有:①

第一,文件审查。通常是从装备保障方案整体到细节,对以往类似档案及其他资料中的方案计划与假设进行系统的审查。

第二,信息搜集技术。风险识别中所采用的信息搜集技术的例子包括集思广益会、德尔斐技术、面谈和 SWOT 分析(即优势、弱点、机会与威胁分析,简称态势分析)。

一是集思广益会。集思广益会是最常用的风险辨识技术。其目的是取得一份综合的风险清单,供日后风险定性与定量分析使用。集思广益会通常由装备指挥员主持,可邀请多学科专家来实施此项技术。在一位主持人

---

① 杨雪冬. 风险社会与秩序重建[M]. 社会科学文献出版社,2006.

的推动下，与会人员就处置方案的风险进行集思广益。与会者在广泛的范围内识别风险来源，将其公布，供与会者审议，然后再对风险进行分门别类，并对其定义进一步加以明确。

二是德尔斐技术。德尔斐技术是专家就某一专题（例如装备指挥决策风险）达成一致意见的一种方式。先确定相关风险专家，然后请他们以匿名方式参与此项活动。主持人用问卷征询他们对有关重要风险的见解。问卷的答案交回后随即在专家之中传阅，请他们进一步发表意见。此项活动进行若干轮之后，就不难得出关于主要风险的一致看法。德尔斐技术有助于减少数据中的偏差并防止任何个人对结果产生过大的不适当的影响。

三是面谈。访问有经验的或某项问题的专家。负责风险识别者先物色适当人选，向他们扼要介绍本装备指挥决策工作的情况，并提供工作分解结构与方案各项假设等有关资料，被访者根据自己的经验、项目有关资料及他们感到有用的其他资料来辨识项目的风险。

四是优势、弱点、机会与威胁分析（SWOT 分析，态势分析）。态势分析能够保证从每个角度对决策方案进行审议，以扩大所考虑风险的广度。

第三，核对表。风险辨识所用的核对表可根据历史资料、以往方案类型所积累的知识、以及其他信息来源着手制订。使用核对表的优点是风险辨识过程简捷，缺点是所制订的核对表不可能包罗万象，而使用者所考虑的范围却被限制在核对表所列范畴之内。因此，在使用时应该注意探讨标准核对表上未列出的事项，如果此类事项与所考虑的具体方案相关的话。核对表应逐项列出方案所有类型的可能风险。务必要把核对表的审议作为每项方案收尾程序的一个正式步骤，以便对所列潜在风险清单以及风险描述进行改进。

第四，假设分析。每个决策方案都是根据一套假定、设想进行构思与制订的。假设分析是检验假设有效性（即假设是否站得住脚）的一种技术。它能够有效辨认假设中的不精确、不一致、不完整内容对装备指挥决策活动所造成的风险。

第五，图解技术。图解技术主要有：一是因果图（又叫鱼骨图），对识别风险的原因十分有用；二是系统图，显示系统的各要素之间如何相互联系，及其因果传导机制；三是影响图，显示因果影响、按时间顺序排列的事件，以及变量与结果之间的其他关系。

第六,流程图分析法。流程图分析法是一种动态的分析方法,是进行装备指挥决策风险辨识的有效工具。其主要是将装备指挥决策过程,按其内在的逻辑联系制成作业流程图,对决策流程的每一阶段、每一环节逐一进行调查分析,从中找出关键环节和薄弱环节;发现潜在风险,找出导致风险发生的因素,分析问题产生后可能造成的损失以及对整个装备保障活动可能造成的不利影响,并作出相应的调整。

第七,环境分析法。从系统科学角度来看,任何系统都不是孤立地存在的,系统的工作无一例外地要受到系统环境的制约,而系统的功能则正是在与系统环境的相互作用之中才能表现出来。装备指挥决策都是在一定的环境下形成、运行的。一般而言,装备指挥决策是由主体、客体、目标、手段、资源等内在要素构成,这些要素通过决策组织、决策活动有机结合起来,形成决策的内部生态环境。相对于这种内部环境,在决策要素之外的,构成决策形成和运行条件的,或是影响决策形成和运行的因素则是决策的外部生态环境。运用环境分析方法能够系统地分析装备指挥决策所面临的内部环境和外部环境,找出这些环境可能产生的风险与损失。

4. 装备指挥决策风险辨识程序

装备指挥决策可以简单分为四个环节:发现问题确立目标、拟定决策方案、选择决策方案、决策修正完善。每一环节都与风险辨识相关联,[①]如图8 - 5所示。

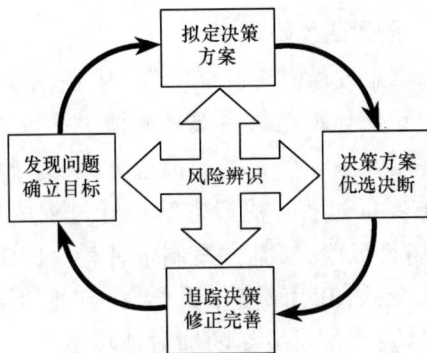

图 8 - 5 装备指挥决策风险辨识环节及其循环过程

① 邵祖峰. 警察临战决策模式及其风险辨识[J]. 湖北警官学院学报,2008(4):53 - 58.

1）发现问题、确立目标阶段风险的辨识

该阶段中的潜在风险因素有：决策问题自身因素、决策制定者的因素、信息风险以及决策目标确定过程的风险。

第一，决策问题自身出现矛盾。有时候，在同一时间、同一决策问题上，两种几乎同等重要的价值目标可能会发生直接的冲撞，决策抉择将因此出现困境。此外，还有一种更尖锐的矛盾选择，即必须在不可选择的对象中作出抉择，在对本身具有绝对重要意义的价值观和决策目标中排列先后秩序和相对重要性。

第二，决策者自身因素。由于自身素质和所处环境的影响，决策者对决策问题的认识难免会掺杂个人观念，由此导致决策失误。具体风险如下：一是由个人世界观、价值观引起的决策偏好；二是由个人知识水平及素质所引起的认识偏差和失误；三是由决策者所在的社会环境以及文化背景所引起的决策失误。

第三，信息风险。所谓信息风险是指对于确认所要决策的问题，其所需要的信息存在偏差，或信息不完备所造成的问题描述、界定错误。这主要有三方面原因：一是信息偏倚；二是信息传递失误；三是信息处理描述不当。

第四，决策目标确定过程的风险。这一过程中的风险主要包括：一是目标的具体性风险；二是目标的可行性风险；三是目标的规范性风险；四是目标的协调性风险。

2）拟定决策方案阶段的风险识别

决策方案是决策制定过程中的核心环节，因此，对决策方案制定阶段所面临的潜在风险的辨识就显得至关重要。所谓决策方案制定，指的是为解决某个决策问题而提出一系列可接受的被选方案，为下一步方案择优并进而制定出决策被选方案的过程。决策方案设计过程的风险大概有以下几点：一是方案整体完备性风险；二是方案制定者相关因素带来的风险，具体有个人价值观的局限性、知识水平及个人素质、所处的文化背景等；三是制定方案方法科学性风险；四是对方案的细节把握不当；五是组织因素，决策方案拟定过程中，各个利益集团会竭力为各自谋求好处，争取更大比重的决策备选方案。

3）优选决断阶段的风险识别

选择决策方案阶段应该说是真正意义上的决策阶段，选择方案这个过程就是一个筛选的过程。方案的筛选风险主要有以下三个方面：

第一,是否符合现行政策规定。可细分为:一是社会的道德风俗习惯;二是方案执行者的心理承受能力;三是各作战集团的力量权衡;四是其他指挥机构的制约。

第二,方案评估选优过程的风险。它包括:一是评估方法的选择;二是评估角度的全面性;三是评估者的知识、素质;四是决策选择者的风险偏好;五是决策选择者的价值倾向;六是决策组织系统中的各方力量。

第三,经济上是否可行,决策者是否有足够的经济基础作为执行该项决策的物质保障;技术上是否可行,决策执行过程中是否存在技术问题,导致决策失败或是决策目标偏移。

4）追踪决策、修正完善阶段的风险识别

因装备指挥决策时效性要求高,所以其是分步进行,逐步完善的。因此,在处理一些较为重大决策问题的时候,通常采用的是先进行试验,试点时经过认真的总结和观察,进行决策评估,然后再有目的的修改和完善既定的决策方案,并最终确定决策方案。因此,在这个阶段实际包括了两个过程,决策的执行与决策的评估。

决策初步执行阶段的风险因素识别如下:

一是执行者的素质。这是执行过程中的主观因素,包括执行者的政治素质、自身对决策的意向、工作态度、知识结构、管理水平和经验。

二是执行时机与环境。执行时机是指执行决策的时间安排以及当时的决策执行内部和外部条件。只有在恰当的时候执行恰当的决策,才能得到预期的效果。一般来说,在外部环境中,最注重的应该是政治环境和社会环境。

三是决策资源。这是决策得以顺利实施的保障,具体包括经费资源、人力资源、信息资源和权威资源。

四是沟通协调机制。执行机构间的沟通协调是保证决策在执行中始终不偏离决策目标的关键。其中沟通的明晰性、一致性、正确性和完整性是沟通机制的下一级风险;而目标协调、策略协调和组织协调是协调机制的次级风险。

五是心理环境。心理是在特定的环境下,人们(包括个体和群体)对事件作出的一种互有影响、互有制约的心理反应和心理特征。它表现为在一定范围内,人们所持的较为普遍的心理活动状态,包括人们的信念、价值观念以及人们的认知、风俗习惯、感情、态度、道德等,若不充分考虑这些因素,将会产生不同程度的波动。

效果评估过程的风险因素识别如下:

第一,确定评估规范阶段的风险。主要有:一是资源投入质量与分配状况的评估;二是决策实际产生的效果;三是决策制定与执行的公平性;四是决策目标的适合性。

第二,搜集评估信息阶段的风险。主要有:一是信息渠道带来的风险;二是信息搜集者带来的风险;三是信息来源带来的风险。

第三,分析决策效果阶段的风险。决策效果是指决策运行过程结束后的效果,其中涉及的风险因素如下:一是评估者因素;二是目标群体因素;三是公众媒介因素;四是其他机构因素;五是分析工具因素。

第四,提出评估意见阶段的风险。针对评价结果,评估者将提出对决策的评估意见,该阶段的风险因素具体有:一是评估者因素。评估者的价值取向、风险偏好、知识能力和受心理环境影响的程度关系到所提出的评估意见的质量。二是技术因素。评估方案所使用技术的可行性、先进性和适用性是保证评估方案质量的基础。三是环境因素。国内外的政治、经济环境以及该国家或地区的社会心理环境是提出方案的外部制约因素。四是资源因素。人力、经费、物质和信息资源是提出方案的物质支持。

(二) 装备指挥决策风险评估

1. 风险评估与风险度

风险评估是对前一过程识别出的风险状况进行评估,它以风险因素为研究对象,评价由各风险因素导致的可能风险事件对风险主体的损害概率与损失程度,其关键是尽可能准确地确定风险事件的发生概率及其危害程度。实际中,风险概率及损失是极难以准确提出的,即使专家也只能以"极有可能发生"、"可能发生"、"很少发生"等类似的表述。因此,选择合适的定量化方法是风险评估的重要保证。根据风险的定义,风险 R 不仅是风险事件发生可能性的函数,而且是风险事件发生所产生损失的函数,因此,可以借用概率 P,而产生的损失可以由所产生的后果 C 来表示。这从侧面说明,一个事件虽然发生的概率很高,但如果产生的后果损失很小,则该事件产生的风险是很小的;如果事件发生的概率虽然较低但产生的后果损失较

大,则其风险就很高。用 R 表示事件发生的风险度,则有

$$R = f(P, C) \qquad (8-10)$$

可用 P_f 表示事件的失败概率,用 P_s 表示事件的成功概率,则有

$$P_f = 1 - P_s$$

同理,用 C_f 表示事件失败导致的后果的严重程度,用 C_s 表示事件失败导致的后果并不严重的程度,则有

$$C_f = 1 - C_s$$

则风险度为

$$R = 1 - P_s \cdot C_s = (1 - P_f)(1 - C_f) = P_f + C_f - P_f \cdot C_f \qquad (8-11)$$

一般认为,$R > 0.7$ 为高风险,$R < 0.3$ 为低风险,介于两者之间的为中等风险,对应不同风险类型的活动,可采取相应的措施。

通常情况下,风险因素由不同层次和不同重要程度的因素造成,即方案的风险源较多。因此,可以把方案要实现的目标作为风险评估的决策目标,把影响方案达到目标的因素划分为一系列的相对独立的不同层次上的评价指标来描述,对各方案的风险评估则以这种层次化的准则为评价依据和框架,求解每一个风险因素对方案实现目标的最终评价值。这说明风险的最终数学表示是采用一定的方法将分解得到的指标进行失败概率和损失后果的综合结果,它包括因素的综合和指挥的综合,综合判断得到的风险值即为方案的风险值。

2. 装备指挥决策风险评估方法

对装备指挥决策风险的评估可直接由风险度的定义求取,决策方案往往由具有层次递阶结构的因素组成,对此通常采用层次分析法和模糊综合评判法。在具体评判时:[①]

第一,比较方案风险的相对大小,不计算方案风险度。常采用层次分析法。装备指挥员根据自己的经验与判断,给出各因素权重和各方案相应因素的比较矩阵,再运用层次分析法求解。该方法虽然简单易行,可以得到总体风险较小的方案,但不能得到具体的风险度值,因而不能得到因素风险大小及类型,也就得不到相应的风险规避与管理措施。

第二,判断方案风险所隶属的类型。可采用模糊综合评判法。可确定

---

① 吴晓云,高振彪. 装备指挥风险初探[J]. 炮兵学院学报,2007(4):42-45.

因素集为方案属性集,评语集为{高风险,中等风险,低风险},装备指挥员根据自己的经验与判断,给出各因素的权重与诸方案属性隶属于上述评语集的程度,采取一定的模糊算子,根据模糊综合评判法,以及最大隶属度原则确定方案属于高、中、低风险的隶属程度。该方法能够确定出方案隶属各类风险的程度,可以得到相应的风险管理措施,但评判比较粗略,当有几个方案同时为同一类风险时,装备指挥员仍难以做出最优方案的决策。

第三,计算方案风险度大小,得到风险管理建议。此时要求在得到方案因素风险基础上,利用一定方法综合风险因素,得到最终的风险度值。由于涉及到诸多属性与要素,装备指挥员实际判断时,往往难以准确给出所有属性与要素的风险概率及损失,一般只能给出"极有可能发生"、"可能发生"、"很少发生"等类似表述,相应的风险表示方法主要有三角模糊数、盲数、未确知数等。它们既可表示装备指挥员判断风险概率及其损失的最小值、最可能值和最大值,还可表示装备指挥员判断值的可信程度。在综合单因素风险时,可以运用层次分析法和模糊数学相结合的方法,在选择模糊算子时,应选择数据信息不失真的算子。该方法可以得到方案和各因素的风险度,并直接得出相应的风险管理建议。

3. 装备指挥决策风险评估程序

对风险进行评估一般可分为四个步骤进行:

第一步,评估风险发生的可能性。对风险发生的可能性可以根据相似事件发生的频率来估计,也可以采用统计分析方法来计算。一般采用5个级别来表示发生风险可能性的大小:非常频繁或连续的出现(A);可能出现很多次(B);偶尔出现(C);很少出现(D);不可能出现(E)。

第二步,评估风险的危害程度。对风险危害程度的评估可以基于对相似事件的经验来进行估计,一般采用4个级别来表示不同的危害程度:灾难性的(Ⅰ);严重的(Ⅱ);轻微的(Ⅲ);微不足道的(Ⅳ)。

第三步,构建风险评估矩阵。通常可以采用如表8-6所列的风险评估矩阵来评估风险水平。在评估矩阵中,分别将第一步中的风险发生的可能性、第二步中的风险的危害程度填入对应的"可能性"和"危害度"栏目中,"危害度"行与"可能性"列的交点即为风险水平。例如,某一风险的危害度属于严重的(Ⅱ),其可能性为可能出现很多次(B),那么对应的风险水平就高(H)。

表 8 -6　风险评估矩阵

危害度	可能性				
	频繁的(A)	可能的(B)	偶尔的(C)	很少的(D)	不可能的(E)
灾难性的（Ⅰ）	E	E	H	H	M
严重的（Ⅱ）	E	H	H	M	L
轻微的（Ⅲ）	H	M	M	L	L
微不足道的（Ⅳ）	M	L	L	L	L
注:E——非常高的风险;H——高风险;M——中等风险;L——低风险					

第四步,判断风险是否可以接受。决策中的风险不可能被绝对地防范和消除,任何决策总是要承担一定的风险,对于风险是否被接受还需要进一步判断。因此,风险评估还需要确定一个风险的可接受标准(可接受度),通过风险的可接受度与风险水平的比较,可以知道风险是否被接受,从而进一步判断方案是否可行。

装备指挥决策风险的可接受标准需要根据装备保障活动的抗风险能力和装备指挥员的性格素质来确定。通常情况下,对于装备保障活动来说,常规的、程序性、重复性的工作,其抗风险能力较强,而突发的、非程序性的工作,则其抗风险能力较差;对于装备指挥员来说,个性鲜明、喜欢冒险、预有准备者的抗风险能力较强,而倾向保守、循规蹈矩、缺少准备者的抗风险能力则相对较弱。抗风险能力越强,越能接受较大风险,其风险的可接受标准就高;反之,抗风险能力越弱,对于风险的可接受标准就低。确定可接受标准后,把具体的装备指挥决策风险水平与此标准相比较,便可作出是否选择该决策的决定。当决策风险水平远远高于风险可接受标准时,需要放弃该方案,或者对该方案进行较大程度的改进;当决策风险水平与风险可接受标准相差不大时,要找准主要风险因素,采取一定的技术措施,将一部分风险转移或消除;而当决策风险水平低于标准时,则可选择该决策方案,同时采取相应的风险控制措施。可见,风险评估是决策方案是否调整、修改的依据,对于决策的实施与执行至关重要,因而在实际决策过程中,必须认真做好风险评估工作。

（三）装备指挥决策风险控制

风险控制是风险防控体系中最为关键的环节,是经过风险辨识与评估之后的,决定是否采取措施、采取什么措施的关键步骤,其效果的好坏直接关系到整体决策活动的成败。装备指挥员在经过对风险辨识与风险评估环节之后，基本掌握了风险的性质、大小、类型等情况，已经具备了采取合理而有效的方法措施对风险进行控制的条件。因此，风险控制就是装备指挥员根据风险产生的原因，有针对性地选取相应方法、手段和措施，对可能产生风险的环节实施有效控制，确保装备指挥决策风险控制在一个合理的可接受范围之内。

1. 装备指挥决策风险控制途径

根据装备指挥决策风险的基本内涵，可以认为，决定一个行动方案风险大小的因素来自两个方面：一是外部因素，即不确定的决策条件；二是内部因素，即方案的抗风险能力。前者是引起方案风险的根本因素，后者也是决定方案风险的重要因素。这样，如何提高方案的抗风险能力，就成为了装备指挥员赖以进行风险控制的另一个不可忽视的基本途径。综上所述，控制决策风险的基本途径有二：一是通过掌握更充分的信息，施展谋略，限制敌方行动的选择范围，以减少决策条件的不确定性；二是通过提高决策方案的抗风险能力，增强其达成期望效果的稳定性，从而实现降低方案实施风险的目的。

由于信息措施和谋略措施在控制决策风险中的作用总是有限的，因此，必须重视决策方案本身的质量。根据信息科学原理，信息技术再先进，也不可能从语法、语义、语用三个层次上完全消除关于战场情况的不确定性。此外，在作战对抗中，任何一方都不可能完全控制敌方的行为。因此，来自敌方行动的不确定性也不可能完全消除。鉴于上述两方面的原因，不论采取多么先进的信息措施和多么高明的谋略措施，其降低决策条件不确定性的效果总是有一定限度的。因此，要想在装备指挥决策中完全消除决策条件的不确定性，即消除导致决策风险的根本因素，是不可能的。因此，除了通过信息措施和谋略措施这两种途径来控制决策风险外，还必须积极采取措施，着力提高决策方案的抗风险能力。

2. 装备指挥决策风险控制方法

1）对装备指挥决策条件不确定性的控制方法

由于装备指挥决策所处环境的特殊性，导致在决策的制定、实施方面存在着大量的不确定性，从而导致装备指挥决策存在着较多风险。因此，要降低装备指挥决策的实施风险，就必须对决策条件的不确定性进行控制。要控制决策条件的不确定性,一般可以采取两方面的措施:一是信息措施;二是谋略措施。所谓信息措施,就是通过更充分地掌握决策相关信息,来降低决策条件的不确定性。为了能够掌握更充分的信息,就必须加强信息控制,增强信息获取、信息传递和信息处理能力,提高信息的准确性和可靠性。所谓谋略措施,是指装备指挥员通过运用前瞻性、预见性的合理谋略,将决策方案在未来实施执行阶段可能遇到的问题提前进行考虑,并以适当的方式科学合理地体现在决策方案中,从而起到增加决策方案稳定性、降低不确定性的作用,也相应地实现了降低决策风险的目的。总之,信息措施和谋略措施,是装备指挥员进行风险控制的两个基本途径。

2)提高装备指挥决策方案抗风险能力的方法

尽管决策条件的不确定性是造成决策风险的原因的主要方面,但另一方面,一个决策方案的风险大小也与方案本身(抗风险的能力)有很大关系。很清楚,即使在同样的不确定条件下,将不同的方案付诸实施,其实施效果的不确定性也不会是完全相同的。因此,方案本身的抗风险能力,也是决定其在实施过程中要冒多大风险的重要因素。提高决策方案的抗风险能力主要有以下四种措施。一是通过增加人力、财力等资源的储备来降低决策风险。一般来说,在制订决策方案时所能够运用的人员、物力、财力资源越充足,其实施过程中所冒的风险就越小,决策方案可自由发挥的空间也就越广,成功实施与有效执行的可能性就越大。当然,由于受到所拥有资源总量的限制(如经费要受到军费总量的限制,物资要受到生产能力、储备量的限制等),这种措施并不能够彻底解决问题。二是通过降低方案的要求来降低决策风险。在一定的内外部条件下,对决策方案必须达到的效果要求越高,则方案实施后达不到所要求的效果的可能性就越大,方案实施的风险也就越大。因此,在资源总量一定的情况下,通过降低对决策方案实施效果的要求,可以有效降低决策风险。采取这种措施,可能会牺牲一定的局部利益,但只要能确保全局关键目标的实现,那么这种牺牲就是必要的,方案也就是可行的。三是通过增强方案的有效性来降低决策风险。所谓方案的有效性,是指在条件相同的情况下,不同的方案所达成目标的效率和能力。提高方案的有效性,必须首先准确把握问题的实质,在此基础上,分析并找出解决问题和完成任务的关键点,在方案设计中,始终围绕着关键问题着手规划和考虑,并制定相应行动方案,从而确保能够用最少的资源、最小的代价,最迅速、最彻底地解决问题。四是通过制定预防措施和应急措施来降低决策风险。预防措施是在风险发生前,在决策方案执行中实施的措施;而应急措施则是在问题发生之后才能用的补救措施。预防措施重在预防,其目的是尽可能避免产生风险;而应急措施则重在施救,其目的是尽可能减少损失。两者相互补充、相互配合,共同确保决策方案的顺利实施与执行。

3. 装备指挥决策风险防控系统

综上所述,由于决策风险和决策环境的复杂性,以及装备指挥员能力的差别,仅仅依靠其在决策过程中通过对信息的处理进行风险防范还远远不够,当风险事件发生时,还需要装备指挥员采取积极的应对措施,减小决策失误。因此,装备指挥决策必须构建起完善的风险防控系统。如图8-6所示。风险防控系统应包括以下几个部分:

第一,风险辨识子系统。风险辨识,是对决策所面临的潜在风险加以判断、归类和鉴定的过程。其主要功能是:首先,了解风险产生的原因,通常情况下风险产生的原因在于装备指挥员本身、决策环境和决策对象等三个主要方面;其次,通过分析影响决策的诸多风险因素,找出哪些因素是关键性的和主要的风险因素;最后,弄清楚各风险因素之间的相互关系。其主要方法手段有:一是凭借着装备指挥员的感性认识和经验进行判断;二是依靠对

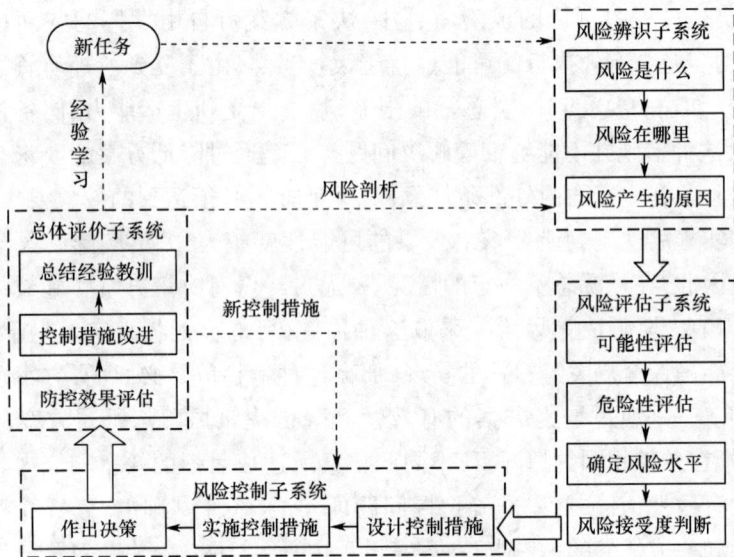

图8-6 装备指挥决策风险防控系统

各种客观事实的统计和决策风险记录等信息进行分析、归纳、整理,从中发现各种类型风险对决策的危害情况、危害程度,并分析找出带有一定规律性的风险。

第二,风险评估子系统。风险评估,就是估计风险发生的概率和可能造成的危害,并对决策风险是否可以接受做出判断。其主要功能是:确定风险究竟有多大、风险发生的概率大小,确定一个风险的可接受标准(这个可接受标准通常需要根据装备系统的抗风险能力和装备指挥员的素质来确定)。其主要采取定量与定性相结合的方法手段,如蒙特卡罗模拟法、敏感性分析方法、概率估计方法等。

第三,风险控制子系统。风险控制,就是选择适当的技术、方法和措施,对可能产生风险的环节加强监督和控制,以达到减少风险的目的。风险控制方法是根据风险产生的原因,采用的技术、行政、经济、法律等风险控制的方法、手段和措施,主要包括决策者的风险控制,决策环境的风险控制和决策对象的风险控制等三个层面。决策者的风险控制,就是选择合适的决策者,通过不断地学习与培训,使决策者能够满足决策工作的要求,具备相应的能力素质。决策环境的风险控制,就是运用可能的手段和措施,创造良好的内外部环境,使装备指挥决策与内外环境相适应,尽可能降低风险。决策对象的风险控制则要求决策者应加强对装备保障活动的深入研究,只有准确认识和掌握了其产生发展的客观规律,才能做出反映装备保障活动本质、适应装备保障发展的合理决策。

第四,总体评价子系统。装备指挥决策风险防控的总体评价,是指对装备指挥决策过程中采用风险防控手段的适用性及防控效果进行的分析检查、修正与评估。装备指挥员需要定期对风险防控系统的实施效果进行检查和评估,及时修正并不断完善该系统,以达到降低风险的目的,从而做出更加合理、符合装备保障实际情况的决策。

四、启发式算法

1. 启发式算法概述

一个问题的最优算法是求得该问题每个实例的最优解,启发式算法是相对于最优算法提出的。启发式算法可以这样定义:一个基于直观或经验构造的算法,在可接受的花费(指计算时间、占用空间等)下,给出待解决组合最优化问题每一个实例的可行解,该可行解与最优解的偏离程度不一定事先可以预计。另一种定义:启发式算法是一种技术,这种技术使得在可接受的计算费用内寻找最好的解,但不一定能保证所得解的可行性和最优性,甚至在多数情况下,无法阐述所得问题解的近似程度。常见的启发式算法有:模拟退火算法、禁忌搜索算法、遗传算法等。

模拟退火算法是基于迭代求解策略的一种随机寻优算法,源于对固体退火过程的模拟,采用 Metropolis 接受准则,并用一组称为冷却进度表的参数来控制算法的进程,使算法在多项式时间内给出一个近似最优解。该算法从理论上,是一个全局最优化算法。但是,由于模拟退火算法的性能很大程度上依赖于优化问题联系的能量曲面,为了收敛于满意解,需要进行大量的评价函数的计算,尤其当求解模型复杂时,计算速度非常慢。

禁忌搜索算法是一种全局逐步寻优算法。通过引入一个灵活的存储结构和相应的禁忌准则来避免重复搜索,并通过藐视准则赦免一些被禁忌的优良状态,进而保证多样化的有效搜索,最终实现全局优化。该算法对初始解的依赖性较强,好的初始解有助于搜索,很快地达到最优解,而较差的初始解使搜索很难或不能够达到最优解。迭代搜索过程仅是单一状态的移动,而非并行搜索。

遗传算法是一种基于群体进化的自适应全局优化算法。该算法将问题参数编码成染色体后进行优化,而不针对参数本身,从而不受函数约束条件的限制。其搜索过程从问题解的一个集合开始,而不是单个个体,具有隐含并行搜索特性,可大大减少陷入局部最小的可能。

2. 启发式算法在装备调拨决策中的应用——以遗传算法为例

1) 基本的遗传算法

遗传算法是一种基于生物自然选择与遗传机理的随机搜索算法,与传统搜索算法不同,遗传算法从一组随机产生的称为"种群"的初始解开始搜索过程。种群中的每个个体是问题的一个解,称为"染色体"。这些染色体在后续迭代中不断进化,称为遗传。在每一代中用"适应值"来测量染色体的好坏,生成的下一代染色体称为后代。后代是由前一代染色体通过交叉或变异运算形成的。在新一代形成过程中,根据适应度的大小选择部分后代,淘汰部分后代,适应值高的染色体被选中的概率较高。这样经过若干代之后,算法收敛于最好的染色体,它可能就是问题的最优解或次优解。

遗传算法的主要步骤如下所示：

（1）编码：用整数编码或二进制编码。

（2）初始种群的生成：随机产生 N 个初始串结构数据，每个串结构数据称为一个个体，N 个个体构成了一个群体。

（3）适应度评估检测：适应性函数表明个体或解的优劣性。对于不同的问题，适应度函数的定义方式也不同。

（4）选择：选择的目的是从当前群体中选出优良的个体，进行选择的原则是适应性强的个体为下一代贡献一个或多个后代的概率大。

（5）交叉：交叉操作是遗传算法中最主要的遗传操作。通过交叉可以得到新代个体，交叉体现了信息交换的思想。

（6）变异：变异首先在群体中随机选择一个个体，对于选中的个体以一定的概率随机地改变串结构数据中某个串的值。

2）求解装备调拨路径优化问题的遗传算法设计

（1）问题的描述。

装备调拨的路径优化是一个复杂的问题，涉及的因素比较多。首先建立如下假设：

第一，选择统一的调拨方式，例如铁路运输；

第二，调拨物资为一种或多种装备，这些物资在发物单位装货，在收物单位卸货，中途不再装货；

第三，运输距离作为影响运输费用的唯一因素；

第四，忽略突发事件的影响。

装备调拨的路径优化问题可以描述为：由 1 个发物单位向 $n-1$ 个收物单位调拨物资，n 个单位之间的相互距离已知，如何安排这些单位的访问次序，可使运输路线的总长度最短。

该问题是一个典型的组合优化问题，其可能的路径数目与单位数目 n 是成指数型增长的，所以一般很难精确地求出其最优解，因此寻找出其有效的近似求解算法就具有重要的理论意义。

（2）遗传算法设计。

编码方式和适应度函数：采用序列编码方法，如对 8 个城市的旅行商问题，则染色体的编码位串 75642138 表示以特定的顺序 $7 \rightarrow 5 \rightarrow 6 \rightarrow 4 \rightarrow 2 \rightarrow 1 \rightarrow 3 \rightarrow 8$ 来依次访问各个城市。适应度函数为遍历城市次序所对应的哈密顿圈长度。

选择操作:随机产生初始群体。采用比例选择算子,即选择算子按下列概率计算:$P_i = f(X_i) / \sum_{i=1}^{N} f(X_i)$,个体被选中的概率与其在群体中的相对适应度成正比。

交叉操作:文中采用的交叉算子与顺序交叉(OX)算子有点相似,如下所示:

随机在串中选择一个交配区域,如两父串及交配区域选定为

$$A = 1\ 2\ |\ 3\ 4\ 5\ 6\ |\ 7\ 8\ 9,$$
$$B = 9\ 8\ |\ 7\ 6\ 5\ 4\ |\ 3\ 2\ 1$$

将 B 的交配区域加到 A 的前面或后面,A 的交配区域加到 B 的前面或后面,得到

$$A' = 7\ 6\ 5\ 4\ |\ 1\ 2\ 3\ 4\ 5\ 6\ 7\ 8\ 9,$$
$$B' = 3\ 4\ 5\ 6\ |\ 9\ 8\ 7\ 6\ 5\ 4\ 3\ 2\ 1$$

在 A' 中自交配区域后依次删除与交配区域相同的城市码,得到最终的两子串为

$$A'' = 7\ 6\ 5\ 4\ 1\ 2\ 3\ 8\ 9,$$
$$B'' = 3\ 4\ 5\ 6\ 9\ 8\ 7\ 2\ 1$$

变异操作:采用连续多次对换的变异技术,随机产生交换的两位码,对所需变异操作的串进行对换。

(3)实例仿真。

采用 MATLAB 对算法进行仿真,以 10 个单位为例,每个单位在MATLAB坐标系中的坐标随机产生,单位间的相互距离见表 8 - 7,其中的数据全为模拟数据,单位是 km。有关参数取值为:交叉概率 $P_c = 0.95$,变异概率 $P_m = 0.03$,群体规模 $N = 100$。

表 8 - 7　装备调拨路径优化问题 10 单位间的相互距离　　　　(km)

单位编号	单位1	单位2	单位3	单位4	单位5	单位6	单位7	单位8	单位9	单位10
1	0	379	884	1763	1168	995	889	797	57	721
2	397	0	525	1947	909	694	1361	453	327	815
3	884	525	0	544	391	781	1633	308	778	707
4	1763	1947	544	0	489	1195	1876	802	1252	718

（续）

单位编号	单位1	单位2	单位3	单位4	单位5	单位6	单位7	单位8	单位9	单位10
5	1168	909	391	489	0	981	1496	529	1664	926
6	995	694	781	1195	981	0	1272	428	963	1691
7	889	1361	1633	1876	1496	1272	0	1254	895	399
8	797	453	308	802	529	428	1254	0	768	970
9	57	327	778	1252	1664	963	895	768	0	735
10	721	815	707	718	926	1691	399	970	735	0

运行到第2000代进化时，得到一近似的最短路径，总长度为4718km，该路径访问单位的次序为10→7→1→9→2→3→8→5→4→6。

3）求解装备调拨运输装载优化问题的遗传算法设计

（1）问题的描述。

首先建立如下假设：

第一，货物简化为长方体，尺寸相同且均小于集装箱尺寸，货物的长度 $l_i \geqslant$ 宽度 $w_i \geqslant$ 高度 h_i；

第二，货物可以放置于集装箱任一位置而不受配置位置限制，货物及其包装良好，可以支撑承重和多层装载；

第三，货物装载后，其重心位于允许的范围内且保持整体稳定平衡。

运输装载优化问题描述如下：在一定约束条件下，将一批货物按照适当的装载方法分别装入多个集装箱，使得集装箱的容积利用率或装载质量利用率最大，从而增强调拨运输中对集装箱的合理有效使用，降低运输成本，提高经济效益。

约束条件包括：货物装载总容积不得大于集装箱的最大装载容积；货物装载总质量不得多于集装箱的最大装载质量；货物放置方向，即不能旋转放置、水平旋转放置或任意旋转放置；货物装载顺序约束，即先到站货物后装、后到站的货物先装。

① 编码预处理：在编码前需计算待装货物需要的集装箱数，计算公式为货物的总体积除以最小集装箱的可用容积；按自然数序列分别对待装货物及集装箱进行编号，装载 $i=1,2,\cdots,n,j=1,2,\cdots,m$；顺序编号，以装箱站为起点并依据"递远递减"原则，按到站先后顺序将自然数序列降序排列，同一到站使用同一编号；放置方向编号，货物由于长宽高的不同，每种货物一共

有 6 种摆放方向,分别用 1 ,2 , 3 ,4 ,5 ,6 进行编号。

② 编码方式:编码时考虑货物放置力一向约束和货物装载顺序约束,每种装载方案对应一个编码长度为 $3n$ 的符号串个体 $S_q^{gen} = (s_1, s_2, \cdots, s_i, \cdots, s_n, s_{n+1}, s_{n+2}, \cdots, s_{n+i}, \cdots, s_{2n}, s_{2n+1}, s_{2n+2}, \cdots, s_{2n+i}, \cdots, s_{3n})$。基因 $s_1, \cdots, s_n$ 表示货物装载顺序编号,按照编码预处理结果取值,同时基因 $s_1, \cdots, s_n$ 所在位置序列号 $1, 2, \cdots, n$ 与货物编号一一对应;基因 $s_{n+1}, \cdots, s_{2n}$ 表示货物的放置力一向编号,由一系列可重复整数排列组成;基因 $s_{2n+1}, \cdots, s_{3n}$ 表示集装箱编号,由 $[1, m]$ 间随机产生的一系列可重复整数排列组成。

③ 适应度函数:用个体适应值大小来评价装载方案的优劣程度,评价函数如下:

$$\max z = \lambda \sum_{i=1}^n (l_i w_i h_i) / \sum_{j=1}^m (V_j \delta_j) + (1 - \lambda) \sum_{i=1}^n g_i / \sum_{j=1}^m (G_j \delta_j),$$

$$\sum_{i=1}^n l_i w_i h_i u_{ij} \leqslant V_j, j = 1, 2, \cdots, m,$$

$$\sum_{i=1}^n g_i \mu_{ij} \leqslant G_j, j = 1, 2, \cdots, m$$

式中:l_i, w_i, h_i 分别为货物 $i(i = 1, 2, \cdots, n)$ 的长、宽、高;V_j 为集装箱 $j(j = 1, 2, \cdots, m)$ 的最大装载容积;g_i 为货物 i 的质量;G_i 表示集装箱 j 的最大装载质量;λ 为 0 – 1 变量,当追求目标为箱容利用率最大时 $\lambda = 1$,当追求目标为装载质量利用率最大时 $\lambda = 0$;μ_{ij} 为 0 – 1 变量,若货物装入箱 j 中,$\mu_{ij} = 1$,否则 $\mu_{ij} = 0$。

④ 选择操作:在选择过程中,实施最优保留策略算法将群体中适应度最大的 k 个个体直接替换适应度最小的个体。

⑤ 交叉操作:为确保货物放置力一向基因编码在遗传操作过程中的有效性,在交叉过程中采取基因 $s_1, \cdots, s_n$ 保持不变,基因 $s_{n+1}, \cdots, s_{3n}$ 参与交叉的策略,交叉方法说明如下:

a. 在 $[n+1, 3n]$ 间按均匀分布随机产生 2 个整\数 $a_1, a_2(a_1 < a_2)$ 作为父代 2 个体 S_1, S_2 的交叉位;

b. 基因 $s_{n+1}, \cdots, s_{a1}$ 保持不变,基因 $s_{a1+1}, \cdots, s_{a2}$ 对应相互交换,基因 $s_{a2+1}, \cdots, s_{3n}$ 保持不变。

⑥ 变异操作:为了在遗传操作过程中保持群体多样性,对个体采取变异操作。在 $[n+1, 2n]$ 间按均匀分布随机产生一个整数作为基因 $s_{n+1}, \cdots, s_{2n}$

间的变异位,并将该位基因值替换为对应货物放置方向编号取值范围内随机产生的一个编号值;在$[2n+1,3n]$间按均匀分布随机产生一个整数作为基因$s_{2n+1},\cdots,s_{3n}$间的变异位,并将该位基因值替换为$[1,m]$间随机产生的一整数。

（2）实例仿真。

采用 MATLAB 对算法进行仿真,装备货物和运输车辆的属性数据全为模拟数据,见表8-8和表8-9。有关参数取值为:交叉概率$P_c=0.95$,变异概率$P_m=0.03$,群体规模$N=500$,$\lambda=1$期待装箱利用率为75%。运行结果见表8-10。

表8-8 待装装备货物相关属性数据

货物名	长/m	宽/m	高/m	质量/kg	数量/箱
a	0.5	0.4	0.2	25	30
b	0.8	0.5	0.2	20	20
c	0.8	0.5	0.4	30	15
d	1	0.5	0.2	30	18
e	1.2	0.5	0.3	40	50
f	1.5	0.4	0.2	45	40
g	2	0.4	0.2	48	20
h	2.5	0.5	0.4	50	25
k	3	0.5	0.2	60	10

表8-9 待用运输车辆基本属性值

车型	长/m	宽/m	高/m	载重/kg	数量/辆
东风 EQ	3.6	2	1.5	12000	6

表8-10 μ_{ij}取值结果及容积利用率

项目	a	b	c	d	e	f	g	h	k	利用率
东风 EQ1	1	1	0	1	0	1	0	0	0	87%
东风 EQ2	0	0	1	0	0	0	0	0	1	91.7%
东风 EQ3	0	0	0	0	1	0	0	0	0	83.3%
东风 EQ4	0	0	0	0	0	0	1	1	0	85.2%

第九章 装备指挥决策支持系统

近年来,随着以信息技术为核心的高新技术的不断进步和在军事领域的广泛应用,以及未来信息化条件下作战对装备指挥决策要求的不断提高,以计算机决策支持系统为代表的辅助决策手段发展很快,其在装备指挥决策中正扮演着越来越重要的角色。

第一节 装备指挥决策支持系统概述

一、决策支持与决策支持系统

(一) 决策支持

决策支持,顾名思义就是辅助和支持决策者进行决策。简单地讲,就是支持决策,主要是借助现代计算机技术和信息技术支持决策者对复杂的决策问题作出科学的、合理的、快速的决策,它不是代替决策者作决策,而是辅助决策者进行决策。在决策中,充分发挥决策辅助人员的辅助作用,以及决策手段和决策信息的支持作用,对于提高决策的时效性和质量、高效完成决策使命具有重要意义。

从广义上讲,根据计算机软件对决策者提供支持的程度,可将决策支持分为四类:

一是消极的决策支持。即给决策者提供比较满意的工具,使用户能够自由地作出决策,而并不改变他们现有的运行模式。这种支持并不考虑应该如何处置,也没有特定的目标,用户享有极大的自主权。实质上,这种支持提供的只是一些基本的信息,用户仍然是凭借个人本身的好恶和经验来进行设计、比较和选择。

二是传统的决策支持。即给决策者提供工具用于产生和分析各种不同的方案,从而改进决策过程。这种支持过程是由计算机提出方案,决策者在各种方案中依靠自身能力,判断选出最满意的结果。其能够帮助决策者解决管理科学和运筹学在应用时所碰到的一些难题,如需要预告规定目标、权、对象等,并且使决策支持系统具有了方法的可用性。

三是扩展的决策支持。即给决策者积极提出各种可选择的方法,并给出不同标准下的选择建议。这种支持具有主动性,它保留了判断的主要地位,并注意到决策者的思维和偏好,充分考虑他们对于分析工具的期望和态度,同时努力影响和指导他们的决策。

四是标准化决策支持。即决策者只要提供输入数据和详细要求说明,而由系统支配整个过程。这种支持是一种非常理想化的支持,但由于许多个性化因素的影响,常常无法给出可靠的满意方案。

决策支持技术,是支撑装备指挥决策活动的各种相关技术,主要指各种决策辅助工具的关键技术,引进决策支持技术的实质是将决策工作中适合决策辅助工具完成的工作分离出来,以进一步减轻决策人员的负担。当前,常见的决策支持技术主要包括信息技术、网络技术、数据库技术、人机交互技术、人工智能技术等。

一是信息技术。其核心是信息处理技术,包括数据挖掘技术、数据计算技术、数据压缩技术、虚拟现实技术、超媒体技术等。

二是网络技术。指的是支撑信息网络技术体制实现所使用的关键技术,主要有 IPV6 技术、软交换技术、主动信息网络技术和智能化信息网络管理技术等。

三是数据库技术。指的是支撑数据库系统正常运行和使用的关键技术,主要有主题数据库技术、分布式数据库技术、全局数据字典技术、数据仓库技术、检索技术等。

四是人机交互技术。是提供较强的自然语言处理能力,能使用户能以一种合乎习惯、近乎自然的方式完成决策处理的技术。主要包括命令语言、菜单技术、多窗口技术、浏览器技术、表格技术等。

五是人工智能技术。是研究怎样使计算机模仿人脑所从事的推理、学习、思考、规划等思维活动,解决需人类专家才能处理的复杂问题的技术。主要包括逻辑推理与定理证明技术、语言处理技术、智能数据检索技术、问题求解技术等。

(二)决策支持系统

如何有效地进行决策支持是一个十分重要的问题。未来作战特点,决定了决策辅助与支持活动不仅需要来自于决策者之外的其他人脑,更需要基于计算机的各种决策支持系统。随着相关技术和理论的发展,决策支持系统已由电子数据处理系统、管理信息系统,发展到了数据－模型支持系统和专家系统,以及集两者于一体的智能决策支持系统。[①]

第一,数据－模型支持系统。是利用计算机技术,综合运用现代管理学、决策分析、系统工程、军事运筹学等现代科学理论和技术方法,通过将数据与模型的有机组合,并以定量的方式指挥决策的综合性人机交互系统。主要由数据库系统、模型库系统,以及人机交互与问题处理系统等三部分组成。其一般结构如图9－1所示。

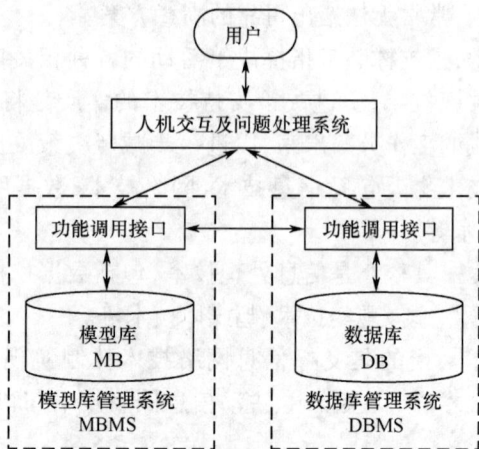

图9－1 决策支持系统的一般结构

第二,专家系统。是以智能知识库为基础、以处理知识为主要特征的,能够模拟某一领域专家的思维,具有解决问题能力的计算机系统。其实质是把专家的思想和经验转化为规则,利用知识库、管理系统和处理资源,评价装备指挥中的有关决策问题,提供解决问题的策略和方法。可以帮助装备指挥员完成任务分析、推理判断,提供和分析决策方案或进行决策咨询。其一般结构如图9－2所示。

第三,智能决策支持系统。专家系统和决策支持系统几乎同时兴起,它们都能起到辅助决策的作用,但方式完全不同。专家系统运用知识和推理,

① 俞瑞钊,陈奇编著. 智能决策支持系统实现技术[M]. 2000年12月,第4页.

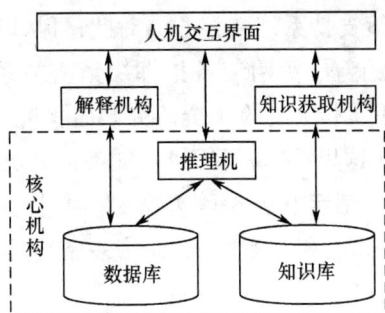

图 9-2 专家系统的一般结构

是属于定性分析;决策支持系统运用数据和模型,是属于定量分析。如将两者互相渗透,互相结合,辅助决策的效果将会大大改善。这种专家系统和决策支持系统相结合构成的系统称为智能决策支持系统,它是决策支持系统的发展方向。其一般结构如图 9-3 所示。

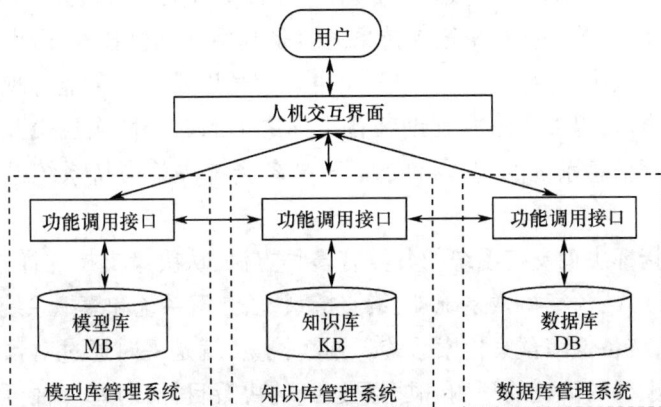

图 9-3 智能决策支持系统的一般结构

二、装备指挥决策支持系统

从装备指挥决策的内涵、要素和机理来看,决策者是装备指挥决策系统最核心的要素,具有最终决断的权力并承担一切决策责任,其他要素的存在是为了采取一切可能的措施来辅助和支持决策者最有效地完成所担负的决策使命。因此,从广义上来讲,为了最大程度地提高装备指挥决策的时效性和质量,除决策者(即装备指挥员)外,装备指挥系统内其他人员、设备和系统都属于装备指挥决策支持系统的范畴,信息化条件下作战的特点,决定了

计算机是装备指挥决策支持系统的核心。对此,可从以下两个方面来理解:

第一,从军事意义上看,所谓装备指挥决策支持系统,就是根据装备保障需要,利用现代信息技术建造的一个研究装备保障问题的"信息库"、"研讨厅"和"实验室"。在这里,装备指挥机构的参谋人员能够在装备指挥决策支持系统的帮助下快速制定装备保障方案,并通过对方案的模拟仿真考察部署方案的可行性、正确性和有效性,从而为装备指挥员快速、高效、高质量的决断活动创造条件。

第二,从技术意义上看,所谓装备指挥决策支持系统,就是一个将专家智能与计算机人工智能结合起来,由装备指挥人员,装备指挥决策信息库、知识库、规则库、模型库,各种计算机设备,以及计算机网络等软、硬件有机结合而成的计算机工作环境。利用这个环境,装备指挥人员可以非常方便地在整理有关信息、增加相关知识、调整推理规则、构建运算模型的基础上,快速产生装备保障方案,并运用相应技术手段对方案进行检验。

综上所述,装备指挥决策支持系统就是利用计算机技术,融汇现代装备指挥、管理学、决策分析、系统工程、军事运筹学以及人工智能等现代科学理论和技术方法,以多种形式辅助装备指挥决策的综合性人机交互系统。作为装备指挥信息系统的重要组成部分,装备指挥决策支持系统是一个综合性系统。

装备指挥决策支持系统的分类有多种方法,从决策支持的样式上分,大体有四种形式:预案检索系统、决策支持系统、专家系统和模拟系统。

第一,装备保障预案检索系统。预案检索,就是平时通过对预设战场和未来可能出现的情况的预测,根据要达到的决策目标,对每一种可能出现的战场态势都制定出相应的装备保障方案,并进行优选。把优选出的装备保障方案及其配套的计划和控制程序,做成软件成品存放起来,战时视情况采用。为保证决策质量,对预案应尽量设想得严密周全,对预选方案应反复模拟论证并留有余地,以便能根据情况的变化进行局部修改。

第二,数据-模型决策支持系统。计算机决策支持系统是利用交互式计算机技术、决策理论和方法,在必要的数据和模型基础上,主要解决半结构化决策问题的决策支持系统。通常以军事运筹的方式,在科学计算、定性与定量分析的基础上,建立决策模型,如经验模型、解析模型、仿真模型等。以模型的形式辅助装备指挥决策是系统突出的特点。它在自然科学和军事科学的交叉渗透和有机结合上研究军事活动中的决策优化问题,取得了长足进步。在作战研究、军事训练、指挥自动化、指挥与管理、装备论证等领域,取得了明显的军事和经济效益,对装备指挥决策活动的高效运行具有重要作用。

第三,专家系统。使计算机模仿人类专家的思维,成为具有领域专家水平,具有解决复杂问题能力的系统叫专家系统。专家系统是以智能知识库为基础、以处理知识为主要特征的计算机系统。即把专家的思想和经验转化为规则,利用知识库、管理系统和处理资源,评价装备指挥中的有关决策问题,提供解决问题的策略和方法,可以帮助装备指挥员完成任务分析、推理判断,提供和分析决策方案或进行决策咨询。装备指挥员始终处于主动地位,保持自己选择的权力,可以同意、修改和否决专家系统的提案,使决策更加趋于合理。这正是专家系统辅助装备指挥决策的新颖之处和重要特点。

第四,模拟系统。通过构造装备指挥模型(主要是装备保障模型),推演装备保障的过程,观察装备保障活动的规律,分析利弊,为装备指挥决策提供依据的系统即为装备指挥决策模拟系统。模型的形式是多种多样的,有与实际系统相似的形象(物理)模型,如沙盘、装备设计、建筑模型等。在装备指挥信息系统中通常建立数学模型,根据不同的装备保障背景设计出不同的专业保障模型,使用时把决心或行动方案的初始数据和有关参数输入到模型中进行推演,按照一定的军事规则演绎出装备保障的实施过程,显示和输出的结果则是按照此方案实施的结局。对于不同方案,仅需改变初始数据和相关参数,就能显示和输出不同的结果。利用这种特性,通过不同方案的推演比较,就可从中选出满意的方案,或者研究不同方案的特征。

三、装备指挥决策支持系统功能

装备指挥决策支持系统应当具备以下几个功能:

第一,收集汇总和分析处理装备指挥相关信息和资料。装备指挥决策支持系统应具有通过各种信息渠道,及时获取和汇总装备指挥决策所需要的各类信息和资料的能力,从而为装备指挥员及其指挥机关正确判断情况、定下决心和拟制装备保障计划提供方便、快捷的信息服务。有关的信息和资料主要有以下三类:一是有关的作战信息,包括敌军企图、兵力、部署,我军作战任务、参战部队兵力编成、配置地域以及战役阶段划分等;二是有关的装备保障信息,包括装备保障区划分,装备保障部队的数量、规模、部署、能力,国民经济现状以及地方支援动员潜力等;三是有关的作战地区交通与自然地理状况,包括战区交通运输设施、战区自然地理条件等。

第二,科学预测装备保障需求。装备指挥决策支持系统应具有根据战役作战想定、参战兵力、作战样式、作战地域、持续时间等作战参数,依据作战中装备消耗与战损的一般规律,对战役中的装备消耗量以及装备保障需求等重要参数进行科学预计的功能。

第三,分析评价我军装备保障能力。装备指挥决策支持系统应具有对我军装备保障力量的保障能力及总体保障程度进行分析评价的功能,从而为装备指挥员提供决策参考。

第四,辅助拟制装备保障计划。装备指挥决策支持系统应具有根据装备勤保障需求和任务完成要求,辅助拟制器材供应、力量部署、技术保障等装备保障计划。

第五,辅助拟制应急情况处置方案。装备指挥决策支持系统应具有对装备保障过程中出现的诸如器材物资紧急调运、应急保障力量调遣、后方设施受敌袭击破坏等紧急情况提出应急处置方案。

第六,辅助拟制装备保障命令、指示等军用文书。以人机交互方式,提供作战准备阶段和作战实施阶段的有关装备保障预先号令、装备保障命令、装备保障指示、装备保障报告等辅助拟制手段。

第二节 装备指挥决策支持系统体系结构

一、装备指挥决策支持系统设计原则与要求

(一)装备指挥决策支持系统设计原则

装备指挥决策支持系统是装备指挥信息系统的重要组成都分,既可以按分系统形式作为信息系统的一个功能模块,也可以形成独立的系统,专门完成装备指挥决策的辅助与支持任务。无论以何种形式存在,系统设计都应遵循一些基本原则。

一是与装备一体化指挥平台相协调。决策在装备指挥活动中处于核心

地位,发挥着关键作用。因此,决策支持系统功能设计必须考虑装备一体化指挥平台功能的整体要求,结构形式和功能设计应与其相协调。尤其注意到接口和信息传输的关系,力求与之建立信息共享、相互配合、和谐统一的整体布局。

二是与作战和装备保障的要求相适应。未来作战是基于信息系统的体系作战,装备保障能力是体系作战能力的重要组成部分。而装备指挥决策局部上是为了顺利完成装备保障任务,整体上是为了完成作战所赋予的任务。因此,在装备指挥决策支持系统设计时应充分考虑作战与装备保障的具体要求。

三是面向对象原则。系统设计应考虑到服务对象的实际,应尽量提供简单实用、标准通用、无需特殊维护的硬件设备和软件程序,系统操作尽量可视化、图形化,系统输出做到与装备指挥相适应的语义化。满足用户操作和使用方便是系统设计的基本原则。

四是数据通信原则。装备指挥决策支持系统是通过处理和传递数据信息达到决策支持目的的。系统设计应使软硬件在性能上能满足数据通信的基本要求。如,通信量的大小,图形图像的生成与传输,多媒体功能的实现等,都与系统设计时软硬件的信息通道有关。

五是传输媒介适用性原则。常用的通信媒介有电话线路、卫星通信线路、网络线路等,都是按照特定协议非用户控制的设施。系统设计时应根据装备指挥决策的需要,在必须利用传输媒介通信时,应本着经济性、可靠性、保密性和传输容量可能性等方面综合考虑,以适用为基本原则确定选用传输媒介。

六是量化比较原则。量化是现代管理科学中的一条重要原则,在系统完成前应采用量化的手段,对系统主要功能指标进行量化分析和处理,以便进行系统设计方案的比较和综合平衡。通常需要量化的内容有:研制费用,包括设备费、调研费、维护费、消耗品费等;工作效率,包括数据处理时间、文件访问和应答时间、网络通信时间等;精度,包括模型计算精度、控制精度、传输错码率等。

七是安全可靠原则。除保密措施外,还应考虑系统容错保护功能、系统工作效率及故障率指标等。

八是模块化原则。系统设计应以软硬构件标准化为依据,提高模块的通用性、互换性、易调试性。当某一构件或模块失效后,能迅速使用备用品替换,保证系统正常和不失时机地运转。这就要求尽量选用标准的系统构件,少用专用部件。尤其是分布式网络系统,各级的软硬构件均应建立通用性的模块化结构。

(二)装备指挥决策支持系统设计要求

装备指挥决策支持系统直接面向装备指挥员提供计算机化的决策支持,它是装备指挥员及其指挥机关拟制保障计划和制定决策方案的重要手段,也是装备一体化指挥平台的重要组成部分。鉴于系统重要的地位和作用,在系统设计上应注重满足以下几点要求:

一是互联性要求。即与外部系统建立广泛的信息联系。装备指挥决策支持系统需要与装备保障系统内外的有关指挥信息系统,特别是各级作战指挥信息系统、各级装备指挥业务系统,以及国家和地方的信息系统等建立稳定、顺畅的信息交换渠道,以便及时获取决策处理所需要的各类信息和资料。

二是标准化要求。即采用统一的信息标准和数据格式。由于信息来源广泛,信息分类和数据表示方式标准不一,必须建立必要的数据转换和数据加工部件,对各业务系统的业务信息以及有关的外源信息按统一的信息标准和数据格式进行进一步的加工和处理,在原有数据格式的基础上生成满足决策处理要求的综合化、规范化、标准化的可用信息。

三是交互式要求。即建立人机交互式的决策处理模式。半结构化决策问题的处理,需要建立人机交互、人机协作的决策问题处理模式。一方面,要充分利用计算机快速的数据采集和处理能力,快速完成决策模型的处理,快速产生决策结果;另一方面,在决策问题处理过程中也要充分发挥决策者的决策经验和主观判断能力,保证决策问题处理过程始终置于人工控制之下,并使决策结果更能为决策者所理解和接收。为此,系统应当根据决策问题处理的需要,合理划分人机界面,在决策问题处理过程中提供必要的和简便的人工干预接口和手段,使得决策者能方便地输入重要的决策变量或对某些重要参数作出调整,通过人工干预对决策问题处理过程和决策结果进行有效控制和施加影响。

四是灵活性要求。即能够通过不断的调整来适应决策任务与环境的变化。一方面,随着人们对决策问题理解和认识的不断深化,人们需要对有关决策方法进行相应的调整和修改,这种变化往往会要求相关决策模型作出相应的变化。另一方面,由于决策者的观念可能随时间迁移而发生变化,系统所面对的问题空间也总是在不断变化,因此,在装备指挥决策支持系统生命周期(包括研制开发乃至实际应用)的任何一阶段都有可能因其问题的性质或用户要求的变化而做重大修改。这样,就需要将系统的易修改性和可扩充性作为系统设计的基本要求之一。为此,一要吸收用户参与分析与设计的全过程,以缩短用户需求反馈周期;二要采用面向对象的分析和原型设计等先进的软件工程方法;三要尽可能使用通用化的软件工具和先进的软件实现技术,提高应用软件的设计水平和应变能力,从而使决策支持系统具有足够的灵活性,适应决策任务与环境的变化。

二、装备指挥决策支持系统的主要组成部分

从系统软件构成方面看,装备指挥决策支持系统主要包括人机会话子系统、模型子系统以及数据子系统这三个功能子系统。

(一)人机会话子系统

人机会话子系统的主要任务是提供用户与模型之间的人机交互手段,其主要构成有用户接口、任务控制、请求变换器等。其主要功能为:

(1)提供人机会话手段。向用户提供常用会话方式,如菜单式、问答式、语音式等;并支持用户在各种输入设备上的操作,如键盘、鼠标、光笔、触摸屏、语音输入设备等。

(2)接受用户输入信息。用户的输入信息包括以各种方式输入的指令与数据,主要有数据查询要求、模型处理要求、重要参数以及其他信息等。

(3)程序的调用控制。根据用户的查询与处理要求,分别调用相应处理程序进行处理。

(4)处理结果的数据输出。以多种格式(表格、图形、文本等)和多种方式(屏幕显示、打印输出等)提供数据查询结果与模型处理结果的输出。

装备指挥决策支持系统人机交互接口的设计与其整体性能关系甚大。实际上,对于高层次决策者用户而言,系统所提供的人机交互接口是否易学、易使用和足够灵活,是衡量系统实用化程度的重要指标。

(二)模型子系统

模型子系统是装备指挥决策支持系统的核心,其主要任务是实现决策

模型的表示和处理,其主要构成有模型处理软件、模型库管理软件、通用算法程序(含数学方法)、数据库接口等。其主要功能为:

(1)支持模型的构建与软件实现。面向开发人员,提供合适的模型描述语言和高级程序设计语言及配套的软件工具环境,实现模型的描述和模型处理程序的开发。

(2)支持通用数学模型的算法实现。提供通用数学方法以及与之相配套的标准算法子模块,以实现有关数学模型的求解。

(3)支持模型与数据库的连接。在模型处理过程中,能自动完成与有关数据库的连接,并从中提取相应数据。

(4)模型库的管理。提供与数据库管理相类似的模型库管理功能。

(三)数据子系统

数据子系统主要负责有关决策支持数据的产生与管理,其主要构成有数据库、数据字典、数据库管理系统(DBMS)、数据查询处理软件、数据提取处理软件等。其主要功能为:

(1)数据提取与数据融合。根据装备指挥决策问题的处理需要,从有关信息系统中提取有用的信息,并对来自不同渠道的数据进行筛选和融合,形成辅助决策数据库。

(2)数据查询与数据分析。用户可按事先设定的或可临时构造的模式进行数据查询和数据分析。

(3)多媒体信息的综合数据管理。能对各类多媒体信息(如数据库文件、文本文件、各类图形与图像数据文件等)进行有效的存储与管理。

(4)处理个人或非共享数据。便于决策者能够基于个人判断对决策问题进行处理。

这里,装备指挥决策支持系统中的数据子系统与一般的装备指挥业务信息系统相比应当具有更强的数据提取能力。这是因为装备指挥决策支持系统所面临的决策问题多属于高层次、综合性、半结构化的决策问题。这些决策问题的处理所需要的信息往往来自多条信息渠道和多种信息源,不仅需要使用装备系统内部的有关信息,如陆、海、空、二炮各军兵种装备保障部门的有关业务信息,而且更需要来自装备系统以外的有用信息,如,战场敌我态势、作战力量的编成与部署情况、地方经济信息及战区自然地理信息等。这就存在着如何将各类不同领域和不同类型的数据,经过筛选后转化为装备指挥决策支持系统数据库内部数据的问题。因此,数据提取实际上是一系列复杂的数据转换的过程。

三、装备指挥决策支持系统的体系结构框架

(一)装备指挥决策支持系统的物理结构

装备指挥决策支持系统的使用者包括装备指挥员及其指挥机关和各业务部门的决策相关人员。为了满足多用户使用要求并实现信息资源的充分共享,系统应当提供一个要素齐全、前后台分工明确的网络化应用环境。为实现前台各要素之间相对独立、后台信息资源集中管理,系统的物理结构应当采用具有"客户机/服务器(Client/Server)"模式的局部网络体系结构。系统可分为前、后台两个部分,其物理结构如图9-4所示。

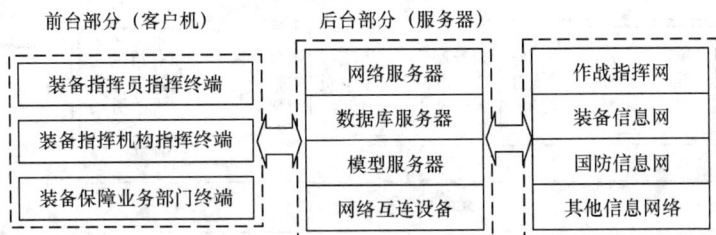

图9-4 装备指挥决策支持系统的物理结构

(1)前台部分(客户机)。即按照决策要素(使用对象)配备若干台决策终端,直接面向用户提供有针对性的决策支持功能。主要包括:装备指挥员指挥终端、装备指挥机构指挥终端和装备保障业务部门终端(即各用户的工作站)。在各工作站上建立统一的(或基本相同的)应用功能界面,为用户操作使用提供方便。各工作站之间具有相对的独立性,同时又具有密切的信息联系,通过网络文件系统和有关系统服务实现信息共享和通信。

(2)后台部分(服务器)。由网络服务器、数据库服务器、模型服务器以及网络连接设备等所构成,主要提供后台的系统服务和有关信息技术保障。其中,网络服务器主要负责本地局部网络的运行监控和网络打印机等共享资源的集中管理;数据库服务器主要用于集中储存共享信息,并对有关的共享数据库和共享数据文件实施集中管理;模型服务器主要为决策模型的运行提供一个共享的、高性能的处理平台,提高系统软、硬件资源的使用效益,确保装备指挥决策模型的高效运转和快速处理。

（二）装备指挥决策支持系统的逻辑结构

装备指挥决策支持系统是由多功能协调配合构成的支持整个决策过程的计算机综合集成应用系统。从总体上看，装备指挥决策支持系统的应用功能可以归纳为数据收集、处理、模型表示与处理、方案生成与调整等主要方面。装备指挥决策支持系统必须包括完整的功能成分，并建立合理的逻辑结构。从逻辑结构上，本系统可以划分为用户层、会话层、模型层、工具层、数据层等五个层次，如图9－5所示。

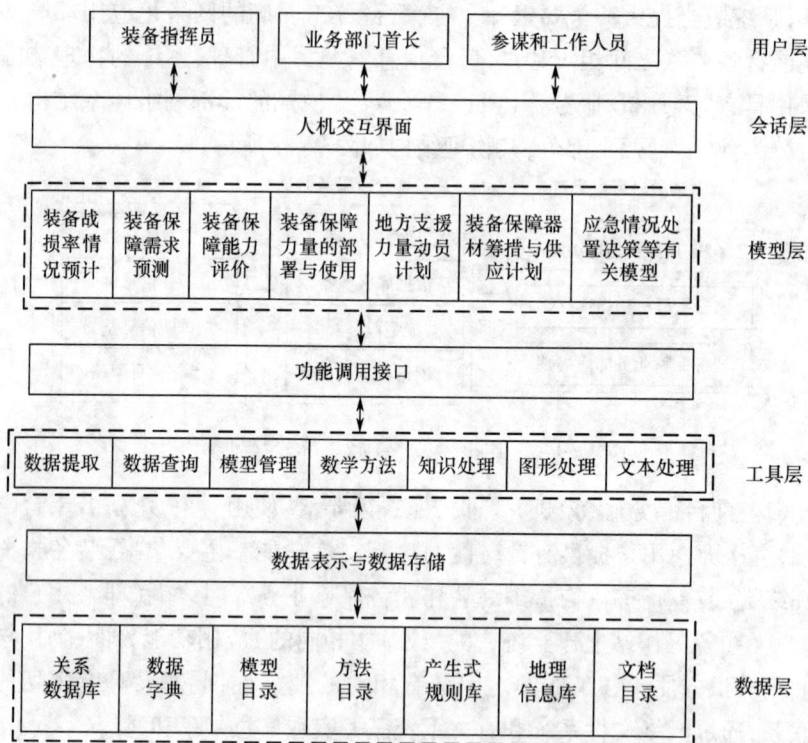

图9－5　装备指挥决策支持系统的总体结构

一是用户层。装备指挥决策支持系统是一个人机交互、人机共生的人机一体化决策处理系统。本系统的用户主要包括：装备指挥员，装备指挥机构参谋人员，各装备保障与指挥业务部门的首长、工作人员等。

二是会话层。会话层是为系统面向用户所提供的操作使用界面。用户可通过操作使用界面进行人机会话，输入各种操作指令，如功能选择、数据输入、查询显示以及运行控制等,得到相应的处理结果或响应,最终完成相应的决策处理。为适应高层次用户的使用特点,系统应提供诸如菜单选择、表格显示、图上操作(指电子数字地图)、语音输入、文本自动生成等简便灵活的操作使用界面。

三是模型层。装备指挥辅助决策模型是系统功能的集中体现。为了适应装备指挥决策活动的需要,系统应对战时主要决策问题提供专门的辅助决策模型,包括装备战损率预计、装备保障需求预测、装备保障能力评价、装备保障力量的部署与使用、地方支援力量动员计划、装备保障器材筹措与供应计划、应急情况处置决策等有关模型。

四是工具层。这里的"工具"主要指模型处理过程中所用到的通用化处理软件,包括数据提取通用处理软件,数据查询处理软件,模型库管理软件,通用数学方法处理软件,知识处理软件(如基于产生式规则的推理器),图形处理软件(如数字地图自动生成与显示、地理信息处理等),文本处理软件(如自然语言文本理解、文本自动生成)等。

五是数据层。以数据形式表示或存储的一些信息、知识以及其他有关的系统资源。如:关系数据库、数据字典、模型目录、方法目录、产生式推理规则库、地理信息库、军标符号库、文档目录等。关系数据库中主要存放参与模型处理的有关装备保障与指挥信息,其主要内容包括:部队装备保障实力、装备器材储备情况、装备保障力量的部署和使用情况、地方支援力量动员潜力等。

第三节　装备指挥决策支持系统实现途径

装备指挥决策支持系统是一个复杂的应用软件系统,其研制效果在很大程度上取决于应用软件的开发水平。为满足系统的功能实现和性能指标要求,系统开发必须解决一系列复杂的软件实现技术问题。从总体上看,作为系统软件开发主要的技术实现途径,必须着重解决以下一些关键性的技术问题:

一、复合模型的表示与处理

装备指挥决策模型的建立,需要综合运用运筹学、人工智能、软件工程等领域的模型表示方法与模型处理技术。从模型性质看,装备指挥决策模型既有以算法处理为基础的过程模型(如装备器材战损量计算模型),也有以数学方法为基础的优化模型(如装备器材筹措计划模型),还有以逻辑推理为基础的智能模型(如装备器材紧急调运计划中的补给方式选择模型)。为实现对装备指挥辅助决策模型的一体化处理,必须建立能支持多种模型表示与处理的复合模型表示方法及其相关处理技术。

第一,复合模型表示方法。有两条主要的技术实现途径:一种途径是采用抽象的模型描述语言,对各种模型进行统一定义,通过模型解释器实现对模型文本的理解,并调用不同的模型处理进行问题求解,这是传统的软件工程中常用的一种方法;另一种途径是采用面向对象知识表示法,它以对象类为基础,综合吸收知识工程和软件工程中的知识框架、产生式规则("如果…则…")、语义网络和算法过程等各种知识表示方法的优点,构成集成化的广义知识模型。

第二,复合模型处理技术。复合模型处理技术的关键是实现多种模型处理方法的综合集成。其基本技术途径是:建立标准化的数据接口,模型之间通过数据接口进行相互通信,通过数据链接实现相互联系。为此,必须建立各种模型处理方法(数值计算方法与非数值处理方法)与数据库技术的综合集成。一是开发专门化的数据字典,建立函数变量到数据库字段的对应关系,实现数学函数计算方法(计算规则)对数据库中的数据、标准、参数等的直接引用;二是引进和开发利用人工智能技术,以常规关系型数据库为基础建立适于逻辑推理的演绎数据库机制,使逻辑推理过程能方便透明地访问数据库的数据,实现知识处理与数据库技术的"无缝"连接。

现代面向对象的程序设计技术,为复合模型的处理提供了新的技术途径。Windows 应用程序设计技术为开发者提供了"对象的链接与嵌入"(Object Linking and Embedding, OLE)机制和"开放的数据库链接"(Open Database Connectivity, ODBC)技术。面向对象技术使得开发者可以构建对象化的模型处理模块,通过 OLE 机制实现模型处理程序之间的链接和嵌入。标准化的 ODBC 数据接口也为在模型处理程序中实现对具有不同数据源的数据库的透明访问提供了极大的便利。

二、模型库、方法库与知识库的管理

装备指挥决策模型处理中,需要用到一些标准的数学方法、通用的软件工具,也需要用到一些以产生式规则(若…则…),或(if...then...)和其他形式表示的知识,如判断规则、决策规则等。为便于决策模型的使用、更新与扩充,需要建立相应的模型库、方法库与知识库,以便对系统中的各类模型、方法和知识实施有效的管理和维护。这里采用面向对象的方法与技术,来实现对这些不同成分实体的管理,其主要技术途径为:

第一,建立面向对象的定义和描述方法。建立各种成分(对象类)的定义和描述方法,并建立描述各类对象主要信息的数据字典。

第二,建立各类对象实体的物理存储。利用系统提供的数据库或文件系统建立有关对象实体的物理存储。

第三,建立对象库管理机制。利用数据库管理系统建立有效的对象库管理机制。有关的库管理功能分别为:一是模型库的管理,主要包括各类模型的定义、纳入、操作、管理与维护等;二是方法库的管理,主要包括各类方法(数值方法和非数值方法,通用软件工具等)的描述、纳入、存储、删除、修改、调用与连接等;三是知识库的管理,主要包括知识的分类、组织和存储,知识的检索;知识的增加、删除和更新,知识的拷贝和转储,以及对知识的一致性、完整性和无冗余性检验等。

三、智能化的人机交互技术

为适应高层次用户的使用要求,系统应当广泛运用智能化的人机交互技术,提供较强的自然语言处理能力,使用户能以一种合乎习惯、近乎自然的方式完成决策处理。系统对自然语言的处理要求主要包括三个方面:一是能接受和理解用户以自然语言(或近似自然语言的规范语言)所给出的有关信息,如作战计划、情况判断结论等;二是能将决策模型的处理结果自动转换成自然语言的文本格式,使之能合乎军用文书要求,并为用户所熟悉和接受;三是能自然便捷地对决策处理过程进行有效的人工干预。具体有:

第一,作战计划文本分析和决策参数提取。作战计划是分析装备保障需求、做出装备指挥决策、制定装备保障计划的重要依据,对其进行文本分析、参量分解与参数提取是建立装备指挥辅助决策手段的客观要求。为此,需要根据装备指挥决策模型的数据要求,建立需要从作战计划文本中进行提取的决策参数指标体系。以此为基础研制作战计划的文本分析程序,依据作战计划文本的语法特征,进行上下文语义分析,从作战计划文本中提取出决策模型处理所需要的有关决策参数。

第二,装备保障文书自动生成。装备保障文书具有相对规范的格式和拟制要求。为了提高装备保障文书的拟制速度,系统应当提供装备文书的自动生成功能,按照事先建立的文本框架,根据决策模型的处理结果,生成符合格式要求、语言描述清楚、内容充实准确的装备保障文书。有关的装备保障文书主要包括:装备指挥过程中所需要拟制的装备保障方案、命令、指示、预先号令、总结报告等。

第三,人工干预机制。为体现决策者的主观能动性,系统需要建立有效的人工干预机制,使装备指挥辅助决策模型在处理过程中,能随时接受决策者作出的主观判断和运行指令,对重要的决策参量进行调整,进而对决策模型的运行过程和最终结果产生影响。

四、数字地图与地理信息库技术

装备指挥决策处理中涉及到大量的地理信息及相关数据。为了进一步增强本系统的决策支持效能,实现地理信息的量化处理,在系统实现中必须以数字地图技术为基础,有针对性地建立专门化的面向装备指挥决策处理需要的地理信息库。

第一,数字地图的生成与显示。可根据系统功能的实际需要,有选择地引进或开发标准化的数字地图技术,建立与标准规范相符合的二维(或三维)数字地图数据库,实现数字地图的自动生成与显示,即能根据用户所选定的地理要素(边界、公路、铁路、水系等),自动生成和屏幕显示指定地幅的二维平面地形图(或三维地形地貌图)。

第二,装备保障决心图与态势图的标绘。为了形象直观地反映装备指挥员的决心意图,便于首长及时掌握前后方装备保障态势,系统需要提供装备保障决心图与态势图的标绘手段。为此,应当以数字地图技术为基础,研制开发(或直接引进)有关的标绘软件,实现在以数字地图为背景的底图上动态叠加军标符号和有关注记信息。通常,装备保障决心图的制作可采用人工(或半自动)标绘方式进行,而装备保障态势图的标绘则应当采用全自动标绘方式来实现,其关键技术是建立数字地图与态势数据库之间的数据接口,使数字地图处理软件能实现对态势数据库的实时访问,以一定的时间步长作为态势更新周期,依据最新的态势数据不断刷新原有的军标符号,动态显示最新的装备保障态势。

　　第三,地理数据的量化计算。装备指挥决策需要经常使用地理数据,为了提高模型处理的量化程度,系统需要提供有关地理信息量化计算的通用算法,对有关地理数据进行量化计算。常用的标准算法包括:两坐标点之间直线距离的计算;某种运输方式下保障点与被保障部队之间最短路线的选择及其最短距离的计算等。

第十章　装备指挥决策艺术

　　决策是一种思维活动,是人的思维参与的、以人为主的作战双方的思维对抗。因此,决策既属于科学又属于艺术,是科学与艺术的综合。装备指挥决策艺术是装备指挥人员依据装备指挥决策活动的客观规律,通过非规范性地、创造性地运用经验和知识,在决策实践中所表现出的高超的决策才能和所创造的不同寻常的决策效果,具有实践性、创造性、灵活性、独特性和非规范性等特点。

　　装备指挥决策艺术内容范畴广泛,从装备指挥决策活动的全过程来看,既包括组织实施装备指挥决策行为活动的艺术,也包括作战对抗中装备运用艺术,以及领导部队的艺术。

第一节　装备指挥决策制定艺术

　　装备指挥决策谋略艺术,属于狭义的决策艺术范畴,它只研究装备指挥员在决策制定过程中所表现出来的谋略艺术。决策的制定,是一种高级的人脑思维过程。在这个过程中,最能体现谋略艺术的几个关键环节是洞察、谋划和决断。①

一、洞察艺术

　　洞察力,就是装备指挥员能够透彻地理解事情真相及其内在实质的一种能力。在装备指挥决策中,信息是基础性要素,因此,了解情况是制定决策的前提。但了解和掌握情况,既是一个获取信息的过程,更是一个运用人的洞察力对信息进行加工处理的过程。装备指挥决策过程中,在已经获取一定信息的情况下,能否正确而全面地了解和掌握战场情况和对抗态势,主

―――――――――

　　①　参见本书第三章,第三节:装备指挥决策行为过程.

要决定于装备指挥员的洞察力。古往今来,大量的事实无可辩驳地证明,决策者是否拥有敏锐而深邃的洞察力,将直接影响决策制定的正确性以及决策制定的效率。因此,洞察艺术是装备指挥决策谋略艺术的一个基本组成部分。

洞察艺术,首先表现在具有敏锐的观察力上。《吕氏春秋》认为,"有道之士,贵以近知远,以今知古,以所见知所不见。故审堂下之阴,而知日月之行,阴阳之变;见瓶水之冰而知天下之寒。"对于观察到的同一个事实(语法信息),具有不同的洞察力,从中获得的信息(语义信息和语用信息)是大不一样的。显然,仅仅看到表面的事实是远远不够的,要称得上具有洞察力,就必须能够解读出事实背后的东西来。要学会洞察,就不能被所观察到的表面现象所迷惑,必须透过现象把握其本质,才能了解和掌握真实情况。

在作战决策中,由于敌人的诡诈,决策者要洞察敌方的实情,就必须能够识破敌人的伎俩。《孙子兵法·行军篇》中就列举了一系列透过表面征候洞察敌方实情的方法,如,"敌近而静者,恃其险也;远而挑战者,欲人之进也。"即敌人逼近而镇静,这说明其有恃无恐;敌人离我很远而来挑战,是想诱我前进。"辞卑而益备者,进也;辞强而进驱者,退也。"即敌方措辞谦卑却又在加紧备战,是在准备进攻;敌方措辞强硬并且军队又作出前进姿态,是在准备撤退。"无约而请和者,谋也;奔走而陈兵者,期也;半进半退者,诱也。"即敌人尚未遭受挫败就来讲和,是另有阴谋;敌人急速奔跑并排兵布阵,是企图与我决战;敌人欲进且退,是在使用诱敌之计。如此等等。

洞察力与直觉有密切关系。洞察力其实就是正确的直觉。直觉,是一种似乎能在瞬间猜测到真理的能力,即不经逻辑分析而直接认识真理的能力。当然,直觉认识的结论和假定往往需要事后逐步地由逻辑来证明、由实践来检验。苏联著名军事家伏龙芝认为:"要成为一个优秀的战略家,无论在政治领域,还是在军事领域,都必须具备一些独特的素质,其中最重要的是称为直觉的素质,也就是关于迅速弄清周围一切复杂现象,着眼于最基本的东西,并根据对这最基本东西的判断拟定出一定的战斗计划和工作计划。[①] 直觉不是某种特殊的素质,而是大量知识积累的结果,是人们取得了在短时间内解决意外的新问题的经验的结果。善于深刻而敏锐的思考问

---

① 曲连波. 领导立体决策艺术[M]. 中国时代经济出版社,2002:22.

题,受过全面的教育和训练,以及具有较丰富的实践经验,是产生正确的直觉的必要条件和基础。可靠的直觉来自于在一定专业领域中长期艰苦的研究和思考。许多著名军事家都有在指挥决策中运用直觉思维的体验。克劳塞维茨认为,直觉"除了来自天生的才能之外,主要是来自实践,实践能使人熟悉各种现象,发现真理,也就是使正确的判断几乎成为一种习惯"。①

二、谋划艺术

谋划,是指就装备保障行动的目标和方法出谋划策。在装备指挥决策中,一旦认清了形势、明确了问题、任务或挑战之后,就必须制定解决问题、完成任务,或应对挑战的办法和对策,而所制定的办法和对策高明与否、其实施效果究竟如何,则主要取决于装备指挥员及其指挥机关的谋划能力。

谋划艺术,是装备指挥决策谋略艺术中承上启下的中间环节。如果说,装备指挥员的洞察能力主要关系到对形势的理解、对问题和挑战的认识、对形势发展趋势的把握的话,那么装备指挥员的谋划能力则关系到如何行动、如何解决问题、如何应对挑战、如何根据形势发展的客观规律达到自己的目的。显然,洞察只解决了认识事物及其发展趋势的问题,而如何控制和影响事物的实际发展以达到决策目标,则还有赖于对行动方法进行周密的谋划。毛泽东同志历来强调指挥员要多谋善断,其中又特别指出,多谋善断这句话的重点在"谋"字上,谋是基础,只有多谋,才能善断。

首先,要想做到善于谋划,关键在于创造求新、随机应变。《孙子兵法·虚实篇》说:"因形而措胜于众,众不能知;人皆知我所胜之形,而莫知吾所以制胜之形。故其战胜不复,而应形于无穷。"其意思是:根据情况灵活运用战法而取得了胜利,而众人只看到了胜利,但并不知其中奥秘。人们只看到了我战胜敌人的方法,但不知道我是怎样运用这些方法而制胜的。故此每次取得胜利的方法都不同,完全是根据情况不同而至变化无穷。

其次,要做到长于谋划,还必须善于通过调查研究,全面掌握有关问题的真实情况。在作战中,要想找出解决问题的最佳办法,首先必须充分了解有关问题的各种真实信息。越是紧要关头,指挥决策者越是要注重调查研究工作。战争中,部队活动的范围十分广阔,需要决策的问题各式各样,决

---

① [德]克劳塞维茨. 战争论[M]. 商务印书馆,1978:1097.

策者对敌情、战场环境,以及所面临的决策问题不可能都那么熟悉。对于客观情况不那么熟悉,就容易误信一些并不确实的情况信息,结果制定了并不正确的行动方法,以至铸成大错。因此,越是在紧急情况下、在面临重大问题时,指挥决策者越是要注重对情况信息的搜集与核实,甚至在必要时亲自深入第一线进行调查研究,以掌握第一手资料。注重调查研究、掌握真正确实的信息,看似简单、平凡,其实不简单、不平凡,它正是谋划艺术的重要组成部分,是善于谋划的基本前提之一。

此外,对于高层决策者来说,要做到长于谋划,还必须善于运用"外脑"、善于集中集体的智慧。一般来说,决策层次越高,决策问题所涉及的因素就越多,需要的知识面也越宽。相应地,决策者就越显得"外行"。因此,作为一个高层决策者,不仅自己需要博闻强记、多谋善断,而且更重要的是能够知人善任、使周围人的聪明才智充分发挥出来。从这个意义上可以说,高层决策者的谋划艺术,很大程度上就是运用"外脑"的艺术。

三、决断艺术

决断,就是装备指挥员对涉及多种选择的问题作出最后定论。决断是决策活动的终点。决断对于装备指挥员极其重要。一方面,决断是决策活动的关键。因为即使有再高明的洞察和谋划,如果没有正确的决断,前面的一切努力也只能付诸东流。另一方面,决断是装备指挥员的专利和责任。如果说,在洞察和谋划时,其他人也可以涉足其间的话,那么在决断时,就只有装备指挥员可以在其中独步孤行了。换句话说,只要装备指挥员愿意,他完全可以利用别人的洞察力和谋划力以提高决策的整体水平,但决断力却只能来自其自身,再高明的参谋智囊也无法代替装备指挥员去进行决断。

明智的决断艺术主要体现在以下几个方面;

一是能够及时地抓住时机,果断决策。影响决断成败的因素有许多,但时机是一个基本因素。古人云:"难得而易失者,时也。时至不旋踵者,机也。故圣人顺时以动,智者因机而发。"意思是说,难以获得而又最容易失去的东西是时间。时运一到,必须抓紧,为了抓住机遇,就连转动脚跟那样的一瞬间也不能耽误。所以,圣人顺应时运而决定自己的行动,聪明人利用机遇而有所作为。要作出正确的决断,第一位的就是必须把握时机。所谓把握时机,一个是要把握时间,另一个是要把握玄机。把握时间,即作决断的时间要适当,不能早,也不能晚。过早、过晚,都不会取得好的结果。把握玄机,就是要审时度势,根据形势的不同,作出相应的决断,以利用好难得的机遇。

二是能够区分轻重缓急,抓住要领作出正确的决断。决断难,难就难在各种决策选择往往是各有利弊。在决策中,片面地看问题,没有对问题进行全面的评估,会导致盲目决断;如果仅仅看到各方案的利弊,而不能抓住决策问题的要害,就会陷入左右为难的境地,以至于犹豫不决、贻误时机。因此,要不失时机地作出正确的决断,装备指挥员就必须在把握要领的前提下,明辨各方案的利弊,根据事情的轻重缓急,抓住问题的关键,作出正确的决断。而能否及时地认识和抓住事物的要领,就是衡量其决断能力的一个重要标志。

三是敢于坚持正确的判断,毅然决断。对于重大问题,进行决断是要有相当的魄力的。重大问题,成败得失影响大,与各方面的利害关系也大。一般情况是,越是重大的问题,决断往往越困难。历史上不乏这样的事例,决策者在基本上已经搞清楚了各种方案的利弊得失之后,却为各种相互矛盾的意见所困惑和左右,以至不知所措;或者由于受头脑中固有观念的束缚,以及受性格和魄力的局限,不敢将正确的决策贯彻实施,以至贻误时机或决断失误。一个明智的装备指挥员在进行决断时,必须有主见、有魄力。有主见,才能既广纳各方意见,又能择善而行。有魄力,才能敢于坚决地将决心加以贯彻实施。

第二节　装备指挥决策领导艺术

领导艺术是装备指挥决策艺术的重要组成部分,装备指挥员是否具有高超的领导艺术,对于装备指挥机构群体文化的塑造和装备指挥决策能力的形成与发挥影响极大。装备指挥决策领导艺术主要表现在识人与用人、协调与沟通、授权与控制等三个方面。

一、识人用人的艺术

各级装备指挥员负有对部队装备保障行动进行决策和发号施令的重任,是装备保障力量的核心。选准用好一个装备指挥员,就等于用好一支部队。历史上,因选对将帅而致功成事就的,以及因选错将帅而致丧师辱国的事例不胜枚举。正因为如此,在领导艺术中,首要问题就是选将用人的问题,就是如何对各级装备指挥人员进行最佳配置的问题。

识人用人的艺术主要体现在以下几点:

一是正确处理创新与保守的关系。人才与一般人的最大区别在于有比较强的创新能力。特别是在知识军事和信息化作战形势下,选择装备指挥人员已经不仅要看其过去受过多少训练、具有多少知识和经验,而更要看其智力水平如何、信息素质如何,是否具有很强的学习能力、创新能力。然而,有创见,难免与领导意见不一致,进行创造性工作,难免有失败。这就是墨子所说:"良才难令,良马难驭。"反之,只进行重复性劳动,不思变革的人,既不易犯错误,又"听话"。这就使识别人才成为一件比较困难的事。

二是正确处理优长与缺点的关系。要做到善于识别人才,就必须择其山高,不讳谷深。司马光在北宋元祐元年奏请立十科举法,开头即说:"若指瑕掩善,则朝无可用之人;苟随器授任,则世无可弃之士。"世界上,全才是极为罕见的,用人的艺术主要在于用人之长,容人之短。所谓样样皆是,往往是一无是处。其中的道理在于,如果与人类全部知识和经验的总和相比,任何伟大的天才都不及格。

三是擅于识别人才类型,并因才施用。识人用人,不仅要能够识别是否是人才,而且要善于识别人才的类型特点。例如,有些人思维缜密,善于出主意,是能干的高级参谋人才;有些人思路清晰,沉着果断,是优秀的决策人才。有些指挥员军事素养深厚、善于灵活地运用各种方式方法;有些指挥员科技知识丰富,善于充分发挥各种装备器材的优长。有些指挥员生性谨慎、行事稳健;有些指挥员不拘常规,善于冒险;如此等等。虽然是人才,但如果不识其类型而用错了地方,同样会误事,甚至误大事。只有熟悉和掌握人才的类型特点,才能因才施用,将其用于不同的指挥岗位或赋予不同的指挥任务,从而充分发挥出各种人才的潜力,并使各级指挥人员形成最佳的配置。

四是擅于通过恰当的评价调动人员的积极性。领导者要用好人,就必须能够对下级的工作作出正确的评价。评价的标准不当,就会压制下级的创造力,并将下级的努力引向错误的方向。装备保障任务的成败,一般既有指挥的原因,也有保障实力和战场环境等方面的原因,因此,如果仅仅根据结果来论英雄就难免偏颇,以至挫伤下级的积极性。

五是做到用人不疑,疑人不用。掌握用人艺术,还要做到"用人不疑,疑人不用"。这一点对于装备指挥决策更具有重要意义。在装备指挥决策过程中,对于下级必须使其责权相称,并给予充分的信任;否则,再优秀的装备指挥人才也难成大事。

二、沟通协调的艺术

协调是指装备指挥员依据相关法规,运用自己的权力、威信以及各种方法、技巧,使装备指挥决策领导活动中的各个因素、各种关系、各个环节、各个层次和谐起来,以便使组织中诸要素得到最有效的利用。在信息化条件下作战装备指挥决策中,由于人、事、物之间的关系变得日益复杂,协调也就成为维系组织正常运转的纽带。正如著名组织理论专家本尼斯指出:组织要想生存下去,必须完成两个相互关联的任务:一个是内协调,即协调成员之间的关系及活动;一个是外协调,即协调本部门和外部环境的关系。

所谓沟通协调艺术,主要是研究协调领导关系与领导行为、领导效果之间的内在联系,探索领导关系的一般规律及其运用方法。它是装备指挥员在领导活动中,为实现领导目标,运用自己的知识、智慧、才能、经验,构建良好的领导关系,实施有效领导而表现出来的一种创造性的领导技巧和技能。通过领导关系的协调,以聚众人之力量,发整体之功能,克内部之消耗,建外部之友情,合作共事,高效率地完成工作任务,实现领导目标。[1]

沟通协调的艺术主要体现在以下几点:

一是把握动态平衡艺术。平衡,从哲学角度讲,是矛盾暂时的相对统一或协调。唯物辩证法原理告诉我们:平衡与不平衡是相对的,二者相互转化、相反相成。把握动态平衡艺术,就是要善于调整天平两端的砝码,有效地利用好平衡与不平衡二者相互转化的关系,将矛盾的相互排斥对立转化为相互吸引统一。在沟通协调装备指挥机构各种关系中把握动态平衡艺术,就是要利用法规、权力、威信以及各种方法、技巧,调节和调整各种关系,解决利益失衡和心态失衡等问题,充分激发装备指挥人员的创造力和工作潜力,着力增强装备指挥人员的凝聚力,为装备指挥决策效率的提高创造条件。

① 赖建明. 领导关系协调艺术[M]. 国防科技大学出版社,2007:12.

二是把握权变艺术。权变,即权衡利弊而随机应变。由于性格、性别、年龄、经历、地位和文化的不同,人们的心理、行为和价值取向会产生极大的差异,为了有效地疏通思想、理顺情绪,装备指挥员在沟通协调中必须把握权变艺术,即根据沟通对象角色地位、性格特征的不同,沟通协调的方式方法或策略技巧也应有所不同。古人云:"人好刚,吾以柔克之;人用术,吾以诚感之。人使气,吾以理屈之,则天下无难处之人矣。"这里强调的是因人性格特征的不同而采取的权变技巧。而在领导人际关系中,最难把握的是因角色的不同如何运用权变技巧问题。上级与下级、下级与上级、正职与副职、同级与同级之间,因角色地位的不同,造成的职能差异、心理期待、利益需求的差异很大。针对领导角色的差异带来的心理需求不同,把握领导人际关系中因角色不同而采取的权变技巧要从以下三个方面入手:一要运用"观察、倾听、感悟"等方式,努力"读懂"上级的心理期待,了解下级和同级的利益需求;二要遵循"黄金与白金"两个法则,坚持换位思考,打通"心结";三要根据不同角色的心理需要采用不同的沟通方式。

三是把握适度艺术。辩证唯物主义"度"的原理告诉我们:要真正认识事物、准确把握事物,必须掌握决定事物数量界限的"度",并在一切实践活动中坚持"适度"原则,处理问题解决矛盾时要注意分寸,掌握火候。把握"适度"艺术,就是在协调和处理矛盾中要把握好冷与热、快与慢、动与静、争与让、刚与柔、收与放、过与不及等一系列矛盾的关系,做到恰如其分、恰到好处。要达此境地须坚持四项原则,即:一要善于透过现象深刻认识事物的质,准确地把握事物的量,切实地掌握事物质的数量界限;二要注意用发展的观点,动态把握"适度"原则;三要注意具体问题具体分析;四要注意防止折中主义。

四是把握倾听的艺术。倾听需用心,有效倾听要做到"六心"并用:态度上要保持诚心、虚心、耐心;技术上要做到静心、专心、留心。

(1)诚心。缺乏倾听的诚心,是造成沟通失效的重要原由之一。倾听不仅需要作智力上的努力,更需要情感上的投入。一个不愿真心诚意听别人讲话的人,是不可能真正听得进别人话的内容的。只有诚心并真正欣赏别人和别人所说的话,别人才愿意讲真话讲心里话,才能听到真话和心里话。

(2)虚心。倾听时只有放下架子虚心倾听,才能真正了解情况,提高决策的科学性。

（3）耐心。倾听要有耐心，要等别人把话说完。

（4）静心。即在沟通过程中，一要排除其他事情的干扰，能静下心听；二要控制情绪，保持冷静；三要不与对方争论或妄加评论。

（5）专心。全神贯注，专心致志是倾听最关键的要求。一要排除干扰，寻找有兴趣的方面，注意参与的姿势，保持亲近距离，保持目光交流；二要关注内容，尤其是对你不熟悉的内容要特别注意；三要听清全部内容；四要捕捉要点。

（6）留心。就是在倾听过程中不仅要听清听懂沟通对象的有声语言，还需要对其体态语言也加以观察和解读，即要善于察言观色。通过留心观察，从讲话者的手势、神态、声调等态势语言中听出弦外之音，真正理解对方的真实意图。

人们思想的复杂性、多变性，矛盾的复杂性、多样性，对装备指挥员的沟通协调艺术提出了更多更高的要求，除了需要把握好平衡、权变、适度、倾听和有效表达等艺术外，还需要把握疏导艺术、"弹钢琴"的艺术、态势语言艺术等。通过艺术地使用沟通协调等手段，最大限度地发挥装备指挥员在组织领导装备指挥决策活动中的智慧、知识、胆略、经验、品格、作风、能力，以实现关系的协调、力量的平衡、运作的有序和功能的优化。

三、授权与控制的艺术

未来信息化条件下联合作战，战场空间广阔，前后方界限模糊，攻防对抗激烈，呈现出参战力量多元化、作战空间立体化、战场环境透明化、作战节奏快速化、武器装备信息化和作战样式多样化等特点，很多场合和时机装备指挥员必须合理地授权，以利于自身的宏观控制和下属充分发挥主观能动性。然而装备指挥员的授权不是推卸自己的责任，撒手不管，而要更加灵活巧妙地加以控制。

授权与控制是一对矛盾体，授权无度，放得过宽，干预指令太少，往往撒得开，收不拢，形不成重心；控制过严，下级极端服从上级指挥员主观意志的倾向越重，就会束缚下级装备指挥员的创造性与灵活性。如何掌握授权与控制的"度"，就需要讲求控制艺术。

授权与控制的艺术主要体现在以下几点：

第一，因事择人，知人善任。用人如用器，贵在用其长而避其短。知人方能择将,知将方能用将。授权应以对象的才能大小、决策水平的高低、个性特征和理论水平为依据,选择最合适的被授权者既用来放心,又可充分发挥下属的指挥才能,独当一面。正如古兵法所云:"夫大将受任,必先料人,知其材力之勇性,艺能之精粗,所使人各当其分,此军之善政也。"

第二,因情而变,灵活授权。授权前,除了对被授权者进行全面严密的考察外,还应对战场情况,自己的控制能力等进行全面分析,选择恰当的方法授权。如当战场情况十分紧急时,通常采用一次性授权。以缩短信息流程,减少遂行决策任务所用时间,提高决策效率。若遂行决策任务时间充裕时,既可一次性授权,也可逐次授权,要因情而定。逐次授权通常依据作战进展情况和被授权者贯彻执行上级作战意图的情况,适时授权。

第三,把握方向,宏观控制。上级装备指挥员应把总的装备保障决心和意图,向被授权装备指挥员交待清楚,以便他们能在授权决策过程中,做到局部利益服从整体利益,眼前利益服从长远利益,正确发挥主观能动性,致人而不致于人。为便于其遵照执行,根据实情,可规定某些原则:如独立自主的原则,主动支持友邻的原则,积极抓住有利时机的原则等。

第四,加强联络,信息控制。作战中,装备保障力量的行动、部署变化急剧,此时,战场信息对装备指挥员的决策具有至关重要的作用,甚至直接决定着装备保障行动的成败。上级装备指挥员在授权后,应当根据态势,想方设法,利用各种手段,将某些信息(特别是重要情报),不失时机地传送给所授权的下级装备指挥员,从而确保装备保障行动的准确性和有效性。

第五,注重精神,稳定军心。战时,部队将受到巨大的精神压力。上级装备指挥员必须充分利用精神激励,综合运用信任、情感、暗示等方法,减轻所属人员的心理压力。具体而言,一是对被授权者要绝对的信任,所谓"疑人不用,用人不疑"。二是上级装备指挥员应以其独到的见识、果敢的魄力,善于自制,态度公正、尊重他人,勇于负责等优良素质,赢得下属的信任。三是要充分发挥情感的力量。情感是一种凝聚力、向心力。上下级之间深厚的感情,可以化作同生死共患难的内聚力,情况越是复杂,处境越是艰难,就越能体现。装备指挥员既要善用褒扬,激励下属,也要妙用"贬斥"激将。四是通过暗示激发下级的主动性。上级装备指挥员要善于克制自己,既不为一时的胜利而喜形于色,也不为暂时的失利而垂头丧气。要以稳定军心、鼓舞士气为目的,临危不惧,处变不惊,越是关键的时刻,越要做到这一点,始终保持冷静的头脑,给下属以启发、暗示。

第三节　装备指挥决策谋略艺术

一、把握全局的艺术

所谓把握全局,一是要解决好与作战决策中的力量运用、基本战法的协调一致,目标统一;二是要在处理好装备指挥中各个局部之间关系的基础上,集中注意力抓好对全局起决定作用的局部。相比较而言,要清晰地认识和准确地把握对全局起决定作用的局部,并以此为枢纽处理好装备指挥各个局部之间的关系,就更需要深邃的洞察力和高超的指挥决策能力。因此,把握全局的艺术,更集中地体现在抓住枢纽、推动全局方面。

所谓枢纽,即在装备指挥全局中起决定作用的局部,以及在装备指挥全过程中起关键作用的阶段。枢纽与各方面都有联系,对各方向都起作用。因此,枢纽是对装备指挥的成功与否具有决定意义的关键性环节,也是在指挥决策中要解决的主要矛盾。抓住枢纽、推动全局,就是抓住关键环节,以在关键环节上的举措来带动全局的发展。

要抓住枢纽、推动全局,必须作到以下三点:

第一,慧眼识枢纽。抓枢纽的前提是识别和选择枢纽,而要在错综复杂的矛盾中看准枢纽所在并非易事。根据一些著名军事家的经验,要选准枢纽,关键是要有全局意识。为此:一是要全面分析构成及影响装备指挥决策的各个局部的情况;二是预见装备指挥全过程,做到上一阶段为下一阶段创造条件,下一阶段能及时和充分利用上一阶段的效果;三是要从战略高度进行战役的指挥决策,从战役的高度进行战斗的指挥决策。战略上的枢纽,必是战役要着重解决的;战役上的枢纽,必是战斗要着重解决的。

第二,着力抓枢纽。确定枢纽之后,还要着力抓好枢纽。要抓住战略枢纽部署战役,抓住战役枢纽部署战斗。为此,必须做到:在力量使用上,要突出重点,应紧紧围绕枢纽使用力量;在行动协调上,要以主要作战行动为中心。

第三,适时变枢纽。在一个局势相对稳定的时期,枢纽是唯一的。但当局势发生根本性转折,枢纽也会随之转移,此时,我们就要适时地转换枢纽。

所谓适时,即是既不早、也不晚,如果转换枢纽的时机不当,就会使自己的行动失去重心。作为一个决策者,要充分地认识到这一点,事先针对枢纽的转换进行有预见性的部署,并能够根据情况适时地转换枢纽。这对于驾驭全局,以保持、发展和夺取胜利,至关重要。

二、利用战机的艺术

装备指挥决策,受到作战指挥决策影响的同时,也同样反作用于作战指挥决策。抓住、创造有利的战机,进行装备保障活动,也是装备指挥决策谋略艺术范畴。

所谓捕捉战机,就是通过敏锐地洞悉微妙的战场态势及其变化,以发现有利于我行动的装备保障时机。在战争中,战机总是存在的,只是有大的、小的,明显的、不明显的,持续时间长的、稍纵即逝的之分。要想捕捉住那些飘忽不定的战机,决策者必须具有识机的眼力。对于那些不明显的或稍纵即逝的战机,战机的捕捉是需要相当高的艺术的。所谓创造战机,就是在战场态势对我不甚有利,而难以发现战机的情况下,通过自身的主观努力,以各种手段诱使或逼迫敌人暴露出弱点,以形成我可以利用的战机。

在出现战机时,必须及时地把握战机,采取快速、坚决的行动以最有效地利用战机。战机难得而易失,没有战机时不可轻动,出现战机时则不可迟疑。要在紧张激烈的对抗中把握住稍纵即逝的战机:首先必须做到及早地发现战机,即当战机还若隐若现时就必须及早地盯住不放,并使部队有所准备;其次,战机一旦成熟,就必须果断地决策,命令部队尽快地采取行动抓住战机;其三,必须舍得付出代价坚决地利用好战机,如不顾部队疲劳,进行连续的机动,紧紧地抓住战机达成预定的作战目的。

三、谋略素养的提升

信息化条件下联合作战装备指挥决策谋略运用发生了深刻的、全新的变化:谋略内容不断更新;谋略方法趋向综合;谋略空间多维立体;谋略手段高技术含量突出等等。这些都对装备指挥人员的谋略素养提出了新的更高的要求。

(一)优化知识结构,实现专业与博识的有机结合

装备指挥人员能够胜任其职责,就必须具有相应的知识结构。装备指

挥决策工作会涉及多方面的知识,其中不仅需要精通装备专业领域的知识,而且需要了解与装备保障行动相关的各种自然和社会知识。然而,一个人的精力和知识面总是有限的,不可能要求他们无所不知,无所不晓,而只能要求他们具有相对合理的知识结构,即具有"专"与"博"相结合的知识结构。具体来说,这样的知识结构应该由如下几方面的知识组成。一是扎实的基础知识,即装备指挥人员为履行其本职工作必须具备的知识基础,装备指挥人员知识结构的根基。这些基础知识主要包括:中外军事思想、军事辩证法、中外战争史、军兵种知识、军制与装备、军事地理等。二是精深的专业知识。即装备指挥人员为履行其本职工作必须具备的基本知识,这些知识构成了装备指挥人员知识结构的中坚。对于专业知识,装备指挥人员必须深刻理解和熟练掌握。三是系统的现代科技知识。具有比较系统的现代科技知识是当代装备指挥人员知识结构的一个特点。由于各种最新科技成果不断用于军事领域,装备指挥人员只有不断地给自己"充电",才能有效地应对战争的高技术化所形成的挑战。当前,装备指挥人员急需掌握的现代科技知识主要有系统学、决策学、信息学、运筹学等。四是广博的相关知识。即在装备指挥决策中可能会用到的自然和社会知识。对范围广泛的相关知识有所了解,能够开阔眼界、拓展思路、激发灵感,从而有利于装备指挥人员产生过人的洞察力,谋划出胜人一筹的韬略。

(二)提高智力素质,灵活应对决策中的各种情况

战争的外在形式虽然表现为作战双方军队之间的暴力对抗,但其内在核心却是双方指挥决策人员之间的智力较量。因此,要胜任装备指挥决策工作,就必须具有较高的智力素质,主要有以下几个方面。一是清晰的思维。思维,是全部装备指挥决策活动的核心。所谓思维清晰,就是思考问题具有很强的条理性、系统性和逻辑性。思维是否清晰,是决定装备指挥决策人员是否合格的首要条件。二是敏锐的观察力。观察力,是人通过感知从被感知对象中把感兴趣的事实及其属性鉴别、选择、分离出来的一种能力。装备指挥人员只有具有敏锐的观察力,才能及时有效地从战场实地、照片、录像、地图或报告中,找出对装备指挥决策有用的信息,才能从看似纷繁杂乱的事物变化中发现其中的规律性,找到解决问题的最佳途径。三是丰富的想象力。想象力,是人运用已有的知识和经验,在头脑中创造出新的或将会发生的事物的形象的能力。装备指挥人员只有借助于丰富的想象力,才能预见未来、创新方法和出奇制胜。四是良好的记忆力。记忆力,是人把过去感知过、思考过、体验过的事物保存在头脑中,并在一定场合使其在思维中再现的能力。在装备指挥决策活动中,良好的记忆力有助于装备指挥人员提高工作效率和避免可能发生的差错。五是深邃的洞察力。洞察力,是人在认知过程中所表现出来的一种透过各种表面现象抓住事物的本质的透视和预见能力。未来信息化条件下联合作战纷繁复杂,装备指挥人员要想透过变幻莫测的战场情况准确把握当前的战场态势及其未来的发展趋势,就必须具有深邃的洞察力。只有具有深邃的洞察力,装备指挥人员才能做到见微知著、未雨绸缪。

(三)拓展能力素质,全面掌控装备指挥决策活动

能力的大小与知识水平、经验多寡和智力高低等要素密切相关,但是,能力的核心却是人的主观能动性,因为能力的实质是人对其所具有的知识和经验的一种能动的运用。装备指挥人员所应具备的能力素质应主要包括以下几个方面。一是统筹全局的能力,即根据对各方面因素的综合考虑,从己方全局利益和装备保障活动的整体出发,筹划部署和运用装备保障力量的一种能力。统筹全局能力强,就能在任何情况下通过抓好对全局有决定意义的中心工作来推动全盘工作,从而对决策活动进行正确的指导。二是多谋善断的能力,是一种善于根据客观条件谋划出制胜韬略,并能够予以果断实施的能力。未来信息化条件下联合作战,战场情况错综复杂,战场态势瞬息万变,装备指挥人员只有具备多谋善断的能力,才能从容应对复杂和紧急的局面,作出正确的决策。三是灵活应变的能力,是一种善于适应作战不确实性和战场情况的多变性,及时调整决心、改变策略的能力。战争充满着不确定性因素,各种突发情况频频出现,装备指挥人员只有具备灵活应变的能力,才能指导部队在陷入被动或危难之时化险为夷,在顺利之时抓住机遇、发展胜利。四是组织协调能力,组织能力是一种能够将正确的想法转化为所属机关和部队的实际行动的能力;协调能力,则是一种善于解决机关或部队之间及其内部在工作协作和作战协同上的困难的能力。在装备指挥决策中,装备指挥人员只有具备较强的组织协调能力,才能对本级和下级装备指挥机关的决策活动进行正确的指导和组织,以使其高效有序地进行。

(四)稳定心理素质,冷静面对决策中的各种压力

信息化条件下联合作战,参战力量多元、兵力规模大、武器威力倍增、战争进程更加快速多变,装备指挥人员所承受的压力进一步增加。因此,要胜任指挥决策工作,就必须具有良好的心理素质。一要沉着。沉着是一种在任何情况下都能够保持心境平衡和冷静的性格特征。它是胜任装备指挥决策工作必备的一种心理素质。只有沉着,才能在装备指挥决策过程中处变不惊,作出正确的判断和处置。二要坚定。坚定是一种在面对困难时不会轻易动摇、能够保持正确决定的性格特征。面对信息化条件下联合作战条件下极为复杂的战场情况,能够一帆风顺地执行既定决心和计划的事是绝少发生的。因此,只有保持坚定,才能在装备指挥决策中克服一切困难,最终实现既定的目标。三要果断。果断既是一种勇于进取、敢于行动的品质,更是一种能够依据客观情况,思路清晰、干脆利落地处理复杂问题的能力。在装备指挥决策中,经常会遇到两难的复杂情况,在这种情况下,装备指挥人员必须透彻地了解情况、抓住问题的主要矛盾、审时度势、分清利弊、合理冒险、敢于负责、当机立断,适时地作出正确的决定。四要坚强。即意志坚强。作为装备指挥人员必须具有坚强的意志。战争中,困难和阻力既可能来自环境的险恶和敌军的强大,也可能来自意志的薄弱。战争既是物质的较量,也是精神意志的对抗,是对人的体力极限和精神极限的一种挑战。此外,无论是沉着、坚定,还是果断,都与人的意志力有关。装备指挥人员经常需要凭借坚强的意志力量,硬着头皮顶住,才能克服作战过程中的不确定性、困难、风险和阻力,做到沉着、坚定、果断,从而最终胜利地完成装备指挥决策使命。

第四节　装备指挥决策中的文化因素

一、文化因素对装备指挥决策的影响

　　长期以来,由于受现代决策方法和计算器技术的影响,人们更多地关注指挥决策方法、程序、手段的研究,片面追求指挥决策的程序化和规范化,而忽视了指挥决策与指挥员的心理素质、思维方式、文化背景等方面的密切关系。其实,指挥决策不仅仅是指挥员运用方法程序和技术的结果,而且是指挥员所处的文化环境作用或决定的产物。指挥员在决策过程中需要遵守决策的原则和要求,依照决策的程序,但仅有这些是不够的,还需注重文化

因素。在很多情况下,文化因素对指挥决策起着十分重要的作用①。

(一)文化决定指挥决策的价值取向

文化是人的行为背景,甚至就是心理内容。文化中的价值信念等核心部分只有转化为心理符号才能影响和支配人的行为,即作为背景的文化对于人的心理与行为具有模塑作用。

文化决定了指挥决策的价值观体系。每种文化背景下的具体指挥决策行为都是对其所处文化的再诠释。这是因为,文化其实是反映人们权益关系的一整套行为规则和价值观念,而当人们面对某种要权衡利弊和得失取舍做出选择时,这种行为规则与价值观念往往是以内化了的形式,特别突出集中地表现于人们的利益权衡与得失取舍行为中。指挥员的决策行为会直接或间接地反映出其对所赖以生存的文化观念的认同与价值取向。反过来,这些潜移默化的社会行为准则和价值观念的内化过程,也会从每个指挥员所面对的大大小小无数次决策行为中得以强化和再确认,从而更加巩固并且根深蒂固地在指挥决策中左右着指挥员的行为。

(二)文化提供指挥决策的知识基础

指挥决策是人的一种特殊社会文化活动,其发展水平基本上与人类文化发展水平相一致。这里就从文化演进的三种形态来说明文化为指挥决策提供了赖以存在的知识基础。

人类的远古时代,盛行着一种自然文化,这是人类对大自然初步认识的产物。自然文化的纯朴、单一性限定了决策者的知识相对贫乏,指挥决策方式也十分简单。随着人类社会的进步,开始出现一种同自然文化相对立的人文文化。这是一种建立在对人自身认识基础上的新型文化。这个历史时代的文学艺术、民俗风土、社会形态等,都具有强烈的地域性和民族性。因此,也有人把这种文化叫做民族文化。在人文文化时期,决策者往往从群体或民族的利益去看待战争,去考虑指挥决策问题,如地域的抢夺、阶级矛盾、民族冲突等。人文文化为指挥决策提供了丰富的知识基础,完善了决策者的知识结构,从而适应了日益复杂化战争的需要。这个时期的指挥决策带有天然的专制性、个人崇拜和神秘主义的色彩。

产业革命以来,科学技术巨大的社会功能被人们所认识,加之科学教育

---

① 洪源,董志强,重视指挥决策中的文化因素,中国军网:2011－08－29.

的普及与提高,便在自然文化与人文文化之上,兴起了一种以现代科学技术为核心的现代科学文化。科学文化是由自然文化和人文文化演进而来的高级形态文化,它是一个复杂的文化生态系统。如果按种属划分,有政治文化、经济文化、民俗文化、建筑文化、企业文化、乡村文化等不同文化的种属结构。不管这个文化多么复杂,在当代,它们赖以存在的时代标志都是科学的文化,或者说,都是渗透了科学灵魂的文化生态系统。在科学文化时期,决策者往往从国家和社会的高度去看待战争,去考虑指挥决策问题,如国际争端、地缘战略、经济掠夺等。科学文化带来了战争形态的演变,同时也用科学知识武装了决策者的头脑,使他们适应现代战争的需要。这个时期的指挥决策具有科学性和实证性,决策者做什么事情都应符合科学的原则,就是说决策要有科学的根据,要有科学的方法,要有科学的计量指标、科学的评价体系,还要使决策基本上达到既定目标。

(三) 文化塑造指挥决策的思维方式

指挥决策过程是人的思维活动过程。决策过程离不开决策者的大脑思维,而决策者又是生活在特定的文化背景中,文化塑造了指挥决策的思维方式。突出表现在两个方面:一是规范了指挥决策的思维基点;二是形成了指挥决策的思维质量。从规范指挥决策的思维基点来看,不同的文化,体现着不同的思维方法,对于从什么基点、角度出发思考问题有其相应的规定。如古希腊早期的思维方法是一种朴素的实体思维,它认为事物的本质就在事物自身之中,因此,主张通过认识实体即事物自身来把握该事物的本质及规律。与此不同,中国古代的思维方法是一种朴素的关系思维,认为事物的本质是通过这一事物与其他事物的关系反映出来的,因此,主张认识事物就要认识各种关系。中外这两种不同的文化产生了两种不同的思维方法,提供了两种不同的思维基点:一个是实体,一个是关系。正是因为思维基点的不同,所以在指挥决策上一个追求以力取胜,一个追求以谋取胜。

从形成指挥决策的思维质量来看,由于文化背景不同,决策者常常按自己的文化传统去认知、判断和采取行动。虽然人类的思维活动具有一定的共同规律,但又表现出人与人之间的个体差异,思维质量就是思维活动中表现出来的个体差异。如有些文化建构起来的思维质量静寂恬淡,但少有创造性。而有些文化则渗透着一种神道精神。武士道在人格上具有极端的两重性:自狂而又自卑,信佛而又嗜杀等。由这种文化建构的思维质量畸变为冒险好战、虐杀残暴。这种指挥决策思维质量,日军在第二次世界大战中体现得淋漓尽致。

二、装备指挥决策群体文化的塑造

装备指挥机构是装备指挥决策的内在要素,诸如人力、物力、时间、空间、信息等方面的综合体,是装备指挥决策的基础。在装备指挥机构中,单个装备指挥人员的决策行为是分散的,为了在装备指挥机构内部形成组织合力,不仅要对装备指挥机构的成员构成、职责区分、权力分配、任务分工、部门设置和法规制度等进行规范,更要从精神和心理层面加强装备指挥人员之间的协作和沟通,其中主要的是营造群体文化,强化群体内聚力,从而形成装备指挥人员群体心理的正效应。[①]

(一) 群体文化及其心理效应

群体文化是指处在一定经济、社会文化背景下的群体,在长期共同工作、共同生活过程中逐步形成的独特的存在样式、生存和发展方式。群体文化具体表现为群体价值观、群体精神,以及以此为核心而生成的行为规范、道德价值、生活信念、群体传统、习惯和风俗等。装备指挥机构的群体文化是以装备指挥人员群体心理为基础的,又是其群体心理的发展和升华,是装备指挥决策活动的重要机制之一。它一旦形成,便会成为影响、调节、制约装备指挥人员心理和行为的重要手段。[②]

装备指挥人员通过相互作用、相互影响,产生群体心理,如群体需要、群体规范、群体价值、群体感情等。这种群体心理对个人的心理和行为所产生的制约作用,就称为群体心理效应。群体心理效应主要表现为三个方面:

一是归属感。即装备指挥人员自觉地归属于其所属装备指挥机构的一种感情。有了这种感情,装备指挥人员就会以维护装备指挥机构这一组织群体的利益为宗旨,进行自己的活动,并与机构内的其他成员在情感上发生共鸣,表现出相同的情感、一致的行为,并形成装备指挥机构独特的特点和准则。由于凝聚力的高低不同,群体归属感表现的程度也有所不同。一般地讲,凝聚力越高,成绩越大,其成员的归属感也就越强烈,并以自己是这个

---

① 范翰章,杨树春等. 决策心理学[M]. 中共中央党校出版社,1996:162.
② 范翰章,杨树春等. 决策心理学[M]. 中共中央党校出版社,1996:163-164.

群体的成员而自豪。

二是认同感。即装备指挥人员在对决策问题的认知和评价上保持一致的情感。装备指挥组织决策行为要求群体中的各个成员具有共同的需求、动机和目的,为着共同的利益,在装备指挥决策问题上自觉地保持一致的看法和情感,自觉地使机构内所有装备指挥人员的意见统一起来。一般地说,群体凝聚力越高,群体对成员的吸引力越大,这种认同感就越强,就越是自觉。

三是激励作用。由于群体能满足群体成员的物质需求和心理需求,并提供保护和支持,在归属感和认同感的作用下,个体把群体看作是强大的后盾,在群体中无形地得到了一种支持力量,从而鼓舞了个人的信心和勇气,唤醒了个人的内在潜力,甚至可以大胆地去做独处时不敢做的事情。当群体成员表现出与群体规范一致行为,做出群体期待的事情时,就会受到群体的赞扬,从而使个体感到其行为受到群体的支持。

群体心理效应是群体文化之所以能起作用的心理基础,群体文化的功能正是立足于群体心理效应才能得以充分实现的。

(二) 群体文化的功能与作用

1. 装备指挥机构群体文化的功能

装备指挥机构所形成的群体文化对于装备指挥人员的行为调控具有重要作用,其功能主要体现为以下几点:

一是动力功能。因为群体文化是一种心理能源,它把归属感、责任感、自豪感融为一体,产生出一股强劲的进取精神,形成强大的精神动力,这是最可宝贵的激励因素,它是物质因素和法规制度约束所难以取得的。

二是导向功能。群体文化可以把群体成员引导到群体所制定的目标和方向上来。群体所提倡的东西、崇尚的东西,通过群体文化的中介,往往会成为群体成员的兴奋点,吸引着群体成员的注意力。

三是凝聚功能。群体文化会像一块磁铁,对群体成员产生强大的吸引力和向心力,把群体成员的个人意愿转化成共同的意志,使群体无论是在顺境还是在逆境中都能始终保持积极向上奋发进取的精神状态。

四是约束功能。群体文化具有自我约束机制,它往往用简洁凝练的语言,在群体内部建立一种行为标准,它会促使群体成员自觉地按照群体的共同价值观所要求的标准去从事各项活动,进而在内部建立起团结、和谐、融洽、向上的新型人际关系,消除内耗。

五是融合功能。群体文化可以使群体成员形成共同的价值观和信念,这种融合作用是潜移默化的,并逐渐形成新质,成为群体发展的新的基点。

六是跃迁功能。群体文化会使群体成员的思想觉悟、文化技术水平及管理水平等整体素质不断地从低层次向高层次发展,会推动群体不断上水平、上等级、上层次。

2. 装备指挥机构群体文化的作用

群体文化是群体心理的发展和升华,它对装备指挥决策的影响和制约作用主要表现为如下几个方面:

首先,优良的群体文化是装备指挥决策科学化的重要保证。优良的群体文化可以充分发挥非理性感情因素的积极作用,群体最高利益需求和共同的价值取向,会使群体成员以高度的责任感和事业心积极踊跃地参与到装备指挥决策之中,充分运用创造性思维,为装备指挥员出主意、想办法,高度激发出内在潜力,形成良好的决策氛围,从而便于装备指挥员更加科学充分地集中群体智慧,切实提高装备指挥决策的质量。

其次,优良的群体文化有利于保持决策的连续性和稳定性。优良的群体文化是保证装备指挥人员群体的自我发展、自我改造、自我积累的动力机制,它能强化装备指挥人员的主人翁意识,从而成为装备指挥决策行为的监督、约束和调节的隐形机制。这种机制对于那些有利于装备指挥机构发展、有利于提高装备指挥决策质量的决策行为,会给予积极支持,并全力以赴保证其实施;对于那些不利于装备指挥机构发展,影响装备指挥决策质量的决策行为,会给予排斥、弱化,从而保证决策的连续性和稳定性。

再次,优良的群体文化是优秀的装备指挥人才产生的源泉。优良的群体文化,会使装备指挥机构内形成和谐融洽的气氛。装备指挥人员之间相互信任、心理相容,人际摩擦降到最低限度,从而可以为优秀决策人才脱颖而出创造良好生长条件;优良的群体文化,会抑制妒贤嫉能等心理障碍发生,人才之间可以相互切磋砥砺,从而形成良好的氛围,它呼唤着、激励着优秀决策人才的不断涌现;优秀群体文化,更有利于培养出集各种角色于一身的装备指挥员,使自己领导的装备指挥机构达到高度团结、协调、效率。

(三) 群体文化的形成过程

群体文化的核心是群体意识,它是群体的共同的价值取向和心理趋向,

是经过有意识的概括、提炼而确立的思想成果和精神力量,它不是一朝一夕自发生成的,其形成过程大体上可以分为三个阶段:

第一阶段:自发阶段。这是群体文化的初始萌芽时期。这一时期的群体文化表现为初级的群体心理,是零散的,处于认识的感性阶段,没有一个完整的形态。装备指挥决策过程中,装备指挥人员由于受到装备指挥机构内外多种因素的影响,会自发形成一些感性的意识,使其行为适应环境的需要,以求得群体的生存和发展。这些感性认识具有偶发性、局部性、短期性。从性质上看,有的是积极向上的,有的是消极落后的。

第二阶段:认同阶段。这是群体意识由自发到自觉的时期。在这一时期里,由装备指挥员及其指挥机关,把个体长期自发形成的处于原始状态的感性意识进行筛选、优化、整理,使之条理化,形成装备指挥机构的活动宗旨、信念、道德标准、行为规范,并大力提倡,使装备指挥人员所熟悉并逐渐接受。这个过程就是把少数人的认识变成多数人的认识,把实践着的东西理论化,把感性心理变成理性认识。

第三阶段:强化阶段。这是群体意识的升华时期。这个阶段的主要内容是经过装备指挥人员的广泛认同和不断实践,使装备指挥机构的群体意识不断充实、丰富、完善,达到完全成熟的程度。同时还要有意识地培养典型,从而形成自豪感、荣誉感和主人翁的责任感,使装备指挥人员对决策机构的价值观、目标、信念都强烈信仰,并身体力行。

参 考 文 献

[1] 现代汉语词典[M].北京:商务印书馆,1996.

[2] 辞海[M].上海:上海辞书出版社,1999.

[3] 马克思恩格斯选集[M].1卷.北京:人民出版社,1995.

[4] 军事科学院.中国人民解放军军语[M].北京:军事科学出版社,1997.

[5] 任连生.基于信息系统的体系作战能力概论[M].北京:军事科学出版社,2009.

[6] 史越东.指挥决策学[M].北京:解放军出版社,2005.

[7] 宋华文,耿艳栋.信息化武器装备及其运用[M].北京:国防工业出版社,2010.

[8] 孙宝龙,韩丕忠.信息化条件下联合作战通用装备保障[M].北京:军事科学出版社,2008.

[9] 李友贵.装备指挥学[M].北京:解放军出版社,2005.

[10] 树立和落实科学发展观理论学习读本.中国人民解放军总政治部编印.

[11] 张智光,王仁法.管理决策逻辑[M].北京:中共中央党校出版社,1990.

[12] 李广海.基于有限理性的投资决策行为研究[D].天津大学,2007.

[13] 赫伯特·西蒙.管理行为——管理组织决策过程的研究(中译本)[M].北京:北京经济学院出版社,1988.

[14] 程启月.作战指挥决策运筹分析[M].北京:军事科学出版社,2004.

[15] 陆军指挥学院.合成军队指挥学[M].北京:解放军出版社,1988.

[16] 于海涛.军队指挥学[M].北京:国防大学出版社,1989.

[17] 杨金华,黄彬.作战指挥概论[M].北京:国防大学出版社,1995.

[18] 张最良,李长生.军事运筹学[M].北京:军事科学出版社,1993.

[19] 马改河.中国军事百科全书军事装备指挥分册[M].2版.北京:中国大百科全书出版社,2007.

[20] 郑怀洲,宋华文.装备指挥学[M].北京:解放军出版社,2003.

[21] 韩志明.作战决策行为研究[M].北京:国防大学出版社,2005.

[22] 克劳塞维茨.战争论(上卷)[M].北京:解放军出版社,1994.

[23] 刘李胜.决策认识论引论[D].北京:中共中央党校理论部,1993.

[24] 张玉廷,黄斌.工程保障的科学决策[M].白山出版社,1991:14-16.

[25] 侯立峰.后勤指挥辅助决策[M].徐州空军学院,2004:12.

[26] 陈二曦,倪志光.军队后勤指挥决策学[M].北京:军事谊文出版社,2001.

[27] 岳超源.决策理论与方法[M].北京:科学出版社,2004.

[28] Marling C R,Petot G J,Sterling L S. Integrating case-based and rule-based reasoning to meet mul-

tiple esign constraints［J］. Computational Intelligence, 1999,15(3)：308 – 332.

［29］ Grant T, Kooter B. Comparing OODA and other models as Operational View C2 Architecture［C］. 10th ICCRTS, Washington, 2005：196 – 210.

［30］王积忠,马士壮,等. OODA 环及其在指挥决策中的应用［J］. 沈阳炮兵学院学报,2004(1).

［31］宋元. 海战场态势估计与指挥决策［J］. 海军大连舰艇学院学报,2005(4)：33 – 36.

［32］沈寿林. 作战指挥决策运筹分析［M］. 南京陆军指挥学院,2005：24.

［33］ Grant T, Kooter B. Comparing OODA and other models as Operational View C2 Architecture［C］. 10th ICCRTS, Washington, 2005：196 – 210.

［34］ Breton R, Rousseau R. The C – OODA：A Cognitive Version of the OODA Loop to represent C2 Activities［C］. 10th ICCRTS, Washington, 2005：280 – 293.

［35］苗德成. 基于分布实时多 Agent 技术的防空兵群指挥决策研究［J］. 指挥控制与仿真,2006(1)：89 – 93.

［36］军事科学院作战理论和条令研究部. 一体化联合作战指挥研究［M］. 北京：军事科学出版社,2006.

［37］徐德辉. 联合作战指挥与司令部工作［M］. 北京：军事谊文出版社,2001：69 – 73.

［38］陈宏. 分布式联合决策——信息化条件下作战指挥决策的新方法［J］. 东南军事学术,2007(6)：19 – 22.

［39］朱小宁,夏凉. 信息化战争复杂系统原理初探［J］. 中国军事科学,2008(4).

［40］崔亚峰. 一体化联合作战理论研究［M］. 北京：解放军出版社,2005.

［41］黄孟藩. 决策概论［M］. 杭州：浙江教育出版社,1989.

［42］邬德华. 装备保障指挥学［M］. 北京：国防大学出版社,2002：69 – 87.

［43］滕人顺,赵先刚. 信息化条件下指挥决策发展新探［J］. 东南军事学术,2007(4)：28 – 29.

［44］李德彩. 战略后勤指挥决策模型化研究［M］. 北京：国防大学出版社,2002.

［45］谢海波. 复杂电磁环境下提高指挥决策时效性探微［J］. 指挥学报,2008(5)：12.

［46］吕有文,刘鑫. 现代后勤应建构和完善谋断介离与结合的决策机制［J］. 后勤学术,2007(8)：92 – 94.

［47］黄顺华. 建立分布式指挥决策机制初探［J］. 地面防空兵,2008(2)：50.

［48］戴清民. 科学发展观与军队信息化［M］. 北京：解放军出版社,2007：274 – 281.

［49］王正德,张志国. 军队信息化通览［M］. 北京：解放军出版社,2005：176 – 177.

［50］张剑锋,柳少军. 对联合作战决策支持系统建设的思考［J］. 装备指挥技术学院学报,2008(3)：28 – 31.

［51］杨伟锋,杨和梅. 联合战役指挥决策支持系统建设问题研究［J］. 炮兵学院学报,2009(4)：93.

［52］朱永香,李锋锐,等. 信息化条件下联合战斗体系的运行机理［J］. 东南军事学术,2007(2)：17.

［53］戴汝为. 系统科学及系统复杂性研究［J］. 系统仿真学报,2002(11)：1415 – 1416.

［54］董子峰. 信息化战争形态论［M］. 北京：解放军出版社,2004.

［55］陈宏,孙儒凌. 信息化条件下分布式联合决策探析［J］. 指挥学报,2008(1)：9 – 11.

[56] 陈家光. 试析分布式快速决策的运行机理[J]. 华南军事教育,2008(1):44-45.

[57] 姜圣阶,张顺江,等. 决策学引论[M]. 合肥:中国科学技术大学出版社,1987:88.

[58] 方美琪. 系统科学中的信息概念[C]//系统科学与工程研究. 上海科技教育出版社,2000:33.

[59] 戚世权. 论制信息权[M]. 北京:军事科学出版杜,2001:9.

[60] 童志鹏. 综合电子信息系统[M]. 北京:国防工业出版社,2008:465.

[61] 军事科学院,作战理论和条令研究部编修新一代《司令部条例》论文组. 新一代《司令部条例》
学习与研究[M].北京:军事科学出版社,2006:65-89.

[62] 倪志雄,等. 当代西方国际关系理论[M]. 上海:复旦大学出版社,2001:359.

[63] 赵子聿,贤峰礼. 国家安全危机决策[M]. 时事出版社,2006.

[64] 陈德第,朱庆林. 经济动员机制论[M]. 军事科学出版社,2000:6.

[65] 沈荣华. 政府机制[M]. 北京:国家行政学院出版社,2003:2-6.

[66] 郑杭生. 社会学概论新修(修订本)[M]. 北京:中国人民大学出版社,2002:40.

[67] 刘敏军. 中国共产党执政决策机制改革研究[D]. 湖南师范大学,2008:21.

[68] 王满船. 公共政策制定:择优过程与机制[M]. 北京:中国经济出版社,2004:248.

[69] 钱学森. 系统思想、系统科学和系统论[C]//系统理论中的科学方法与哲学问题——1982年
北京系统论、信息论、控制论中的科学方法与哲学问题学术讲座会文集. 北京:清华大学出版
社,1984.

[70] 许国志. 系统科学[M]. 上海:上海科技教育出版社,2000:49.

[71] 钱学森,王寿云,柴本良. 军事系统工程[R]. 总参谋部军训部,1979.

[72] 钱学森,王寿云. 系统思想和系统工程[R]. 天津市科学学与科学管理研究会,天津市技术经
济和管理现代化研究会,中国企业管理协会天津分会,1980.

[73] 王勇平. 指挥信息控制概论[M]. 北京:国防大学出版社,2009.

[74] 张智光. 管理决策逻辑[M]. 北京:中共中央党校出版社,1990:150.

[75] 张尚仁. 现代决策方法学[M]. 济南:山东人民出版社,1989:77-81.

[76] 魏玉福,赵小松. 军事信息优势论[M]. 北京:国防大学出版社,2008.

[77] 戚世权,梅军,等. 论制信息权[M]. 北京:军事科学出版社,2001:117-120.

[78] 杨世松. 军事信息能力论[M]. 北京:军事科学出版社,2007:89-92.

[79] 黄孟藩,王凤彬. 决策行为与决策心理[M]. 北京:机械工业出版社,1995.

[80] Kahaneman D,Tversy A,Slovic P. Judgement under Uncertainty:Heuristics and Bias [M]. Cam-
bridge,England:Cambridge University Press,1982.

[81] 游伯龙,黄书德. 知人与决策[M]. 北京:煤炭工业出版社,1987:23.

[82] 盖叶尔,佐文. 社会控制论[M]. 北京:华夏出版社,1989:67.

[83] 钱学森. 关于思维科学[M]. 上海:上海人民出版社,1986:134.

[84] 钱学森,等. 论系统工程[M]. 上海:上海交通大学出版社,2007:231.

[85] 赵光武. 思维科学研究[M]. 北京:中国人民大学出版社,1999:505.

[86] 赫伯特·西蒙,詹姆斯·G·马奇. 组织[M]. 北京:机械工业出版社,2008.

[87] 詹姆斯·G·马奇. 决策是如何产生的[M]. 王元歌,章爱民译.北京:机械工业出版社,2007.

[88] 理查德·M·西尔特,詹姆斯·G·马奇. 企业行为理论[M]. 李强译. 北京:中国人民大学出版社,2008.

[89] 曹正荣主编. 信息化联合作战[M]. 北京:解放军出版社,2006.

[90] 军事科学院作战理论和条令研究部. 一体化联合作战指挥研究[M]. 北京:军事科学出版社,2006.

[91] 徐国成. 联合作战研究[M]. 济南:黄河出版社,2000.

[92] 吴东莞,沈国权,等. 思想政治工作机制论[M]. 北京:军事科学出版社,2008.

[93] 于长海. 军事系统决策研究[M]. 北京:军事科学出版社,1994.

[94] 俞瑞钊,陈奇. 智能决策支持系统实现技术[M]. 2000.

[95] 胡传机. 管理决策论[M]. 杭州:浙江教育出版社,1987.

[96] 胡晓峰,等. 战争复杂系统建模和仿真[M]. 北京:国防大学出版社,2004.

[97] 胡晓峰,等. 作战模拟术语导读[M]. 北京:国防大学出版社,2004.

[98] 张文焕. 系统科学方法概论[M]. 北京:蓝天出版社,2000.

[99] 李敏勇. 信息战与指挥控制[M]. 北京:国防工业出版社,2007.

[100] 邱菀华. 管理决策与应用熵学[M]. 北京:机械工业出版社,2002.

[101] 孟繁华. 教育管理决策新论:教育组织决策机制的系统分析[M]. 北京:教育科学出版社,2002.

[102] 余学锋,钱成. 某武器鉴定中心质量管理体系运行机制的设计与分析[J]. 国防技术基础,2010(3).

[103] 李际均. 军事战略思维与科学决策[J]. 北京:中国军事科学,2006(1).

[104] 吴祈宗. 系统工程[M]. 北京:北京理工大学出版社,2006.

[105] 高志亮,李忠良. 系统工程方法论[M]. 西安:西北工业大学出版社,2004.

[106] 姜放然. 系统科学与军事[M]. 北京:军事谊文出版社,1998.

[107] 沈小峰. 普利高津和耗散结构理论[M]. 西安:陕西科学技术出版社,1982.

[108] 普利高津. 复杂性的进化和自然界的定律[J]. 自然科学哲学问题,1980(3).

[109] 克莱门特·陈. 剖析网络中心战提供作战优势:普遍链接蕴藏多种可能性[M]. 海森等译,外国军事学术,2003.

[110] 卡尔·冯·克劳塞维茨. 战争论(第1卷)[M]. 军事科学院译. 北京:解放军出版社,1954.

[111] 迈克尔·马祖基. C4ISR网络如何支持目标部队[J]. 外国军事学术,2003(9).

[112] 列尔涅尔. 控制论基础[M]. 北京:科学出版社,1980.

[113] 张文焕. 系统科学方法与军队管理[M]. 北京:蓝天出版社,2001.

[114] 张世富. 心理学教学指导(师专教师用书)[M]. 北京:人民教育出版社,1995.

[115] 孙彤,李悦. 现代组织学[M]. 北京:中国物资出版社,1989.

[116] 刘卫国. 作战指挥行为学[M]. 北京:解放军出版社,2005.

[117] 乔健,陈文江. 企业理念与企业行为[M]. 兰州:兰州大学出版社,1996.

[118] 刘伯承军事文选. 北京:解放军出版社,1992.

[119] 胡宇辰. 组织行为学[M]. 北京:经济管理出版社,1998.

[120] 安应民．管理心理学新编[M]．北京:中共中央党校出版社,2002.

[121] 斯蒂芬·P·罗宾斯.组织行为学[M]．7版.北京:中国人民大学出版社,1997.

[122] 范翰章,杨树春,等．决策心理学[M]．北京:中共中央党校出版社,1996.

[123] 贝塔朗菲．一般系统论—基础·发展·应用[M]．北京:社会科学文献出版社,1987.

[124] 维纳．控制论[M]．北京:科学出版社,1963.

[125] 维纳．人有人的用处[M]．北京:商务印书馆,1978.

[126] 申农．通讯的数学理论[J]．原载《信息论理论基础》,上海市科学技术编译馆,1965.

[127] 卡斯特,罗森茨韦克．组织与管理—系统方法与权变方法[M]．北京:中国社会科学出版社,1985.

[128] 庞元正,李建华．系统论、控制论、信息论经典文献选编[M]．北京:求实出版社,1989.

[129] 钱学森．社会主义现代化建设的科学和系统工程[M]．北京:中共中央党校出版社,1987.

[130] 黄麟雏,邹珊刚,李继宗．系统思想与方法[M]．西安:陕西人民出版社,1984.

[131] 王雨田．控制论、信息论、系统科学与哲学[M]．北京:中国人民大学出版社,1986.

[132] 苗东升．系统科学原理[M]．北京:中国人民大学出版社,1990.

[133] 邹珊刚．系统科学[M]．上海:上海人民出版社,1987.

[134] 金观涛,华国凡．控制论和科学方法论[M]．科学普及出版社,1983.

[135] 李以章,乐传新,周路明．系统科学——基本原理、哲学思想与社会分析[M]．华中师范大学出版社,1991.

[136] 许德祥,庞元正．现代系统思想与领导系统概论[M]．北京:中共中央党校出版社,1989.

[137] 张文焕,刘光霞,苏连义．控制论·信息论·系统论与现代管理[M]．北京:北京出版社,1990.

[138] 程云山．信息与领导科学化[M]．北京:新华出版社,1987.

[139] 张文焕．系统科学方法与现代领导[M]．北京:北京出版社,1993.

[140] 沈小峰,胡岗,姜璐．耗散结构论[M]．上海:上海人民出版社,1987.

[141] 鲁札文．协同学和系统方法[J]．哲学译丛,1986(1).

[142] 刘长林．中国系统思维[M]．北京:中国社会科学出版社,1991.

[143] 魏宏森,曾国屏．系统论—系统科学哲学[M]．北京:清华大学出版社,1995.

[144] 朱国林．军事统筹学[M]．北京:国防大学出版社,1999.

[145] 崔国平,唐德卿,王玉斗．国防信息安全战略[M]．北京:金城出版社,2000.

[146] 黄孟藩．战略与决断的学问——决策科学浅谈[M]．北京:人民出版社,1989.

[147] 刘有锦．决策组织学[M]．贵阳:贵州人民出版社,1989.

[148] 马洪,孙尚清．现代管理百科全书,其中《管理决策》篇[M]．北京:中国发展出版社,1991.

[149] 西蒙．现代决策理论的基石——有限理性说[M]．杨砾,徐立译.北京:北京经济学院出版社,1989.

[150] 林德布络姆．决策过程[M]．竺乾威,胡君芳译.上海:上海译文出版社,1983.

[151] 皮尤．组织理论精萃[M]．彭和平,杨小工译.北京:中国人民大学出版社,1990.

[152] 夏云峰．试论信息化作战机理[J]．中国军事科学,2006(2).

[153] 顾克庆,洪源. 试论信息化条件下联合战役决策机制的基本要求[J]. 信息对抗学术,2009 (2):13 – 15.

[154] 杨乃定,李怀祖. 管理决策新思维——制定科学合理决策的方法[M]. 西安:西北工业大学出版社,2004.

[155] 王军. 管理决策中的个体认知偏差研究[D]. 辽宁大学,2009.

[156] 孙多勇. 突发事件与行为决策[M]. 北京:社会科学文献出版社,2009.

[157] 郑学祥. 信息化条件下联合作战空军直属部队后勤保障[J]. 后勤学术,2008(10).

[158] 彭怡. 动态群体决策理论及其应用研究[D]. 西南交通大学,2006.

[159] 王超. 动态调度决策机制及其知识更新研究[D]. 扬州大学,2007.

[160] 刘成明. 多属性行为决策方法研究[D]. 吉林大学,2009.

[161] 徐国强. 分布式决策知识表示和推理机制研究[D]. 中国海洋大学,2007.

[162] 姜放然. 联合作战司令部工作[M]. 北京:军事科学出版社,2004.

[163] 刘高平. 军人行为管理学[M]. 北京:解放军出版社,2008.

[164] 李超,刘安惠,等. 军事行为科学[M]. 北京:军事谊文出版社,1998.

[165] 德各齐宁,康托罗夫. 思考·计算·决策[M]. 秋同,效一译. 北京:战士出版社,1983.

[166] 乔纳森 – 伯龙. 思维与决策[M]. 胡苏云译. 成都:四川人民出版社,2003.

[167] 郝唯学,唐国东. 作战指挥心理研究[M]. 北京:军事谊文出版社,2005.

[168] 徐德辉,李江洲,等. 联合作战指挥与司令部工作[M]. 北京:军事谊文出版社,2001.

[169] 军事科学院,世界军事研究部译. 美军联合作战新构想[M]. 北京:军事科学出版社,2005.

[170] 曹正荣,吴润波. 信息化联合作战[M]. 北京:解放军出版社,2006.

[171] 张建昌,米国庆. 信息化条件下联合作战制胜机理分析[J]. 军事学术,2003(4):18 – 20.

[172] 雷祖云. 信息化条件下作战指挥决策的动态性[J]. 海军学术研究,2008(8):22 – 23.

[173] 刘伟. 信息化战争作战指挥研究[M]. 北京:国防大学出版社,2009.

[174] 徐祖武. 战术后勤指挥自动化概论[M]. 北京:解放军出版社,2003.

[175] 叶术青,古平. 装备保障能力生成机理探析[J]. 炮兵学院学报,2007(6):42 – 44.

[176] 郭正祥,吴景平等译校. 装备副指挥员(副司令员)的工作方法[M]. 总装装甲兵装备技术研究所,2005.

[177] 赵亮,王庆栋. 装备战场抢修指挥决策流程优化设计[J]. 兵工自动化,2008(9):41 – 43.

[178] 吴朝全,任德欣,等. 作战指挥体系构建机理探析[J]. 陆军学术,2006(6):18 – 19.

[179] 孟波. 计算机决策支持系统[M]. 武汉:武汉大学出版社,2001.

[180] 柳少军. 军事决策支持系统理论与实践[M]. 北京:国防大学出版社,2005.

[181] 周林,王君,等. 军事装备管理预测与决策[M]. 北京:国防工业出版社,2007.

[182] 我军总参谋部军训和兵种部. 美军联合作战与联合训练(装备与设施)[M]. 2008.

[183] 汪应洛. 系统工程[M]. 北京:机械工业出版社,2004.

[184] 安德鲁·P·塞奇,詹姆斯·E·阿姆斯特朗. 系统工程导论[M]. 胡保生,彭勤科译. 西安:西安交通大学出版社,2006.

[185] 杨家本. 系统工程概论[M]. 武汉:武汉理工大学出版社,2002.

[186] 我军总参谋部通信部. 信息作战指挥控制学[M]. 北京:解放军出版社,1998.

[187] 丁邦宇. 作战指挥学[M]. 北京:军事科学出版社,2004.

[188] 关永豪,张华君. 美军一体化联合作战理论研究[M]. 北京:解放军出版社,2006.

[189] 何绍全,李军. 浅谈后勤指挥信息的价值含量、评估及运用[J]. 后勤指挥学院学报,2000(2).

[190] 张春润. 车辆装备保障指挥[M]. 北京:解放军出版社,2005.

[191] 李林. 炮兵司令部工作[M]. 炮兵指挥学院,2004.

[192] 肖鹏,陶立民. 复杂系统思维指导下的信息化作战指挥流程[J]. 陆军学术,2011(2):27-28.

[193] 潘德,郭鹏. 基于信息流的陆军航空兵作战指挥流程优化探析[J]. 陆军航空兵学院学报,2010(4):9-11.

[194] 袁文先,孙儒凌. 联合战役司令部工作[M]. 国防大学训练部,2002.

[195] 袁文先. 司令部工作论[M]. 国防大学出版社,2001.

[196] 郭秋呈. 战术装备保障组织与指挥[M]. 装甲兵工程学院,2003.

[197] 李兴治,冯金平,等. 作战计划网络图绘制方法研究[J]. 炮兵学院学报,2005(1):38-40.

[198] 国防大学科研部. 决胜未来—基于信息系统的体系作战能力建设的讨论[M]. 北京:国防大学出版社,2010.

[199] 任连生. 基于信息系统体系作战能力的初步认识[J]. 军事学术,2009(7):16-19.

[200] 张占军. 解读大规模联合作战——专访南京陆军指挥学院教授[J]. 军事学术,2009(6):45-48.

[201] 决策风险与风险型决策机制——李祝文教授访谈录[J]. 后勤学术,2002(5):79-80.

[202] Russo J E. 决策行为分析[M]. 安宝生,徐联仓译. 北京:北京师范大学出版社,1998.

[203] 孙正. 联合战役决策支持系统[M]. 北京:国防大学出版社,2005.

[204] 翟立林,周士富. 管理决策理论与方法[M]. 北京:中国建筑工业出版社,1987.

[205] 欧阳洁. 决策管理:理论、方法、技巧与应用[M]. 广州:中山大学出版社,2003.

[206] 徐玖平,李军. 多目标决策的理论与方法[M]. 北京:清华大学出版社,2005.

[207] 杨自厚,许宝栋,等. 多目标决策方法[M]. 沈阳:东北大学出版社,2006.

[208] 左军. 多目标决策分析[M]. 杭州:浙江大学出版社,1991.

[209] 侯文超,罗朝能. 管理决策基础[M]. 北京:中华工商联合出版社,1995.

[210] 郭定,史越. 航空工程管理心理与行为[M]. 空军工程大学工程学院,2003.

[211] 雷再生,段学刚,等. 航空维修行为学[M]. 长春:吉林科学技术出版社,1999.

[212] 段伟华,刘兴保,等. 行为科学与军队现代管理[M]. 北京:中国经济出版社,1994.

[213] 张顺江. 决策学精义[M]. 北京:中国环境科学出版社,1988.

[214] 陈益升,孔昭君. 决策与科学[M]. 北京:科学技术文献出版社,1994.

[215] 李俊林,褚春祥. 军事运筹决策原理[M]. 空军雷达学院,1998.

[216] 杨自厚,李宝泽. 多指标决策的理论与方法[M]. 沈阳:东北工学院出版社,1989.

[217] 齐寅峰. 多准则决策引论[M]. 北京:兵器工业出版社,1989.

[218] 上海太平洋国际战略研究所. 俄罗斯国家安全决策机制[M]. 北京:时事出版社,2006.

[219] 刘悦伦,李江涛,等. 决策思维学[M]. 沈阳:辽宁人民出版社,1987.

[220] 公兵. 决策与哲学[M]. 南昌:江西人民出版社,1997.

[221] 杨洪训,李玉玮. 军人心理行为训练[M]. 北京:解放军出版社,2003.

[222] 梁显彬,胡元奎,等. 逻辑与军事决策[M]. 北京:军事科学出版社,1988.

[223] 张明智. 模糊数学与军事决策[M]. 北京:国防大学出版社,1997.

[224] 迪米特里斯·伯特西马斯,罗伯特·M·弗罗因德. 数据、模型与决策:管理科学基础[M].
     北京:中信出版社,2002.

[225] 陈立. 瞬间决策[M]. 北京:蓝天出版社,2007.

[226] 左洪福,蔡景,等. 维修决策理论与方法[M]. 北京:航空工业出版社,2008.

[227] 郑云正. 心理行为训练实务[M]. 北京:长征出版社,2008.

[228] 傅毓维,张凌. 预测决策理论与方法[M]. 北京:哈尔滨工程大学出版社,2003.

[229] 张忠泽. 从海湾战争看美军建立作战指挥体系的主要做法[J]. 外国军事学术,1993
     (6):9-11.

[230] 傅占河,张策. 如何提高指挥决策的时效性和科学性[J]. 陆军学术,2004(1):23.

[231] 刘敏决. 决策信息的创造性整合研究[D]. 西南大学,2007.

[232] 仙慧丽. 美国对外政策的决策机制研究[D]. 华东师范大学.

[233] 陈雪龙. 面向复杂决策问题的模型构造与管理方法研究[D]. 大连理工大学,2008.

[234] 李华刚. 我国政府决策机制优化研究[D]. 华中师范大学,2008.

[235] 戴扬. 政府决策权力机制优化问题研究[D]. 四川师范大学,2004.

[236] 王波. 政府应对突发事件决策机制研究[D]. 国防科学技术大学,2007.

[237] 刘敏军. 中国共产党执政决策机制改革研究[D]. 湖南师范大学,2008.

[238] 李常洪. 多 Agent 合作机制与合作结构研究[D]. 天津大学管理学院,2002.

[239] 许霖. 建立健全部队党委科学化决策机制的几点构想[J]. 重庆通信学院学报,2007(6):
     66-67.

[240] 王勇平. 指挥信息控制的作用机理、基本原则和运用方式[J]. 国防大学学报,2007(6):
     66-67.

[241] 谭益新,夏云峰. 试论信息化作战体系的运行机理[J]. 西安陆军学院学报,2006(1):12-13.

[242] 杜岗. 加强政治工作机理研究是一个重要而紧迫的课题[J]. 中国军队政治工作,2007
     (6):58.

[243] 史为磊. 决策[M]. 北京:国家行政学院出版社,2011.

[244] 于憬之. 高端决策参考:中国文化的力量[M]. 北京:人民日报出版社,2011.

[245] 陈相灵. 决策智慧与历史博弈[M]. 北京:国防大学出版社,2010.

[246] 岳晓东. 决策中的心理学[M]. 北京:机械工业出版社,2010.

[247] 于川信. 军队后勤宏观管理机制论[M]. 北京:军事科学出版社,2010.

[248] 范进发. 作战决策概论[M]. 北京:国防大学出版社,2011.